ANSELM GRÜN

Kein Mensch lebt nur für sich allein

ANSELM GRÜN

Kein Mensch lebt nur für sich allein

Verbundenheit erfahren, das Miteinander stärken

Herausgegeben von Rudolf Walter

HERDER

FREIBURG · BASEL · WIEN

Ein einfach-leben-Buch

Umschlagmotiv und Illustrationen im Innenteil:
© GettyImages - lasagnaforone
Satz: Gestaltungssaal, Rohrdorf
Herstellung: GGP Media GmbH, Pößneck

Printed in Germany

ISBN Print: 978-3-451-39635-9
ISBN E-book: 978-3-451-83062-4

Stimmen zum Buch

Drei große Trends sind seit Jahrzehnten festzustellen: Singularisierung, Urbanisierung und Medialisierung: Single-Haushalte nehmen ebenso zu wie die Verwendung des Wortes „Ich" in der Literatur, Familienhaushalte und das Wort „Wir" nehmen dagegen ab. Mehr als die Hälfte der Weltbevölkerung lebt in Städten, wo man wenig glückende Sozialkontakte und viel Anonymität erlebt. Und wir verbringen immer mehr Zeit mit Bildschirmen anstatt mit anderen Menschen. Aber kein Mensch ist eine Insel und niemand kann nur für sich allein leben: Daher halte ich dieses Buch Anselm Grüns für wichtig, das den Wert der Verbundenheit für ein gelingendes Leben umfassend beleuchtet.

(Prof. Dr. Manfred Spitzer, Neurowissenschaftler, Professor für Psychiatrie, ärztlicher Direktor der Psychiatrischen Universitätsklinik in Ulm, Transferzentrums für Neurowissenschaften und Lernen, Autor)

Der Schritt vom Ich-Denken zum Wir-Denken ist das zentrale Thema unserer Zeit, und zugleich eine Kernfrage der Spiritualität. Anselm Grün bringt dies auf den Punkt: In wirklichen Frieden mit uns selbst und untereinander kommen wir nur und eine gute Zukunft werden wir nur haben, wenn wir Verbundenheit als unsere innerste Wirklichkeit ernst nehmen. Wir können ja nicht sagen: Mein Verhältnis zu allen anderen ist wunderbar, nur zu mir selbst habe ich keine guten Beziehungen. Oder: Mit Gott habe ich eine wunderbare Beziehung, nur mit den Menschen komme ich nicht aus. Das Wir-Denken umfasst die ganze belebte und unbelebte Natur. Alles hängt zusammen! Das dankbar anzuerkennen – und praktische Konsequenzen daraus zu ziehen

– ist der Schlüssel für den spirituellen Weg des Einzelnen. Und das gibt Kraft, uns für Gerechtigkeit in der Welt einzusetzen, für das friedliche Zusammenleben der Religionen und Kulturen einzutreten und so zu leben, dass unser Planet auch für künftige Generationen ein gemeinsam bewohnbares Zuhause bleibt.

(Dr. David Steindl-Rast OSB, spiritueller Lehrer, weltweit engagiert in der Friedensbewegung und im interreligiösen Dialog)

Soziale Verbundenheit ist, wie sich auch aus Sicht der Neurowissenschaften zeigt, in das menschliche „Selbst" hineingewebt, sie ist Teil dessen, was wir sind. Der uns von innen her mitgegebene Sinn für Verbundenheit ist das, was uns von Künstlichen Intelligenzen unterscheidet. Computer kennen keine soziale Wirklichkeit. Anselm Grün macht deutlich, warum und wie wir das, was uns zum Menschen macht, schützen und bewahren können.

(Prof. Dr. med. Joachim Bauer, Neurowissenschaftler, Arzt und Psychotherapeut, Autor zahlreicher Bestseller)

Wir sind jeden Augenblick unseres Lebens verbunden, auch wenn wir es nicht immer realisieren. Das Buch von Anselm Grün eröffnet viele wertvolle Aspekte für die Wahrnehmung dieser tiefen Dimension der Verbundenheit, die auch Einsamkeitsfähigkeit als heilsame Erfahrung von innerem Reichtum und Geborgensein ermöglicht.

(Prof. Dr. med. Luise Reddemann, Fachärztin für Psychotherapeutische Medizin, Honorarprofessorin für Psychotraumatologie an der Univ. Klagenfurt, Autorin)

Die Erfahrung des Synodalen Wegs hat gezeigt: Polarisierung, Konflikte und die Gefahr der Zerrissenheit gibt es nicht nur in der Gesellschaft. Auch in der Kirche gelten für den Weg des Miteinanders Werte wie Gerechtigkeit, Dialog, Solidarität und Verantwortung. Versöhnte Verschiedenheit, Verbundenheit miteinander, aber auch mit uns selbst und mit Gott muss immer neu eingeübt und gelebt werden. Anselm Grün ist ein Autor, der zusammenführen kann. Sein Buch leistet spirituelle Hilfe zur Verbundenheit.

(Sr. Philippa Rath OSB, Mitglied des Synodalen Wegs, Autorin und Herausgeberin)

Inhalt

Kein Mensch ist eine Insel

EINLEITUNG

Kein Mensch lebt nur für sich allein: Wir sind von unserem Wesen her immer schon auf andere Menschen hingeordnet. Wir stehen immer in Verbundenheit mit anderen. Selbst wer als Einsiedler lebt, ist nicht unabhängig von seiner Mitwelt. Er verdankt sich selber anderen, trägt Verantwortung für andere – und die Weise, wie er lebt, hat auch Auswirkungen auf seine Mitmenschen. Nicht zu Unrecht heißt es: Kein Mensch ist eine Insel.

Im Bild der Insel kann die Beziehung von Einzelnem und Gemeinschaft, von Abgrenzung und Besonderheit deutlich gemacht werden. Dieses Bild der Insel hat in unserer Vorstellung meist eine doppelte Bedeutung. Da gibt es die positive Idee von etwas Großartigem: *splendid isolation*, die ideale Abgeschiedenheit, man spricht von der „Insel der Seligen". Aber als Bild kann die Insel auch für Isolation und Trennung stehen. Einerseits kann dieses Bild eine Gegenwelt zu unserer Alltagserfahrung beschreiben und andererseits auch etwas Unwirkliches meinen. Thomas Morus schildert zum Beispiel im 16. Jahrhundert seine Vorstellung von einer idealen Welt namens „Utopia", indem er sie auf einer imaginären Insel ansiedelt: Da ist das Bild einer gerechten und gemeinnützig organisierten, toleranten Gesellschaft von gleichgesinnten und gleichberechtigten Bürgern. Aber das ist ein Ort, der nicht wirklich existiert, ein *u-topos*: nicht von dieser Welt.

Vor über dreihundert Jahren, 1719, hat Daniel Defoe *Robinson Crusoe* geschrieben, die Geschichte von einem Mann, der als Schiffbrüchiger auf einer Insel gestrandet ist und erlebt, wie schwer es ist, ganz auf sich selber gestellt sein Überleben zu meistern: die Geschichte einer „Inselexistenz". Am Staatstheater Wiesbaden wurde der Stoff vor einigen Jahren neu inszeniert und ins Heute übersetzt. Der „Held" erlebt da seine Inselexistenz, indem er das Casting für eine Reality-Show gewinnt, aber schon bald beginnt ein einsamer Überlebenskampf. Denn nach anfänglicher Publikumsresonanz sinken die Einschaltquoten, er droht vergessen zu werden. Seine Einträge bei Instagram werden zwar angeklickt, aber niemand interessiert sich wirklich dafür. In der Wiesbadener Inszenierung ruft der moderne Robinson aus: „Holt mich hier raus. Ich bin ein Star." Die Angst vor dem Vergessenwerden ist das eigentliche Leiden dieser modernen Robinsons. Sie sehen sich als Star, als verkanntes Genie, umspült vom Meer ihrer Einzigartigkeit. Angetrieben von der Sucht nach der Aufmerksamkeit ihrer Umwelt bleiben sie dennoch allein. Denn keiner erkennt sie wirklich. Was als Mediensatire gemeint ist trifft offensichtlich ein Daseinsgefühl vieler Menschen heute und beschreibt, wie sich viele in ihrem Verhältnis zum Ganzen empfinden.

Soziologen wie Andreas Reckwitz sprechen von einer „Gesellschaft der Singularitäten", in der Menschen sich „besonders" oder „einzigartig", „anders als alle anderen" vorkommen. Man könnte auch hier von „Inselexistenzen" sprechen. Doch das ist oft keine freiwillig gesuchte, sondern eine von der Kraft der sozialen Medien geprägte und oft aufgezwungene Existenz. Insel – italienisch: *isola* – bedeutet bildhaft: Isoliertsein, Abgeschottetsein.

Weder Utopie noch Gesellschaftskritik ist ein anderes berühmtes Buch. Es liest sich wie ein Gegenprogramm zur Inselexistenz heutiger Menschen. Der Trappist Thomas Merton hat es 1955 veröffentlicht, und sein Titel lautet: *No man is an island* – deutsch: *Keiner ist eine Insel.* Merton schreibt in der Einleitung: „… im Letzten ist jeder Einzelmensch dafür verantwortlich, daß er sein eigenes Leben lebt und ‚sich selbst findet'" (Merton 7). Aber zugleich gilt: „Jeder andere Mensch ist ein Stück von mir, denn ich bin Teil und Glied der Menschheit" (ebd. 17). Wir leben in dieser Spannung: dass wir für uns selbst verantwortlich sind, dass auch der spirituelle Weg immer ein ganz persönlicher Weg ist – und dass wir zugleich Teil des Menschengeschlechts sind, im Innersten miteinander verbunden. Daher schließt Merton seine Einleitung zu den Meditationen über die Liebe mit dem Satz: „Nichts hat Sinn, wenn wir nicht mit John Donne bekennen: ,Keiner ist eine Insel, in sich selbst vollständig. Jeder ist ein Stück des Kontinents, ein Teil des Ganzen'" (ebd.).

Thomas Merton bezieht sich mit diesem Bild auf John Donne, einen englischen Dichter, der vor 400 Jahren lebte, aber er antwortet mit seinem Buch, das den Untertitel „Betrachtungen über die Liebe" trägt, auf die Sehnsucht vieler Menschen heute. Diese Sehnsucht nach liebender Verbundenheit drückt auch die wohl populärste Fußballhymne der Gegenwart aus: You'll never walk alone – „Du gehst niemals allein deinen Weg". Das ist ein Lied über das Leben, über Vertrauen und Hoffnung trotz aller Gefährdung und trotz aller Risiken. Wer lebt, ist bezogen auf andere, die mit ihm fühlen. Und das ist es, was stärkt und trägt. Dass keiner wirklich allein ist, hat seinen Grund eben darin, dass wir im Innersten miteinander verbunden sind. Leben heißt also nicht nur: „Wir sind nun einmal zufällig alle im gleichen Boot." Es heißt: Innerlich verbunden zu sein gehört zu unserem Wesen als Menschen.

Was dieses Lied sagt, das hat Papst Johannes Paul II. bei seinem ersten Besuch in Deutschland auf seine Weise ausgedrückt, und Benedikt XVI. hat es später wiederholt: „Wer glaubt, ist nie allein." Nicht nur die Vitalität, das Leben verbindet uns. Auf eine noch tiefere Weise ist es der Glaube, der uns nie allein lässt. Wir sind geborgen, wenn wir offen bleiben auf eine umfassende Wirklichkeit hin, die uns trägt. Verbunden sind wir auch durch die Gemeinschaft derer, die das glauben. Thomas Merton drückt diesen Glauben mit den von einem biblischen Bild inspirierten Worten christlicher

Theologie so aus: „Jeder Christ ist ein Teil meines eigenen Leibes, denn wir sind Glieder Christi. Was ich tue, wird auch für sie, mit ihnen und durch sie getan. Was jene tun, wird in mir, durch mich und für mich getan" (Merton 17).

Ein anderer amerikanischer Autor, der Franziskaner Richard Rohr, greift den Gedanken von Thomas Merton auf, wenn er sagt, wir bräuchten nicht perfekt zu sein: „not perfect, but connected". Verbunden also – mit uns selbst, mit den Menschen und mit Gott. Darin liegt für Rohr auch das Wesentliche des spirituellen Weges: dass wir in Verbindung treten mit uns selbst, mit Gott und mit den Menschen. In diesem Verbundensein können wir alles in uns zulassen, auch unsere Schattenseiten. Wer das Ziel seines spirituellen Weges darin sieht, verbunden zu sein, der weiß sich mit allem, was in ihm ist, verbunden, und auch mit Gott und mit den Mitmenschen.

In vielen soziologischen Büchern ist heute von „Connectedness" die Rede, von Verbundenheit. Früher hat man darüber kaum nachgedacht, weil es selbstverständlich war, dass man zeitlebens im Rahmen eines bestimmten sozialen Beziehungsgefüges lebte. Heute ist das anders. Und es ist auch nicht verwunderlich, dass gerade in einer Gesellschaft wie der US-amerikanischen dieser Begriff heute sehr verbreitet ist. Offensichtlich ist auch deswegen, weil diese Gesellschaft sich immer mehr spaltet, das Bedürfnis nach Gruppierungen, die sich miteinander verbinden und sich gemeinsam für soziale und ökologische Projekte engagieren, besonders groß. Und nicht nur für die USA gilt: Ohne die Verbundenheit von bürgerschaftlichen Initiativen würde unsere Gesellschaft immer mehr auseinanderdriften und Schaden leiden. Nur gemeinsam können wir die Probleme – Klimawandel und Pandemie, Gerechtigkeit und Frieden – angehen, um Lösungen zu finden, die allen Menschen dienen.

Es war in den Wochen vor Weihnachten, als ich anfing, dieses Buch zu schreiben. Zu dieser Zeit machte uns die Corona-Pandemie noch zu schaffen. Da gab es die Erinnerung an Phasen, die von erzwungener sozialer Distanz bestimmt waren. Für einige bedeutete das Quarantäne. Das hatte in der Gesellschaft eine anhaltend heftige und kontroverse Debatte über das richtige Verhalten zur Folge. Und dann brachte auch noch der plötzlich Realität gewordene Krieg mitten in Europa erschreckende Bilder von politischer Entzweiung und tödlicher Gewalt. Abgesehen davon war die Spaltung in der Gesellschaft immer wahrzunehmen: das Auseinanderklaffen von armen und reichen Schichten und auch Konflikte zwischen „konservativen" und „progressiven" Positionen im politischen Streit. Mir ist damals, in dieser Vorweihnachtszeit, klar geworden, dass gerade jetzt nicht nur in den Köpfen, sondern auch in den Herzen der Menschen etwas in den Vordergrund rückt, was das Leben eigentlich immer angeht. In den Zeitungen stieß ich aber gerade jetzt in vielen Kommentaren immer wieder auf das Thema Verbundenheit. Gerade jetzt sehnen sich die Menschen nach gelingenden Beziehungen, auch und gerade wenn die sozialen Verhältnisse im eigenen familiären Umfeld brüchig geworden sind.

Es ist aber nicht nur das Familienidyll, dem viele nachtrauern und nach dem sie sich dann umso stärker sehnen. Es geht meist auch um etwas Umfassenderes. Man möchte verbunden sein mit den Menschen, die in der Nachbarschaft wohnen, aber auch mit denen, die sonst hinter der Anonymität einer Dienstleistungsgesellschaft unsichtbar sind. Gerade in der Vorweihnachtszeit las man etwa, dass Menschen Schaffnern dankbar sind, die über die Feiertage Dienst haben, oder auch Krankenschwestern, die über Weihnachten die Kranken pflegen. Das ist kein Zufall: Viele Menschen beachten zwar das Geheimnis von Weihnachten in seiner religiösen Bedeutung kaum mehr. Aber diese jetzt deutlich aufbrechende Sehnsucht nach Verbundenheit zeigt für mich doch, dass sie etwas Wesentliches von diesem Fest verstanden haben. Christen drücken es so aus: Gott ist in Jesus für alle Mensch geworden. Er hat in seiner Menschwerdung alle Menschen berührt und sie in der Tiefe miteinander verbunden. Und er hat auch die nicht ausgeschlossen, die „an den Rändern" und in Not leben. Das gilt nicht nur für die Weihnachtszeit.

Unabhängig von der besonderen emotionalen Färbung, die Weihnachten hat: Dazuzugehören, verbunden zu sein ist eines der tiefsten menschlichen Bedürfnisse, auch im Alltag unseres Lebens. Um das zu veranschaulichen, zitiert der Religionspädagoge Anton A. Bucher eine Vision der amerikanischen Poetin Alix Kates Shulman, die ein Erlebnis in der New Yorker U-Bahn schildert: „Und ich sah in den vielen Fahrgästen die wunderbare Verbundenheit aller Lebewesen. Ich fühlte es nicht – ich sah. Was als oberflächlicher Gedanke begann, wuchs zu einer Vision heran, … in der alle Menschen auf diesem Planeten gemeinsam der Sonne entgegenzogen, zu einer einzigen Familie vereinigt, unauflösbar verbunden durch das einzigartige Wunder des Lebens" (Bucher 7).

Für Bucher ist Verbundenheit also letztlich eine spirituelle Erfahrung. Auch heute, in einer Zeit, in der wir vom Glaubensschwund sprechen, „verspüren nach wie vor viele Menschen eine tiefe Verbundenheit mit etwas Größerem, Transzendentem, aus dem sie Trost beziehen, wie ihn die Welt nicht geben kann" (Bucher 9).

Bei einem Kurs über das Geheimnis von Weihnachten, den ich damals angeboten habe, beklagte sich eine Teilnehmerin, dass sie zum ersten Mal Weihnachten alleine feiern müsse, ohne ihre Kinder und Enkelkinder. Sie fühlte sich allein gelassen und spürte in sich eine große Traurigkeit. Doch im Gruppengespräch wurde ihr klar: Auch wenn sie allein feiert, kann sie sich verbunden fühlen mit ihrer Familie – und darüber hinaus mit allen Menschen, die alleine Weihnachten feiern. Wenn ich mich vor eine brennende Kerze setze und in das milde Licht der Kerze schaue, kann ich mir vorstellen: das Licht der Kerze leuchtet jetzt auch für meine Kinder und Enkelkinder. Ich bete darum, dass die Kinder und Enkelkinder dieses Licht in sich eindringen lassen, sodass es sie mit Liebe und Güte erfüllt. Ich fühle mich in die Kinder ein: Wonach sehnen sie sich? Worunter leiden sie? Was bräuchten sie? Und in dieser Erfahrung fühle ich mich mit ihnen verbunden.

In diesem Buch möchte ich diese spürbare Sehnsucht aufgreifen und zugleich Wege aufzeigen, wie in unserer nicht nur an Weihnachten emotional aufgewühlten Zeit Verbundenheit möglich wird – im Leben von Einzelnen, aber auch in der Gesellschaft. Dabei geht es um viele Aspekte: die Verbundenheit mit mir selbst, der ich mir oft selber als zerrissen erscheine, die Verbundenheit mit den Menschen in meiner Nähe und den Zusammenhalt in der Gesellschaft, um die Verbundenheit mit der Natur und die Verbundenheit mit Gott. Nach solch umfassender und tiefer Verbundenheit sehnen sich die Menschen. Und doch erleben sie oft etwas anderes: Sie fühlen sich allein, isoliert, abgeschnitten von der Verbindung mit den anderen. Und viele sind zwar verbunden, erleben aber die Verbundenheit als belastend. Da ist die Verbindung zu eng, sie engt ein, sie macht krank.Die Grundfrage dieses Buches ist also: Wie können wir unsere Sehnsucht nach Verbundenheit so leben, dass sie für uns heilsam ist, und wie können wir Beziehungen so leben, dass unser Miteinander glückt und uns glücklich macht?

1.

Das klösterliche Miteinander als Testfall

Das monastische Leben ist ein konkreter Erfahrungshintergrund meines Schreibens. Und da ist es durchaus legitim, zu fragen: Ist das, was ich dort erfahre, mit dem, was in der Welt und der Gesellschaft passiert, überhaupt in Verbindung zu bringen oder gar darauf zu übertragen? Ich will also im Folgenden zunächst das mir vertraute benediktinische *In Distanz zur Gesellschaft, aber nicht mit dem Rücken zur Welt* Modell des Miteinanders quasi als Testfall anschauen. Im Kloster leben wir zwar in Distanz zur Gesellschaft, aber nicht isoliert von ihr oder gar mit dem Rücken zur Welt: „Der Mönch ist einer, der allein lebt, aber sich mit allen Menschen verbunden fühlt", sagt schon Evagrius Ponticus, der Mönchsschriftsteller aus dem vierten Jahrhundert. Er meint mit Verbundenheit: dass er sich in jedem Menschen selber sieht und im anderen sich selber erkennt. Das drückt sich auch im Gebet aus: In den Psalmen, die wir Mönche jeden Tag beten, wird die Not der Welt in Solidarität vor Gott getragen. Und natürlich lese ich auch die Zeitung, höre Nachrichten und nehme Anteil an dem, was in der

Welt passiert. Wie sollte ich denn predigen, wenn ich nicht wüsste, was die Menschen bewegt?

Gäste, die zu uns ins Kloster kommen, um einige Tage mit uns das Leben zu teilen, fragen mich tatsächlich immer wieder: „Wie gelingt es euch, dass achtzig so verschiedene Männer friedlich zusammenleben und dass ihr gemeinsam eure Aufgaben in der Schule, im Gästehaus, im Recollectiohaus, in der Missionsarbeit, in der Landwirtschaft und in den Werkstätten bewältigen könnt?" Seit bald sechzig Jahren lebe ich als Mönch in dieser Gemeinschaft. Daher möchte ich einige Erfahrungen und Erkenntnisse, die ich in dieser langen Zeit in einer konkreten Gemeinschaft gemacht habe, darstellen.

Benedikt stellt kein hohes Ideal von Gemeinschaft auf. Denn wenn wir von der Gemeinschaft in zu großen Worten schwärmen, verdrängen wir meistens ihre Schattenseiten. Benedikt begnügt sich damit, einfach zu beschreiben, wie ein Miteinander gelingen kann. Und seine nüchternen Beschreibungen könnten auch für uns heute eine Anregung sein, über unsere Beziehungen und unser Verbundensein nachzudenken.

Wie das Miteinander gelingen kann, fasst Benedikt im 72. Kapitel seiner Regel zusammen. Da erinnert er die Mönche an den guten Eifer, den sie haben sollen: „Diesen Eifer sollen also die Mönche mit glühender Liebe in die Tat umsetzen, das bedeutet: Sie sollen einander in gegenseitiger Achtung zuvorkommen; ihre körperlichen und charakterlichen Schwächen sollen sie mit unerschöpflicher Geduld ertragen; im gegenseitigen Gehorsam sollen sie miteinander wetteifern; keiner achte auf das eigene Wohl, sondern mehr auf das des anderen; die Bruderliebe sollen sie einander selbstlos erweisen; in

Gegenseitige Achtung und Ehrfurcht vor dem anderen

Liebe sollen sie Gott fürchten; ihrem Abt seien sie in aufrichtiger und demütiger Liebe zugetan. Christus sollen sie überhaupt nichts vorziehen. Er führe uns gemeinsam zum ewigen Leben" (RB 72,3–12). Dieses Kapitel ist gleichsam das Vermächtnis Benedikts. Auch hier wird weniger eine Theologie der Gemeinschaft entfaltet als die Bedingungen für ein gedeihliches Miteinander aufgezeigt. Im letzten Satz wird allerdings deutlich, dass es eben nicht um das Wohlfühlen in der Gemeinschaft geht, sondern um Christus, der die eigentliche Mitte und das Ziel des gemeinsamen Suchens ist.

Die erste Bedingung, dass eine Gemeinschaft den Geist Christi atmet wie in der Urkirche, ist demnach die Achtung, die Ehrfurcht vor dem anderen. Wenn man ein Leben lang zusammenlebt, bekommt man auch die Schwächen seiner Mitbrüder mit. Da ist es wichtig, den anderen nicht wegen seiner Schwächen zu verachten, sondern immer um seine Würde zu wissen und daran zu glauben. Die Ehrfurcht lässt dem anderen sein Geheimnis. Sie verzichtet darauf, alles beim anderen herauszufinden oder ihn gar auszuspionieren. Unsere heutige Sucht, alle Fehler anderer Menschen in der Öffentlichkeit breitzutreten, widerspricht dieser Ehrfurcht. Und diese Sucht zerstört das Gefühl von Verbundenheit. Indem wir über andere so hart urteilen, isolieren wir uns selbst. Denn wir spüren dabei auch, dass wir selber unseren eigenen Maßstäben nicht gerecht werden können. In dieser Sucht, andere zu be- und zu verurteilen, wird ständig eine Grenze überschritten, wird die notwendige Distanz zu anderen Menschen nicht gewahrt. Eine Gemeinschaft kann nur auf Dauer menschlich miteinander leben, wenn sie ein gesundes Verhältnis von Nähe und Distanz hat. Manche modernen Gemeinschaften gehen nach kurzer Zeit wieder auseinander, weil sie zu viel Nähe wollen und weil man alles vom anderen wissen will. Nur eine gesunde Spannung von

Einsamkeit und Gemeinschaft, von Nähe und Distanz, von Mitteilen und dem Geheimnis, das jedem bleibt, kann auf Dauer eine lebensfähige Gemeinschaft bilden.

Die zweite Voraussetzung für ein gutes Zusammenleben ist die Bereitschaft, den anderen zu ertragen. Schon Paulus fasst das Gesetz Christi in dem Satz zusammen: „Einer trage des anderen Last" (Gal 6,2). Auch hier braucht es eine gesunde Spannung. Ich darf nicht jeden Konflikt in der Gemeinschaft als Kreuz verstehen, das ich tragen muss. Denn dann würde ich die Gemeinschaft ideologisieren und mich vor der Realität verschließen. Das nähme mir aber die Möglichkeit, die Konflikte offen anzusprechen und zu lösen. Und es führt zu einer masochistischen Haltung, die der Psychotherapeut Bert Hellinger in dem Satz zusammenfasst: „Lieber leiden statt lösen." Doch auch wenn Konflikte angesprochen und Problemlösungen versucht werden, bleibt immer noch genug, das man einfach tragen und annehmen muss. Vor allem gilt es zu ertragen, dass eine Gemeinschaft nicht ideal ist, dass auch in einem Kloster nicht nur immer wahrhaft gottsuchende Brüder und Schwestern sind, sondern auch Menschen, denen es mehr um die Befriedigung ihrer eigenen Bedürfnisse geht, die die Gemeinschaft vielleicht auch gesucht haben, damit es ihnen gut geht. Benedikt hat diesen Satz auf dem Hintergrund der Erfahrung geschrieben, die er selbst mit seiner Gemeinschaft gemacht hat, aber auch im Anschluss an Gedanken, die der Mönchsvater Johannes Cassian in seiner 16. Unterredung entfaltet. Cassian schreibt: „Wer den andern aushält und erträgt, zeigt sich stark; wer dagegen schwach, fast krankhaft veranlagt ist, den muss man vorsichtig und sanft behandeln; manchmal muss man dem andern um seiner Ruhe, seines Friedens und Heils willen auch in notwendigen Din-

Bereitschaft, den anderen zu ertragen

gen nachgeben … Niemals nämlich erträgt der Schwache einen Starken" (vgl. Holzherr 411f). Ja, Cassian weiß, dass manche Mitmenschen für die anderen eine große Belastung und zugleich Herausforderung sein können: „Im übrigen ist auch festzuhalten, dass die Schwachen von Natur aus immer rasch bereit sind, andere zu beleidigen oder einen Konflikt auszulösen, selber aber nicht einmal den Schatten eines Unrechts tolerieren können" (ebd.). Wenn eine Gemeinschaft allerdings nur aus Schwachen besteht, kann das leicht zur Spaltung und Auflösung führen. Zumindest wird das Leben bald unerträglich. Es braucht immer genügend Starke, die die Schwachen mittragen und ihnen einen Raum der Heilung anbieten.

Benedikt fordert nicht nur den Gehorsam dem Abt gegenüber, sondern auch den gegenseitigen Gehorsam. Damit meint er wohl, dass die Brüder aufeinander hören sollen. Jeder bringt seine Begabung mit. Jeder hat seine persönliche Sichtweise. Eine Gemeinschaft ist kein Einheitsbrei, in dem der Einzelne ganz und ununterscheidbar aufgeht. Sie bleibt nur dann bunt und lebendig, wenn jeder auf den anderen hört und seiner Stimme Raum lässt. Viele Stimmen müssen zusammenklingen, damit die Gemeinschaft zu einem Einklang findet. Gehorsam den Brüdern gegenüber heißt auch, dass der Einzelne bereit ist, Verantwortung für die Gemeinschaft und für einzelne Mitbrüder zu übernehmen. Er lässt sich fordern und kreist nicht nur um die eigenen Bedürfnisse.

Gemeinschaft ist kein Einheitsbrei. Der Einzelne hat Verantwortung

„Die Bruderliebe sollen sie einander selbstlos („caste" = „keusch") erweisen" (RB 72,8). Hier spricht Benedikt von der „caritas". Es ist nicht die Freundesliebe, sondern die Liebe, von der Jesus sagt, dass sie aus Gott kommt. Und diese Liebe sollen sich die Brüder „keusch", „lauter" erweisen. Es geht weniger um eine gefühlsmäßige Liebe als um das Annehmen des anderen, so wie er ist. Unsere Liebe ist ja immer auch vermischt mit Zweifeln, mit Neid, mit Enttäuschungen und Verletzungen, mit Eifersucht, mit Habenwollen, mit der Erfüllung der eigenen Bedürfnisse. Wir lieben, um geliebt zu werden. Wir haben Nebenabsichten mit unserer Liebe. Die Gemeinschaft ist ein Feld, in der die lautere Liebe eingeübt werden kann. Das Einüben dieser Liebe wird zu einem Erfahrungsort: einem Ort, an dem die Liebe Gottes erahnt wird, mit der Gott uns selbstlos („caste") liebt.

Eigenartigerweise spricht Benedikt von der Liebe zu Gott als „amor" (RB 72,9). *Amor* ist eigentlich die erotische Liebe, die begehrende Liebe, die sich danach sehnt, mit dem Geliebten eins zu werden. Hier klingt an, dass die Liebe zu Gott sich aus der Kraft des Eros speist. Es ist keine intellektuelle Liebe, keine Liebe, die nur aus dem Willen kommt, sondern aus der Sehnsucht des Herzens, das eins werden möchte mit dem Geliebten.

Worin brüderliche Liebe ihren Grund hat

Benedikt geht es offensichtlich darum, dass die menschliche Liebe zwischen den Brüdern von der Gottesliebe gespeist wird und die Liebe zu Gott von der erotischen Liebe zu einem geliebten Menschen. Beide Pole müssen zusammenkommen, damit die Liebe echt bleibt. Ohne Eros bleibt die Gottesliebe langweilig und nicht spürbar. Ohne die göttliche Liebe wird die Liebe zu den Menschen entweder zu einer moralischen Überforderung oder zu einem ständigen Kreisen um die eigenen Gefühle.

Die Liebe zu Gott sieht Benedikt zusammen mit der Furcht. Bei Johannes heißt es, dass in der Liebe keine Furcht ist (vgl. 1 Joh 4,18). Doch die Mönche sollen Gott in Liebe fürchten. Hier ist von der Spannung die Rede zwischen Gott als *fascinosum* und Gott als *tremendum*, zwischen dem Gott, der uns begeistert und anzieht, und dem, der uns erschreckt, der uns bis in die Knochen trifft. Nur wenn diese Spannung ausgehalten wird, wird unsere Gottesbeziehung lebendig bleiben und gesund. Ohne die Ehrfurcht sind wir in Gefahr, Gott zu verniedlichen und zu vereinnahmen. Aber ohne die Liebe wird die Furcht zur Angst, die das Gottesbild verfälscht.

Die wichtigste Bedingung für das Gelingen von Gemeinschaft liegt in der Forderung Benedikts: „Christus sollen sie überhaupt nichts vorziehen. Er führe uns gemeinsam zum ewigen Leben" (RB 72,11f). Diesen Satz hat Benedikt aus der Spiritualität der Märtyrer übernommen. Er findet sich in ähnlicher Weise bei Cyprian von Karthago (+ 258). Benedikt ist offensichtlich davon überzeugt, dass das Miteinander nur gelingen wird, wenn die Mönche vom Geist der Märtyrer erfüllt sind: von ihrer Bereitschaft zur Hingabe, von ihrem Mut, sich ganz und gar auf Christus einzulassen und für ihn Zeugnis abzulegen. Wenn die Gemeinschaft nur um sich selbst kreist, um das Wohlbefinden der einzelnen Mitglieder, dann wird sie sich bald auflösen. Die Gemeinschaft braucht ein Ziel, das sie übersteigt. Dieses Ziel muss mehr sein als eine gemeinsame Arbeit. Es muss letztlich ein jenseitiges Ziel sein: Gott oder Jesus Christus. Nur wenn die Mönche Christus über alles stellen und ihr Leben für ihn einsetzen, wird ihre Gemeinschaft Bestand haben.

Die Gemeinschaft braucht ein Ziel, das sie übersteigt

In diesem Satz klingt für mich aber noch etwas anderes mit. Meine Erfahrung mit Gemeinschaft hat mir gezeigt, dass die Gemeinschaft nie meine Bedürfnisse nach Heimat, nach Angenommenwerden, nach Verbundenheit und Geborgenheit erfüllen wird. Die Gemeinschaft wird mich in dieser Sehnsucht immer wieder auch enttäuschen. Doch gerade die Enttäuschung an der Gemeinschaft verweist mich auf Christus. Nur wenn ich nichts höher stelle als Christus, kann ich die Gemeinschaft realistisch erleben. Da erlebe ich sie manchmal als einen Ort, an dem Christus erfahrbar wird, etwa in gemeinsamen Gottesdiensten oder in Gesprächen, die gelingen, in denen wir einander teilgeben an unserer Suche nach Gott. Aber dann erlebe ich sie wieder in ihrer Banalität und Durchschnittlichkeit, in ihrem kleinkarierten Denken und in ihrem Kreisen um sich und unwichtige Probleme. Aber wenn es mir um Christus geht, dann zerbreche ich nicht daran, sondern dann nehme ich auch diese Enttäuschung als Ansporn, mich tiefer in Christus zu gründen und wirklich auf ihn zuzugehen.

Die Frage ist nun, was diese Weisungen Benedikts an seine Mönche für die Sehnsucht nach Verbundenheit beitragen können, die heute viele Menschen bewegt. Eine klösterliche Gemeinschaft ist natürlich etwas ganz und gar anderes als das Zusammenleben in der Familie, in beruflichen oder anderen gesellschaftlichen Zusammenhängen. Dennoch macht sie Erfahrungen, die auch für die Gesellschaft hilfreich sein könnten.

Da ist einmal die Frage nach dem, was uns verbindet. Bei den Mönchen ist es die gemeinsame Suche nach Gott, das gemeinsame Schauen auf Christus. Für die Gesellschaft würde das bedeuten: Sie braucht Ziele, die über die Gefühle des Sich-Wohlfühlens hinausgehen. So ein Ziel könnte das friedliche Miteinander sein, die Toleranz, die Achtung der Menschenwürde, das Streben nach Gerechtigkeit und die Hoffnung auf ein inneres Verbundensein, das auch durch Konflikte und Differenzen nicht zerstört werden kann.

Ein anderer Aspekt ist das Verhältnis von Nähe und Distanz. Mönche sind eigentlich Menschen, die sich zurückgezogen haben, die einsam leben. Aber Benedikt möchte, dass die Mönche eine Gemeinschaft bilden. Das Miteinander von Einsamkeit und Gemeinschaft gibt der Gemeinschaft auf Dauer Halt. Wenn die Menschen immer zu eng zusammen sind, gehen sie sich gegenseitig auf die Nerven. Es braucht auch die Fähigkeit, allein *Nähe und Distanz. Und ein weites Herz* zu sein, die uns dann auch gemeinschaftsfähig macht. Und es braucht die Bereitschaft, die anderen so anzunehmen, wie sie sind. Daher ist für Benedikt das weite Herz die Voraussetzung, dass Menschen mit ganz unterschiedlichem Charakter miteinander in Eintracht leben können.

Wenn ich in der Abtei Kurse gebe, so mache ich oft die Erfahrung, dass die Kursteilnehmer sich untereinander verbunden fühlen. Gleich, ob das auf berufliche Themen bezogene Führungsseminare oder Seminare zu spirituellen Themen sind: Da entsteht auf einmal ein wunderbares Miteinander. Weil sie gemeinsam auf dem Weg sind, kommen sie sich näher. Und viele erfahren die Abtei als ihre geistliche Heimat. Sie fühlen sich mit ihr verbunden. Offensichtlich färbt die Verbundenheit der Mönche untereinander auch auf die Menschen ab, die das Kloster besuchen. Wenn wir Mönche miteinander verbunden sind, sind wir auch offen für die Menschen, die zu uns kommen. Das spüren die Besucher und öffnen sich dann auch füreinander. So braucht es in unserer Gesellschaft offensichtlich Gemeinschaften, die Verbundenheit leben, damit sich um sie herum auch Menschen miteinander verbinden.

Auch über zeitliche Distanz hinweg ist Nähe erlebbar: Am Sonntag gehe ich manchmal nach dem Mittagessen in unserer Bachallee spazieren. Der Bach, den die Allee umgibt, haben die Mönche schon im 12. Jahrhundert geschaffen, indem sie ihn von der Schwarzach abgeleitet haben, um die Klostermühle zu betreiben. Als die Mönche 1935 begannen, die Kirche zu bauen, haben sie den Erdaushub an diesem Bach abgelagert, sodass eine schöne Allee entstanden ist. Sie geht über einen Kilometer am Bach entlang. Wenn ich diesen Weg gehe, fühle ich mich verbunden mit den Mitbrüdern, die diese Allee gestaltet und seit über achtzig Jahren gepflegt haben. Ich denke an die Mitbrüder, mit denen ich auf diesem Weg gegangen bin, um ein geistliches Gespräch zu führen. Wenn ich bei der Rückkehr auf die Abtei schaue, fühle ich mich verbunden mit all den Mitbrüdern, die beim Aufbau der Abtei mitgeholfen haben. Und ich fühle mich auch mit mir selbst verbunden. Denn ich darf dankbar auf das zurückschauen, was ich in den 36 Jahren, in denen ich Cellerar war, für die Abtei schaffen durfte. So mag es manchen gehen, wenn sie an ihrem Heimatort spazieren gehen und sich an all die Menschen erinnern, die dort ihr Leben geprägt haben. Da spüren sie eine tiefe Verbundenheit, die sie heute noch trägt.

Das Gefühl der Verbundenheit hält eine Gemeinschaft über Jahrhunderte zusammen. Wir fühlen uns aber auch verbunden mit den Brüdern, die im Alltag räumlich getrennt in der Krankenstation sind. Auch sie kommen an den Festen in ihren Rollstühlen zu den gemeinsamen Feiern. Und sie werden täglich von Mitbrüdern besucht. Niemand wird ausgeschlossen. Auch eine Gesellschaft wird sich nur untereinander verbunden fühlen, wenn die Einzelnen in ihrer Schwäche, ihrer Krankheit und in ihrem Tod nicht vergessen werden und der Blick über die unmittelbare Gegenwart hinausgeht. Auch die Gesellschaft braucht dieses weite Herz, von dem Benedikt spricht, damit das Miteinander gelingt.

2

Isolation, Vereinsamung und „erfüllte Einsamkeit"

Vielleicht können die beschriebenen Erfahrungen auch bei der Beantwortung der Frage helfen, wie wir heute in einer Gesellschaft zusammenleben können, die so stark von der Erfahrung von Isolation geprägt ist, und eine Perspektive darauf geben, wie wir in unserer oft genug polarisierten Gesellschaft ein gutes Miteinander, ein fruchtbares Verbundensein ganz unterschiedlicher Menschen schaffen können. Soziologen stellen jedenfalls fest, dass trotz aller Möglichkeiten, durch die sozialen Medien miteinander verbunden zu sein, der Zusammenhalt nicht wächst, ja dass die Erfahrung der Unverbundenheit, das Gefühl von Vereinsamung zunimmt.

Dass allein in Deutschland 14 Millionen Menschen sagen, dass sie sich einsam fühlen, hat sicher viele Gründe. Einer davon ist wohl die Individualisierung der Gesellschaft. Darunter versteht man auch verbreitete Haltungen wie die des Sich-selber-Durchsetzens. Manche sprechen auch vom Ego-Kult. Der Rückgang von Bindungsbedürfnissen ist offensichtlich. Die Single-Haushalte nehmen in den Großstädten rapide zu. Man hat zwar viele Kontakte per Facebook oder Instagram. Aber im Grunde fühlt man sich doch allein.

Im Kern ist das Leiden an der Einsamkeit das Gefühl, keine Beziehung zu anderen zu haben, nicht wahrgenommen, anerkannt oder geschätzt zu sein, nicht gerecht behandelt zu werden. Man fühlt sich unfreiwillig abgeschnitten von einer Verbundenheit, die auch für das eigene Selbstwertgefühl wesentlich ist. Lebensgeschichtlich kann das ganz verschiedene Ursachen haben – man muss dabei nicht nur an die plötzliche Zwangssituation der Pandemie oder an die Flüchtlinge denken, die ohne Sprachkenntnisse in einer ihnen fremden Umgebung „stranden". Es können andere unerwartete, individuelle Situationen sein: Da wird jemand plötzlich arbeitslos und fällt durch das soziale Netz. Da wird jemand auf einmal gemobbt. Oder jemand wird krank, fühlt sich ausgeschlossen aus dem Club der Gesunden, will sich ihnen nicht zumuten und hat keine Hilfe. Oder da verliert jemand seinen liebsten Menschen durch den Tod, sieht sich selber am Abgrund und niemand weiß, wie es ihm geht. Da sind einem anderen etwa die Eltern gestorben, und die Geschwister haben sich entzweit. Auch da kann über einen Menschen plötzlich die Erfahrung hereinbrechen: Ich stehe allein. Es ist heute ja kein Einzelschicksal mehr, dass die familiäre Verbundenheit auseinandergebrochen ist. Bei vielen herrscht in solchen Situationen das Gefühl: Die anderen oder auch die Gesellschaft kümmern sich nicht darum, wie es einem geht. Immer öfter erlebe ich auch Menschen, die in ihre eigene Angst eingeschlossen sind angesichts drohender Katastrophen oder im Blick auf die eigene individuelle Zukunft: Die Angst, alleingelassen zu werden im Sterben, zieht manchen schon jetzt den Boden unter den Füßen weg.

Wenn Einsamkeit als schmerzvoll erfahren wird: Worunter leiden wir?

Offensichtlich gibt es die Not der Alterseinsamkeit, auch wenn sie bisweilen im Verborgenen stattfindet. Wenn etwa 38 Prozent der über 70-Jährigen in Deutschland allein leben, hat das Folgen. Die Zahl der sozialen Kontakte schrumpft durch das Ausscheiden aus dem Beruf. Freunde und Bekannte sterben. Der Austausch mit anderen Menschen wird geringer. Mit dem Älterwerden sind viele zudem von einer existenziellen Zukunftsangst beherrscht: etwa dass man, wenn man noch älter und hilfsbedürftig wird, niemanden hat, der für einen sorgt. Man fürchtet, dann die staatlichen oder kirchlichen Fürsorgeinstitutionen in Anspruch nehmen zu müssen – und schämt sich dafür. „Ich weiß gar nicht mehr, wie Besuch geht", sagte eine ältere Frau im Gespräch. Viele „verschanzen" sich im Alter, trauen sich nicht mehr, „unter Leute" zu gehen, weil sie sich auch schämen, isoliert zu sein. Sie sind vielleicht mit Sorgen um die eigene Gesundheit oder die des Partners belastet. Oder sie erfahren, dass sie nicht mehr *Zehrend und bitter: Alterseinsamkeit* über genügend Mittel verfügen, um an wichtigen und in unserer Geldgesellschaft nicht immer billigen Ereignissen wie Konzert oder Theater teilzunehmen. Oft glauben sie auch, dass sie ihr Leben nicht mehr im Griff hätten, oder meinen, dass sie kein von positiven Dingen erfülltes Leben vorweisen und davon erzählen können. Sie haben den Eindruck, dass ihr Leben sinnlos sei. Sie werden nicht mehr gebraucht, nützen keinem, fallen nach eigenem Empfinden höchstens anderen zur Last. So verkriechen sie sich in sich selbst, verstecken sich immer mehr in ihrer Wohnung, vernachlässigen sich und meiden den Kontakt mit Menschen, nach denen sie sich eigentlich im Inneren so sehr sehnen. Solche Einsamkeit kann zehrend, kalt, bitter und voller Enttäuschung sein. Da ist tiefes Leid.

Aber auch junge Menschen fühlen sich einsam, aus ganz anderen Gründen. Sie haben zwar viele Kontakte, die Verbindung mit Menschen auf der ganzen Welt ist technisch für sie

Warum sich junge Menschen einsam fühlen

kein Problem. Aber sie haben oft niemanden, mit dem oder der sie ihr wirkliches Leben, ihre realen Sorgen, Freuden und Hoffnungen und ihre tiefsten Ängste teilen können. Nicht einmal eine Partnerschaft schützt vor dieser Erfahrung. Viele haben das Gefühl, der Partner verstehe sie nicht. Sie machen die Erfahrung, dass sie aneinander vorbeireden. Sie fühlen sich von ihrer Familie nicht verstanden. Sie pflegen viele Kontakte in den sozialen Medien. Aber wie es ihnen im Innersten geht, das trauen sie sich nicht zu sagen. Und sie haben auch niemanden sonst, mit dem sie darüber sprechen könnten. Sobald sie davon anfangen wollen, verstummen die Gesprächspartner. Denn das passt nicht in ihren Smalltalk. Viele haben das Gefühl, dass sie mit dem, was in ihrem Inneren vor sich geht, niemand versteht. Daher trauen sie sich auch kaum, sich anderen zu zeigen, wie sie sind. Sie spielen die Rolle des coolen Mannes oder die Rolle der erfolgreichen Frau, die alles im Griff hat. Doch in Wirklichkeit sind sie voller Angst, dass ihr Leben keinen Sinn hat, dass sie eigentlich nicht als Menschen gesehen werden. Man braucht zwar ihre Arbeitskraft, man will von ihnen eine Information, benötigt sie als Hilfe. Aber sie als Person werden gar nicht gesehen. Jeder ist nur mit seinem Beruf beschäftigt. Und da geht es ständig um Rivalität und Konkurrenz. Wenn man da nicht auf der Siegerseite steht, so der Eindruck, fällt man irgendwann unten durch. Dann interessiert sich keiner mehr für einen. Der Konkurrenzdruck steigert die Aggressivität ebenso wie die Unsicherheit und verhindert das Gefühl der Verbundenheit. Entscheidend ist, dass ich selber mich durchsetze, dass *ich* auf der Erfolgsleiter weiterkomme. Aber je höher ich auf der Leiter steige, desto einsamer fühle ich mich. Auch diese Einsamkeit ist letztlich bestimmt von der Selbsterfahrung der eigenen Wertlosigkeit. Der verbreitete Druck zur Selbstoptimierung verstärkt das nur. Man vergleicht sich mit anderen und erfährt umso schmerzlicher die Kluft zwischen dem nach außen dargestellten Image und der eigenen Wirklichkeit. In den sozialen Medien ist man um eine möglichst positive Außenwirkung bemüht, doch im wahren Leben bleibt man letztlich einsam. Wenn es darum geht, dieser Einsamkeit zu begegnen, sind wir alle gefordert, aufeinander zuzugehen, die Situation des anderen wahrzunehmen, empathisch und fürsorglich zu sein. Aber es braucht auch eine Unterscheidung.

Man unterscheidet heute zwischen Alleinsein und Einsamkeit auf der einen Seite und Vereinsamung und Isolation auf der anderen Seite. Der Psychoanalytiker Peter Schellenbaum meint, die Aufgabe sei, das Alleinsein in ein All-Eins-Sein zu verwandeln, in ein Einssein mit allen Menschen, aber auch mit dem ganzen Kosmos. Dann kann das Alleinsein auch zu einer spirituellen Herausforderung werden. Ähnlich ist es mit der Einsamkeit. Jeder Mensch braucht auch Einsamkeit. Der Theologe Paul Tillich meint, Religion sei das, was jeder mit seiner Einsamkeit anfängt. Ich selber bin Mönch. Das Wort „Mönch" kommt von „monazein" – allein leben, sich von der Welt trennen. Die Mönche gehen bewusst in die Einsamkeit, um sich für Gott öffnen zu können. Der Philosoph Friedrich Nietzsche meint, dass uns die Einsamkeit befähige, tiefer zu schauen, dem Geheimnis des Lebens auf die Spur zu kommen: „Wer die letzte Einsamkeit kennt, kennt die letzten Dinge." Auf dem spirituellen Weg suchen wir bewusst die Einsamkeit, um uns der eigenen Wahrheit zu stellen und uns für Gott zu öffnen. Der Philosoph Peter Wust meint: „Ich

Es gibt nicht nur eine negative Sicht der Einsamkeit

glaube, der tiefste Grund aller menschlichen Einsamkeit ist das Heimweh nach Gott." Seine Sicht ist: Diese Einsamkeit isoliert nicht. Sie verbindet uns mit Gott und letztlich auch mit den Menschen. Denn wir fühlen uns eins mit allen Menschen. In diesem Sinn sagt auch der zweite UNO-Generalsekretär Dag Hammarskjöld: „Bete, dass deine Einsamkeit zum Stachel werde, etwas zu finden, wofür du leben kannst, und groß genug, um dafür zu sterben." Er meint mit diesen Worten Gott, aber zugleich auch die Menschen, für die er sich einsetzt, damit sie in Frieden leben können. Der Einsatz für den Frieden hat diesen schwedischen Diplomaten das Leben gekostet.

Die Psychotherapeutin Luise Reddemann bekräftigt diese positive Sicht von Einsamkeit. Für sie ist Einsamkeit „eine tiefe Dimension der Verbundenheit und eine Erfahrung von innerem Reichtum, von Freude und Geborgensein". Sie zitiert in diesem Zusammenhang Meister Eckhart: „Wer unbetrübt und lauter sein will, der muss eines besitzen: die Einsamkeit des Herzens" (Interview mit Luise Reddemann, *einfach leben*, März 2023). Als Grund dafür, dass Menschen nicht einsam sein können, nennt sie die Angst. Oft rührt die Angst aus der kindlichen Erfahrung, verlassen worden zu sein. Diese Menschen erfahren dann die schmerzliche Seite der Einsamkeit. Wer sich dagegen verbunden fühlt mit den Menschen, der kann auch Einsamkeit gut leben. Reddemann fordert daher Solidarität in der Gesellschaft, damit sich die Menschen nicht als „abgehängt" erfahren. „Denn genau das ist eine Quelle leidvoller Einsamkeitserfahrung."

Den positiven Aspekten von Einsamkeit und Alleinsein stehen auf der anderen Seite Isolation und Vereinsamung

Erfahrung von innerem Reichtum und Geborgenheit

gegenüber. Der Philosoph Johannes B. Lotz sieht den ent-
scheidenden Unterschied zwischen Einsamkeit und Vereinsamung in der Beziehungsfähigkeit: Der Einsame ist in
Beziehung zu sich selbst und somit auch fähig, *Beziehungs-*
eine Beziehung zu einem Du einzugehen. Da- *fähigkeit macht*
gegen gilt von der Vereinsamung: „Die Verein- *den Unterschied*
samung wirft den Menschen auf sich selbst zurück, indem
sie seine lebendige Einheit mit dem anderen unterbricht; er
wird gleichsam in einen luftleeren Raum gestoßen und muss
darin verkümmern" (Lotz, 32). Der vereinsamte Mensch ist
nicht nur isoliert von den Menschen, er hat auch die Beziehung zu sich selbst verloren. Viele Psychologen und Ärzte
sprechen heute davon, dass die Isolation häufig eine Ursache
von Krankheit sei. Es gibt Statistiken, die besagen, dass isolierte Menschen früher sterben als Menschen, die sich verbunden fühlen mit anderen. Isolierte Menschen sehnen sich
danach, sich verbunden zu fühlen mit anderen Menschen.
Aber da sie oft nicht mit sich selbst verbunden sind, finden
sie weder zu innerer Stabilität noch öffnet sich ihnen der
Weg zur Verbundenheit mit anderen.

3.

Unser Hunger nach Zugehörigkeit

Der irische Schriftsteller und Theologe John O'Donohue spricht von unserem „Hunger nach Zugehörigkeit". Wie unseren biologisch notwendigen Stoffwechsel brauchen wir demnach das soziale Brot der Zugehörigkeit, um zu überleben. Es geht dabei um die Überbrückung der Distanz zwischen Isolation und Intimität: „Jeder sehnt sich nach Intimität und träumt von einem Nest der Zugehörigkeit, in dem er geborgen ist, in dem er erkannt und geliebt wird. In jedem von uns schreit etwas nach Zugehörigkeit. Wir können alles haben, was die Welt an Ansehen, Erfolg und Besitz zu bieten hat; doch ohne ein Gefühl der Zugehörigkeit erscheint alles leer und sinnlos. Wie der Baum, der tief in die Erde Wurzeln treibt, braucht jeder von uns den Anker der Zugehörigkeit."

Wir wollen gehört, wahrgenommen und akzeptiert werden

Jeder Mensch sehnt sich nach sozialer Akzeptanz. Zugehörigkeit bedeutet, dass die Gruppe, der ich zugehöre, mir zuhört, mich hört mit meinen Bedürfnissen, mit meiner Eigenart, aber auch, dass ich bereit bin, auf die anderen zu hören, mich für sie zu interessieren, mich von ihnen inspirieren und befruchten zu lassen. Zugehörigkeit gibt uns das Gefühl, in einer Gruppe getragen zu sein, nicht für uns allein kämpfen zu müssen. Ein Mensch, der sich zugehörig fühlt, hat Lust, sich auch für andere zu engagieren. Er hat mehr Energie für seine Arbeit. Denn er sieht einen Sinn in seinem Leben, wenn andere ihn in seinem Sosein akzeptieren und bestätigen. Umgekehrt fühlen sich Menschen ohne dieses Zugehörigkeitsgefühl ortlos, ausgeschlossen aus der Gemeinschaft. Weil sie das Gefühl haben, keiner interessiere sich für sie, ziehen sie sich immer mehr zurück. Aber sie leiden darunter, und in ihren Gedanken kreisen sie doch um das Thema, fragen sich, ob sie nicht liebenswert sind, ob sie alles verkehrt machen, warum sich keiner um sie kümmert, warum man sie ausschließt.

Das Gefühl der Zugehörigkeit kann sich auf eine kleinere Gruppe beziehen: den Familienverbund, eine Nachbarschaft, eine Gemeinde, aber auch auf eine soziale Schicht, eine Firma, eine Partei oder ein Verein. Es kann sich auf die Zugehörigkeit zu einer Generation („wir 68er"), auf die Verbindung zu einem Geschlecht beziehen („wir Frauen") oder zu einer Religion („wir Muslime", „wir Christen"). Aber immer hat dieses Gefühl Auswirkungen – nicht nur darauf, wie wir die Welt wahrnehmen, sondern auch auf unser Selbstgefühl. Dabei muss es sich gar nicht um etwas Großes handeln, es kann auch etwas so Schlichtes sein wie die Gemeinschaft, die sich beim Fußballspielen unter Kindern einstellt. Der Schriftsteller Hanns-Josef Ortheil erzählt dazu ein Beispiel aus seiner eigenen Kindheit. Er war als Kind für seine Umgebung ein Außenseiter, ein Einzelgänger, der in schwierigen Familienverhältnissen isoliert aufwuchs

Zugehörigkeit hat Auswirkungen auf unsere Weltwahrnehmung und unser Selbstgefühl

(zwei seiner Geschwister waren gestorben, seine Mutter hörte auf zu sprechen), bis er nach einem Umzug der Familie in eine andere Stadt eine neue Erfahrung machte: Er konnte mit anderen Jugendlichen Fußball spielen. Und diese selbstverständliche neue Gemeinschaft gab ihm das Gefühl, jetzt „dazuzugehören". Nach dem Umzug wussten die anderen ja nichts von seiner belastenden Vorgeschichte, er war nur „der Neue". Er hatte seinen Platz gefunden, fühlte sich frei. Er gehörte jetzt dazu. Sein Leben erhielt dadurch neuen Sinn, Freiheit und Bedeutung. (Und noch heute fühlt er sich als Fan dem Fußballverein der Stadt Wuppertal verbunden.)

Und natürlich kann man sich auch mehreren Gruppierungen zugehörig fühlen. Der Schriftsteller Navid Kermani, der sich – und seiner Umgebung – als iranischstämmiger Deutscher die Frage stellt: „Wer ist Wir?", erzählt, dass er, als islamisches Ausländerkind in Siegen aufgewachsen, sich beiden Welten – der Welt seiner Persisch sprechenden Familie und der Welt seiner Fußball spielenden deutsche Freunde – zugehörig fühlte und das nicht als Problem, sondern als selbstverständliche Bereicherung empfand. Und er sagt dann, nur scheinbar paradox: „Meine Heimat ist nicht Deutschland. Sie ist mehr als Deutschland: Meine Heimat ist Köln geworden" (Kermani 131). Zugehörigkeit also als emotionale Verankerung in einem ganz konkreten Lebensgefühl.

Zugehörigkeit wird nur zum Segen für uns, wenn das Hören nach beiden Seiten geht, wenn wir gemeinsame Interessen haben, wenn sich die anderen wirklich für mich interessieren, wenn ich in der Gruppe sein darf, wie ich bin, ohne mich ständig verbiegen zu müssen. Echte Zugehörigkeit bedeutet, dass sich alle als gleichwertig, auf Augenhöhe, begegnen und dass alle zum Wohle aller beitragen. Eine so gelebte Zugehörigkeit erzeugt in den Mitgliedern einer Gruppe Wohlgefühl, und es regt dazu an, sich für Menschen und auch für die Werte zu engagieren, die die Gruppe prägen. Wer sich zugehörig fühlt, spürt in sich mehr Energie als einer, der sich ausgeschlossen fühlt. Er erkennt einen Sinn für sein Leben. Es lohnt sich zu leben, weil wir auch zum Wohle anderer beitragen können. Eine solche Erfahrung ist wie eine Quelle von Energie und zugleich kraftvolle Inspiration.

So erhält das Leben Sinn, Freiheit und Bedeutung

Freilich kann dieses Bedürfnis nach Zugehörigkeit auch eine andere Seite haben. Gerade bei jungen Menschen spüren Psychologen das. Man möchte zu einer Clique gehören, man möchte nicht allein gelassen werden. Schüler, die in der Klasse gemobbt werden, leiden oft ihr Leben lang daran. Um sich zugehörig zu fühlen, passen sich manche oft zu sehr an, sie verbiegen sich, sie verleugnen die eigenen Werte, nur um sich zugehörig zu fühlen. Diese Zugehörigkeit kann mir auch schaden. Ich höre zwar anderen zu, damit ich mich zugehörig fühle. Aber ich werde nicht gehört – oder höchstens dann, wenn ich den anderen nach dem Mund rede. Das führt häufig zu extremen Verhaltensweisen. Nur damit ich mich zugehörig fühle, will ich den anderen imponieren, indem ich etwas Außergewöhnliches tue, z. B. indem ich im Supermarkt etwas stehle. Manche Jugendliche verlieren sich selbst in ihrer Identität, wenn sie sich Gruppen zugehörig fühlen, in denen man Drogen nimmt oder extrem viel Alkohol trinkt. Diese Schattenseite unseres Hungers nach Zugehörigkeit gibt es aber nicht nur in der Jugend. Immer stärker verbreitet sich, bestärkt durch die „Likes" in den sozialen Medien, die bequeme Neigung, nur die Meinungen zu bestätigen, auf deren Seite man sich sowieso bereits fühlt. Man hört anderen

Schattenseiten der Sehnsucht nach Zugehörigkeit

nicht mehr zu, sondern bestätigt sich gegenseitig in der „Bla-
se" Gleichgesinnter. Das ist nicht gelebte Selbstständigkeit,
sondern Leben im Gleichschritt. Nur damit man „dazuge-
hört", passt man sich an, lässt sich von anderen bestimmen.
Aber wer „hörig" wird, gibt sich selbst letztlich auf.

4.

Die Sehnsucht nach Resonanz

Viele von uns haben es selbst erfahren, wie gemeinsames Singen und Musizieren beglücken kann. Es rührt etwas in mir an, bringt meinen Leib und meine Seele in Schwingung, lässt mich so Verbundenheit mit anderen und mit etwas anderem spüren. Wenn Musiker miteinander improvisieren und dabei kreativ aufeinander reagieren, im Aufeinanderhören sich als zugehörig erfahren, ist das besonders eindrucksvoll. Die Cellistin Raphaela Gromes beschreibt in einem Interview (FAZ vom 29.1.2023) eine solche Gemeinsamkeit: „Auf der Bühne habe ich oft die Augen geschlossen und bin ganz

Resonanz: Eine Weise der intensiven Beziehung

in die Musik vertieft. Aber manchmal gibt es den Moment, in dem sich meine Augen mit denen meiner Mitspielerinnen und Mitspieler treffen; das ist dann ein Moment der tiefen Verbindung und Berührung und, da wir ja alle beim Musizieren offen und verletzlich sind, auch ein Fenster zur Seele." Und eine andere Künstlerin, die Autorin Iris Wolff, schildert in einem Interview, dass auch Lesen etwas Verbindendes schafft: „In einem Buch leiht mir jemand buchstäblich seine Augen und gibt mir die Möglichkeit, mich dazu in Beziehung zu setzen" (CiG 11/2023). Wenn ich angesprochen und angerührt bin – von einem Gedicht, einem Bild, einer Geschichte –, dann klingt etwas anderes in mir an. Wir kommen in Resonanz. Das heißt, wir spüren uns dann selbst auf eine neue, intensive Weise, wenn wir mit etwas anderem in intensiver Beziehung sind.

Den Begriff der Resonanz hat der Soziologe Hartmut Rosa in den letzten Jahren entfaltet. Er wurde auch von Theologen aufgegriffen, um damit nicht nur unsere Beziehung zum Mitmenschen, sondern auch die Beziehung zu Gott zu beschreiben und zu erklären. Der Begriff stammt eigentlich aus der Physik: Wenn eine Stimmgabel zum Schwingen gebracht wird, wird eine andere, die in der Nähe steht, auch anfangen zu schwingen. Hartmut Rosa hat diesen physikalischen Begriff als Bild für unsere Weltbeziehung entfaltet. Er setzt ihn gegen den Begriff der Entfremdung, die unsere Beziehung zur Welt heute vielfach bestimmt. Dabei bezieht er sich auch auf Einsichten der Psychotherapie. Dort spricht man nämlich von der Resonanz zwischen Klienten und Therapeuten. Dabei geht die Psychotherapie davon aus, dass gerade die Personen am besten in Resonanz miteinander kommen, die in Resonanz mit sich selbst sind, die also im Einklang sind mit vielen Aspekten ihrer eigenen Person, z. B. mit ihren Gefühlen, aber auch mit ihren

Schattenseiten. Je mehr ein Mensch im Einklang ist mit sich selbst, desto besser kommt er in Resonanz mit anderen Menschen. Für Hartmut Rosa ist Resonanz daher „kein Gefühlszustand, sondern ein Beziehungsmodus" (288). Er unterscheidet eine resonante Weltbeziehung von einer stummen Weltbeziehung, wie sie sich etwa in der Wissenschaft ausdrückt, die die Welt als bloßes Objekt betrachtet, das sie analysiert. Resonanz bedeutet dagegen eine Verbindung zwischen „Geist und Körper (oder Leib und Seele), Gefühl und Verstand, Individuum und Gemeinschaft und schließlich Geist und Natur" (293).

Rosa sieht bei der Resonanzbeziehung drei Dimensionen: „eine horizontale Dimension, welche die sozialen Beziehungen zu anderen Menschen, also etwa Freundschaften oder Intimbeziehungen oder auch politische Beziehungen umfasst, eine (etwas umständlich) als diagonal bezeichnete Dimension der Beziehungen zur Dingwelt und schließlich die Dimension der Beziehung zur Welt, zum Dasein oder zum Leben als ganzem, also zur Welt als einer Totalität, die wir als vertikale Dimension bestimmen können". Dazu gehört auch die Beziehung zu Gott, dem Geheimnis, das über allem steht. Resonanz bedeutet zudem, dass jeder seine eigene Stimme hat, dass aber die verschiedenen Stimmen miteinander zusammenklingen. Das gilt für unsere persönlichen Beziehungen. Es geht nicht um ein Verschmelzen, auch nicht um ein bloßes Echo, das ich im anderen auslöse. Es geht um ein Zusammenklingen. Dabei bringt jeder seinen eigenen Klang ein. Doch der berührt auch den anderen und bringt ihn zum Schwingen, bis beide in einem gemeinsamen Klingen zusammenfinden. Resonanz setzt Eigenständigkeit voraus. Die an diesem Geschehen Beteiligten sind dabei aber nicht isoliert. Resonanz bezieht sich

Drei Dimensionen der Resonanzbeziehung

dabei sowohl auf den Körper, der auf den anderen reagiert, entweder mit Wohlgefühl oder aber mit innerer Abwehr, und sie bezieht sich auch auf die Emotionen, die sich gegenseitig berühren und verstärken. Und schließlich bezieht sie sich auch auf den Geist. Im Gespräch berührt man gemeinsam das Geheimnis, das über uns hinausgeht. Es geht dabei nicht nur um eine gemeinsame Wellenlänge, sondern noch mehr darum, dass wir über uns hinauswachsen und das berühren, was letztlich unberührbar ist: das Geheimnis Gottes.

Der Begriff der Resonanz lässt uns also nicht nur etwas erkennen und Erfahrungen tiefer verstehen. Das Verständnis von Resonanz hat darüber hinaus auch eine Aufforderung zur Folge: nämlich die, in eine tiefe Beziehung zu kommen.

Das Verständnis von Resonanz hilft, in eine tiefere Beziehung zu kommen: mit mir und der Welt

Die erste Aufforderung, die vom Resonanzverständnis ausgeht, zielt auf den Einzelnen. Es geht darum, dass ich mit mir in Einklang komme, dass ich alles, was in mir ist, wahrnehme und in Beziehung dazu trete. Das bedeutet, dass ich auch meine Schattenseiten anschaue und mit ihnen in Resonanz komme. Auch die verdrängten Bedürfnisse und Triebe gehören zu mir. Wenn ich sie abschneide, dann fehlt mir etwas an der Resonanz, dann kommen Leib und Seele nicht in Einklang. Das braucht auf der einen Seite Ehrlichkeit mir selbst gegenüber, auf der anderen Seite aber auch ein Wohlwollen allem gegenüber, was in mir ist. Ich versuche, es liebevoll anzunehmen. Dann kann es meinen „Resonanzraum" erweitern.

Die zweite Aufforderung bezieht sich auf den Umgang mit anderen Menschen. Da gilt es zunächst darauf zu achten, wie mein Leib und meine Seele auf den anderen reagieren. Es kann sein, dass mein Leib mit Widerstand reagiert, und dann soll ich diesen Widerstand ernst nehmen. Er hat einen Sinn. Ich frage ihn, was er mir sagen will. Vielleicht zeigt er mir, dass der andere etwas in mir anrührt, womit ich selber nicht gerne in Berührung kommen möchte. Dann wäre es eine Einladung, mich selber besser anzunehmen. Es kann aber auch sein, dass ich spüre, dass der andere mir nicht guttut, weil von ihm negative Signale ausgehen. Ich kann mich dann besser abgrenzen. Oder aber ich vertraue der Ausstrahlung, die von mir ausgeht. Ich reagiere aktiv auf den anderen, in der Hoffnung, dass meine guten Impulse bei ihm eine gute Resonanz auslösen.

Die Erfahrung der Resonanz kann schließlich auch helfen, eine bessere Beziehung zur Natur und zu Gott zu bekommen. Das verlangt von mir, dass ich versuche, mich in die Natur einzufühlen. Ich nehme sie wahr, ich spüre, was sie in mir auslöst. Das verlangt eine spirituelle Haltung zur Natur: still werden, offen werden für das, was sie aussendet, was sie an Resonanz in mir auslöst.

Das gilt schließlich auch für die Beziehung zu Gott. Ich horche in die Stille hinein, ob da in mir etwas berührt wird. Es kann die Sehnsucht nach Transzendenz sein. Oder die Sehnsucht, von dem Geheimnis berührt zu werden, das über alles Erfahrbare hinausgeht. Es braucht eine kontemplative Haltung, um mit Gott in Resonanz zu kommen. Hartmut Rosa spricht im Blick auf den inneren Akt des Gebets davon, dass sich da eine Tiefenresonanz als Rede und Antwort ereignet (vgl. S. 441). Doch nicht nur die Stille, sondern auch das Beten mit der Stimme ist ein guter Weg: Die hörbare Stimme kommt in Resonanz mit dem Unhörbaren, mit dem unbegreiflichen Geheimnis. Wer in Gemeinschaft „stimmhaft" betet, erfährt andere und sich selber ebenfalls auf neue Weise. Er kommt mit seiner Seele in Resonanz. Doch zugleich kann in dieser Öffnung eine vertikale Resonanz mit Gott entstehen.

5.

Verbunden mit mir selbst

Psychologen stellen fest, dass viele Klienten, die in ihre Pra-
xen kommen, nicht in Beziehung sind zu sich selbst. Sie
reden über ihre Probleme, über das, was sie daran hindert,
Ein not- am Leben teilzuhaben, was ihnen Angst macht.
wendiger Weg Aber sie spüren sich selber nicht. Sie reden über
zur Heilung ihre Probleme wie über etwas Fremdes, etwas
Objektives. Daher sehen es die Psychotherapeuten als ihre
Aufgabe, zuerst einmal eine Beziehung zum Klienten herzustellen, damit der mit sich selbst in Beziehung, in Berührung
kommt. Der Klient kommt oft mit der Vorstellung zum
Therapeuten, dass der sein Problem lösen kann. Doch der
Weg der Therapie geht zunächst darüber, dass der andere
mit sich selbst in Berührung kommt, dass er wirklich spürt,
was in ihm ist.

Das Markusevangelium erzählt uns eine Heilungsgeschichte. In dieser Geschichte wird deutlich, warum Menschen
nicht in Beziehung sind zu sich selbst und wie sie wieder in
Beziehung zu sich kommen können. Viele spüren keine Verbundenheit mit sich selbst, weil sie ihre Wirklichkeit nicht
annehmen wollen, weil sie Angst haben, das innere Chaos
anzuschauen und sich damit auszusöhnen. Sie sind in sich

zerrissen, weil sie das, was ihnen unangenehm ist, was ihren eigenen Idealbildern von sich selbst nicht entspricht, ablehnen. Sie spalten das, was sie nicht spüren wollen, von sich selbst ab. Das wird anschaulich bei Markus dargestellt: die mangelnde Beziehung des Kranken zu sich selbst und zugleich die Kunst Jesu, Beziehung zu schaffen (Mk 1,40–45). Da kommt ein Aussätziger, der damals isoliert, also an einem von der Gesellschaft der Gesunden getrenntem Ort, leben musste, zu Jesus und bittet ihn: „Wenn du willst, kannst du machen, dass ich rein werde" (Mk 1,40). Das klingt so, als ob Jesus sein Problem lösen soll, ohne dass der Aussätzige sich selbst begegnet. Jesus lässt sich auf den Kranken ein, doch er stellt zuerst Resonanz her zwischen sich und dem Aussätzigen. Das Herstellen der Resonanz geschieht in drei Schritten. Jesus hat Mitleid mit dem Kranken. Er kommt mit seinen Gefühlen in Resonanz mit ihm. Das griechische Wort „splanchnizesthai" meint: in den Eingeweiden ergriffen werden. Er spürt den Kranken also in dem inneren Bereich, in dem seine eigenen verwundbaren Gefühle sind. Dann streckt Jesus die Hand aus. Er nimmt Beziehung auf. Er kommt in Verbindung. Der dritte Schritt ist dann: Jesus berührt den Aussätzigen, damit der mit sich selbst in Berührung kommt. Jesus zeigt also seine Gefühle (Mitleid), damit der andere seine eigenen Gefühle spürt, damit er emotional sein Aussätzigsein wahrnimmt. Dann zeigt er körperliche Nähe, indem er seine Hand ausstreckt und ihn berührt. In der Berührung kann Resonanz entstehen zwischen Jesus und dem Kranken. Auf einmal kommt der Kranke mit sich in Berührung. Nach diesen drei Schritten, durch die Resonanz entsteht, spricht Jesus das Heilungswort aus: „Ich will es – werde rein!" (Mk 1,41). Man könnte diese Worte so auslegen: Ich nehme dich an, so wie du bist. Doch jetzt ist es deine Aufgabe, dich selbst anzunehmen, mit dir selbst in Berührung zu kommen. Wenn du dich selbst annimmst, dann erfährst du dich als rein. Du erlebst dich als unrein, weil du dich selbst nicht annehmen kannst, weil die Bilder, die du von dir selbst hast, nicht übereinstimmen mit deiner Realität. Diese illusionären Bilder, die du von dir hast, trüben das eigentliche Bild, das deinem Wesen entspricht, trüben dein wahres Selbst.

C. G. Jung spricht in diesem Zusammenhang vom Schatten, in den sich alles zurückgezogen hat, was der Mensch in sich ablehnt. Jung versteht den Menschen als polar strukturiert. Es immer zwei Pole vorhanden und wirksam: Liebe und Aggression, Stärken und Schwächen, Gesundes und Krankes, Vertrauen und Angst. Immer wenn der Mensch *Den eigenen* einen Pol nicht annehmen will, weil er seinem *Schatten* eigenen Selbstbild nicht entspricht, gerät der in *annehmen:* den Schatten. Aber von dort aus wirkt er sich *ganz werden* destruktiv auf den Menschen aus. Im Bild der Heilungsgeschichte (Mk 1,40–45) könnte man sagen: Die Verdrängung vieler Seelenanteile in den Schatten macht den Menschen unrein, aussätzig. Er hat in sich das Gefühl, dass etwas mit ihm nicht stimmt. Er traut sich nicht, auf andere Menschen zuzugehen, weil er Angst hat, die könnten seine Schattenseiten entdecken und darüber sprechen.

Wenn man manchen Menschen begegnet, hat man den Eindruck, dass man nicht der ganzen Person mit all ihren Facetten begegnet, sondern nur einem Teil. Bei dem einen begegnet man nur dem Kopf. Er argumentiert und redet viel, aber man spürt nicht den Menschen. Bei dem anderen spürt man nur seine Emotionen. Wir sprechen von einer „Gefühlsnudel". Die Person, die dahinter ist, der ganze Mensch wird von den Emotionen überdeckt. Solche Menschen sind gespalten. Sie haben oft auf andere großen Einfluss. Nicht nur wer gut argumentieren kann, schart viele Anhänger um sich, auch einer, der nur aus Gefühlen besteht, kann andere oft mitreißen. Doch gespaltene Menschen spalten immer auch die Menschen in ihrer Umgebung. Da gibt es dann um sie herum viele Fans, aber oft genauso viele Gegner, die nichts mit dieser Person anfangen können. Und solche Menschen bewirken auch, dass ihre Anhänger und Gegner in sich gespalten werden. Denn die Anhänger werden sich dann auch entweder nur auf das Argumentieren oder auf die Emotionen einlassen und den Gegenpol in sich verdrängen und von sich abspalten.

Der Weg, mit sich selbst in Resonanz zu kommen und sich selbst annehmen zu können, geht über eine ehrliche Selbsterkenntnis. Ich schaue alles an, was in mir an Gedanken und Emotionen hochkommt, ich achte auch auf meine Träume. Denn die zeigen mir auch oft, was in mir verborgen ist. Die Bedingung dafür, dass ich *Ehrliche Selbsterkenntnis als Voraussetzung* alles ohne Angst anschauen kann, ist, dass ich nicht bewerte. Ich lasse alles zu, was in mir ist, und versuche, es liebevoll anzuschauen, in der Hoffnung, dass das, was ich wohlwollend wahrnehme, sich auch wandelt. Es geht nicht darum, immer der Gleiche zu bleiben. Ich möchte ja wachsen, ich möchte immer mehr ich selber werden. Doch die Voraussetzung dafür ist, dass ich alles, was in mir ist, annehme. Denn nur das, was ich annehme, kann verwandelt werden. Was ich an mir ablehne, das bleibt an mir hängen. Und das wirkt sich vom Schatten aus destruktiv auf mich aus, entweder durch körperliche Krankheiten oder durch Verhaltensweisen, die meine Beziehung zu anderen stören.

Die Publizistin Diana Kinnert sieht als Voraussetzung dafür, Verbundenheit mit anderen zu erfahren, dass man sich selbst ehrlich anschaut und mit all dem verbunden ist, was da in der eigenen Seele auftaucht: „Wer sich kennenlernt, wird auch anderen tiefer begegnen. Das geht aber nur, wenn ich mich öffne. Das heißt: die Angst zu überwinden. Denn man wird dadurch natürlich auch verletzlich … Wer schmerzhafte Einsamkeit vermeiden und in tiefer Beziehung zu anderen sein will, muss sich zuerst selber akzeptieren" (Interview in einfach leben, Thema: Was uns verbindet). Vielen fällt es heute schwer, sich selber zu akzeptieren. Sie vergleichen sich in den neuen Medien ständig mit anderen und bauen hohe Selbstbilder von sich auf, denen sie dann nicht entsprechen können. Sich selber zu akzeptieren bedeutet daher, sich von diesen zu großen Selbstbildern zu verabschieden und Ja zu sagen zu dem, der ich wirklich bin. Das bedeutet aber Demut: sich in seiner Menschlichkeit annehmen. Schon C. G. Jung schreibt einmal einer Frau, die sich einsam fühlt: „Wenn Sie einsam sind, so liegt das daran, dass Sie sich isolieren; sind Sie bescheiden genug, dann bleiben Sie niemals einsam. Nichts isoliert uns mehr als Macht und Prestige. Versuchen Sie, herabzusteigen und Bescheidenheit zu lernen, und Sie werden nie allein sein" (Briefe III, 93). Bei vielen jungen Menschen ist es nicht die Macht, die sie einsam werden lässt, sondern das Prestige, der zu hohe Anspruch an das eigene Selbstbild. Es gilt also, die Spannung und das Zusammenwirken zwischen dem Selbstsein und der sozialen Dimension unseres Lebens in den Blick zu nehmen.

6.

„Selbstsein" und „Wirsein"

Heute streben wir danach, uns selbst zu verwirklichen, und
das möglichst mit dem Anspruch immer größerer Vervoll-
kommnung. Doch der damit verbundene Drang nach Selbstoptimierung führt oft genug zur Isolierung des
Einzelnen. Er bleibt in sich gefangen. Vom Wesen des Menschen her sind wir aufeinander bezogen. Schon Aristoteles weiß, dass der Mensch ein „zoon
politikon" ist, „ein soziales Wesen, das auf die emotionale
Nähe zu seinen Mitmenschen angewiesen ist, um psychisch
zu überleben" (Prange 434). Auch Karl Jaspers, ein Vertreter
der Existenzphilosophie, die das Selbstsein des Einzelnen
betont, weiß um dieses Angewiesensein auf das Miteinander.
So schreibt er: „Aus der Einsamkeit befreit nicht die Welt,
sondern das Selbstsein, das sich dem Anderen verbindet.
Unsichtbare Wirklichkeit des Wesentlichen ist diese *Zusam-
mengehörigkeit der Selbstseienden*" (zit. bei Prange 451). Auch
wenn Jaspers immer wieder betont, dass jeder zu seinem
Selbstsein finden soll, so ist ihm die Sehnsucht nach Verbundenheit vertraut. Seine Konsequenz: „Wahrer Adel ist
nicht in einem isolierten Wesen. Er ist in der Verbundenheit
der eigenständigen Menschen. Sie kennen die Verpflichtung,

*Spannung und
Zusammen-
wirken*

stets auszuschauen nacheinander, sich zu fördern, so sie sich begegnen, und bereit zu sein zur Kommunikation, wartend ohne Zudringlichkeit" (ebd. 452).

Auch der pessimistische Philosoph Schopenhauer kennt diese Sehnsucht des Menschen nach Verbundenheit. Doch zugleich ist er überzeugt, dass diese Sehnsucht sich nie erfüllt. So schreibt er in seinem berühmten Text über die Stachel-

Abstand halten: schweine: „Eine Gesellschaft Stachelschweine
Das Gleichnis drängte sich an einem kalten Wintertage recht
von den Stachel- nah zusammen, um sich durch die gegenseitige
schweinen Wärme vor dem Erfrieren zu schützen. Jedoch
bald empfanden sie die gegenseitigen Stacheln, welches sie dann wieder von einander entfernte. Wann nun das Bedürfnis der Erwärmung sie wieder näher zusammenbrachte, wiederholte sich jenes zweite Übel, so daß sie zwischen beiden Leiden hin und her geworfen wurden, bis sie eine mäßige Entfernung voneinander herausgefunden hatten, in der sie es am besten aushalten konnten. So treibt das Bedürfnis der Gesellschaft, aus der Leere und Monotonie des eigenen Innern entsprungen, die Menschen zueinander; aber ihr vielen widerwärtigen Eigenschaften und unerträglichen Fehler stoßen sie wieder voneinander ab. Die mittlere Entfernung, die sie endlich herausfinden, und bei welcher ein Beisammensein bestehen kann, ist die Höflichkeit und feine Sitte. Dem, der sich nicht in dieser Entfernung hält, ruft man in England zu: keep your distance! – Vermöge derselben wird zwar das Bedürfnis gegenseitiger Erwärmung nur unvollkommen befriedigt, dafür aber der Stich der Stacheln nicht empfunden. Wer jedoch viel eigene, innere Wärme hat, bleibt lieber aus der Gesellschaft weg, um keine Beschwerde zu geben, noch zu empfangen."

Schopenhauers Gleichnis sagt: Wir sehnen uns nach Verbundenheit, weil sie Wärme verspricht. Das ist nicht nur physisch gemeint. Kälte isoliert. Sie tut uns nicht gut. Keiner fühlt sich in einem kalten Haus wohl. Wir brauchen zum guten Leben die Wärme, die wir einander spenden. Albert Schweitzer formuliert daher quasi eine Gegenposition zu Schopenhauer: „Viel Kälte ist unter den Menschen, weil wir nicht wagen, uns so herzlich zu geben, wie wir sind … Das Gesetz der Zurückhaltung ist bestimmt, durch das Recht der Herzlichkeit durchbrochen zu werden" (Schweitzer 77). Schweitzer geht davon aus, dass der Mensch in seinem Wesen herzlich ist. Es gehört zu ihm, sein Herz zu zeigen, die Liebe, die wir mit dem Herzen verbinden, auf die Menschen hin auszustrahlen. Zurückhaltung ist ein Gesetz, das uns oft von außen aufgezwungen wurde und zum Gebot der Höflichkeit erklärt wurde. Aber oft ist Angst der Grund, dass wir unser Herz lieber verschließen: Angst vor Verletzung durch den „Stachel" der anderen, und auch die Angst, sich schwach zu zeigen, die Angst, seine Sicherheit anderen Menschen gegenüber aufzugeben. Angst vor der Nähe entsteht oft, weil dann auch meine Schattenseiten und Schwächen sichtbar werden können. Doch wenn wir unser Herz verschließen, dann entsteht eine Kälte in uns und um uns herum. Schweitzer spricht davon, dass wir ein Recht auf Herzlichkeit haben oder (wie man seine Formulierung auch verstehen kann) dass es ein Recht der Herzlichkeit gibt. Sie hat ein Recht, sich zu zeigen. Denn sie entspricht dem Wesen des Menschen, der auf das Miteinander angewiesen ist und der die Wärme des Herzens braucht, um nicht an der Kälte der Gesellschaft zugrunde zu gehen. Daher sollen wir der Herzlichkeit durch unsere Offenheit, Freundlichkeit und Wärme zu ihrem Recht verhelfen.

Statt sozialer Kälte: das Recht der Herzlichkeit

Das Stachelschwein-Gleichnis Schopenhauers ist Ausdruck einer eher pessimistischen Sicht menschlicher Verbundenheit. Es gibt freilich in der Psychologie auch eine andere Sicht, die sich mit Bedingungen für eine gelingende Verbundenheit beschäftigt. Verena Kast etwa hat, ausgehend von den Erfahrungen der Coronakrise, in einem Vortrag über *Bedingungen für eine gelingende Verbundenheit* „Autonomie und Unsicherheit in der heutigen Zeit" bei den Lindauer Psychotherapiewochen 2021 über das Zusammenwirken von Wir und Selbst gesprochen und dabei den Zusammenhang von Bindung und Freiheit gerade in schwierigen Situationen herausgearbeitet. Es hat auch eine aktuelle Bedeutung, wenn sie auf etwas Grundsätzliches hinweist: Dort, wo ein Kind eine sichere Bindung erfährt, ist es auch fähig zu einer emotionalen Verbundenheit mit anderen, ohne dass es dabei seine Autonomie aufgibt. Die sichere Bindung in der Kindheit befähigt uns, die Bedürfnisse nach emotionaler Verbundenheit und die Autonomiebedürfnisse, die auch wesentlich zum Menschen gehören, miteinander zu integrieren. Verena Kast zitiert in diesem Zusammenhang Beate Rössler: „Autonom sind wir nämlich immer nur gemeinsam mit anderen." Der exzessive Individualismus – „ich zuerst" –, der sich nur um das eigene Leben kümmert und sich weigert, sich mit öffentlichen Dingen zu beschäftigen, führt in unserer Situation nicht weiter. Die Verbundenheit ist notwendig, denn nur sie befähigt uns, Krisen gemeinsam zu bestehen, die uns alle betreffen. Nur wenn wir diese Krisen lösen, sichern wir auch unsere Freiheit. Die großen Herausforderungen – wie etwa der Klimawandel, die Geschlechtergerechtigkeit, Flüchtlingsfragen – lassen sich aber nicht durch individuelles Verhalten lösen, sondern nur in gemeinsamer Anstrengung und Verantwortung.

7.

Was unser Wir-Gefühl bestimmt

Ein Wir-Gefühl entsteht nicht schon beim zufälligen Zusammensein unterschiedlicher Menschen in einem Raum. Und mit diesem Wort ist auch mehr gemeint, als dass man etwa in der gleichen Region lebt oder die gleiche Sprache spricht. Es beschreibt eine Emotion: gemeinsame Verbundenheit. Der Hirnforscher Gerald Hüther, wesentlich optimistischer als Schopenhauer, spricht davon, dass schon das Kind die Verbundenheit mit den Eltern braucht. Am Anfang ist diese Verbundenheit auf die Familie beschränkt, dann erweitert sie sich. In der menschlichen Geschichte bezog sie sich zunächst auf den eigenen Stamm, vielleicht auch auf die eigene Nation. Im Laufe der Menschheitsgeschichte, so Hüther, weitet sich die Verbundenheit jedoch auf alle Menschen aus. Als Beispiel führt er an, dass wir es erleben, dass die früher so zerstrittenen europäischen Völker sich miteinander verbunden fühlen – und dass zugleich gerade auch bei den jungen Menschen das Bedürfnis wächst, sich mit allen Menschen verbunden zu fühlen. Und trotzdem ist die Verbundenheit keineswegs immer so universal angelegt.

„Gemeinsam stark"? Oder: „Alle in einem Sack"?

Eine Fußballweltmeisterschaft, die gewonnen wurde („Wir sind Weltmeister") oder eine Papstwahl („Wir sind Papst") können ein „umgrenztes" Wir-Gefühl schaffen, in dem man sich gemeinsam angesprochen fühlt oder als stark und positiv erfährt. Ein Wir-Gefühl kann sich aber auch unter weniger erfreulichen Umständen einstellen. Denn auch gemeinsam durchlebte schlimme Erfahrungen oder Gefahren, die – wie etwa ein Krieg – im Gedächtnis einer Nation verankert sind und den Blick auf die kollektive Geschichte bestimmen, können sich in einem solchen Gemeinsamkeitsgefühl „bündeln": Es ist ein kollektives Gefühl, an dem aber die Einzelnen Anteil haben, das also auch das Selbstgefühl bestimmt. Die russische Autorin Maria Stepanova hat das mit Bezug auf das Selbstgefühl der Russen nach dem Sieg über Nazideutschland beschrieben (FAZ vom 23.1.2023): Der Krieg und die erlittene Bedrohung haben die Menschen zusammengeschweißt. Stepanova spricht aber nach dem russischen Angriffskrieg auf die Ukraine auch von einem neuen Wir-Gefühl, das auch Schuld und Scham beinhaltet: Sie spricht von einem ohnmächtigen Wir, das Kriegsgegner und Kriegsbefürworter in ihrem Land verbindet, „alle in einem Sack".

Auch gemeinsame positive Ziele können Inhalt dieses Wir-Gefühls sein wie der Schutz der Umwelt oder der Einsatz für Menschen, die unter Armut und Hunger leiden – oder generell die Orientierung am gemeinsamen Wohl. Bundeskanzler Olaf Scholz hat seine Neujahrsansprache 2023 mit den Worten geschlossen: „Bleiben wir zusammen!" Er drückte damit die Sehnsucht vieler Menschen nach einem Zusammenhalt in der Gesellschaft aus. Gemeinwohl meint die sozialen Beziehungen und Kontexte, in denen wir uns beheimaten und mit denen wir uns identifizieren können. Die Bertelsmann-Stiftung hat in Umfragen genau dies ausgemacht, dass der Zusammenhalt in der Gesellschaft aus drei Bereichen gespeist wird: „erstens stabilen, vertrauensvollen und vielfältigen sozialen Beziehungen, zweitens starken Gefühlen von Verbundenheit und Zugehörigkeit zum Gemeinwesen, drittens der Bereitschaft sich für das Gemeinwohl einzusetzen" (Wilhelm 36).

Das Wir ist auch angesprochen, wenn es um die Übernahme von Verantwortung geht, etwa für eine gemeinsame Schuld. Die deutsche Gesellschaft fühlt sich in die Verantwortung genommen für die Verbrechen des Holocaust. Für den Psychoanalytiker Alexander Mitscherlich besteht die Aufgabe einer Gesellschaft darin, gemeinsame Schuld zu betrauern, sonst würde sie erstarren. Das Betrauern zielt zwar auf etwas, was in der Vergangenheit geschehen ist. Aber dass diese Schuld nicht verdrängt oder vergessen wird, ist gerade die Bedingung für eine gute gemeinsame Zukunft. Wenn das Betrauern verweigert wird, schleppt man die Schuld unbewusst in die Zukunft mit und verdunkelt sie damit.

Gerald Hüther nennt zwei Motive, die Menschen verbinden: Da ist einmal die Not, die zusammenschweißt und ein sehr starkes Wir-Gefühl entstehen lässt. Doch wenn die Not vorbei ist, löst

Was Menschen zusammenschweißt: Not und Angst

sich die Verbundenheit schnell auf. Hüther erklärt das Entstehen der Notgemeinschaften von der Neurobiologie her: „Neurobiologisch handelt es sich bei dieser Bereitschaft, sich in Notfällen mit anderen zusammenzuschließen, um eine Bewältigungsstrategie zur Überwindung des Gefühls von Ohnmacht, Hilflosigkeit und Überlebensangst" (Hüther 22). Solche Notgemeinschaften beobachten wir, wenn ein großes Unglück geschieht: ein Flugzeugabsturz, ein Eisenbahnunglück oder eine Überschwemmungskatastrophe. Dann fühlen sich die Menschen verbunden. Das hilft ihnen, ihr Gefühl von Ohnmacht und Hilflosigkeit zu überwinden. Doch solche Notgemeinschaften halten immer nur eine gewisse Zeit.

Das zweite Motiv, das Menschen zu einer starken Gemeinschaft zusammenführt, ist die Angst. Normalerweise trennt uns die Angst voneinander. Doch es gibt auch eine Angst, die verbindet. Die gemeinsame Angst vor einer Bedrohung von außen schließt die Menschen zusammen. Die Verbundenheit mildert die Angst. Doch manchmal sind solche Angstgemeinschaften gegen andere gerichtet. Dann richtet sich das „Wir", positiv bewertet als „die Guten", gegen die „Anderen", die dann negativ bewertet werden. Dann entfaltet die Angst wieder ihre spaltende Tendenz: Eine Gruppe richtet sich gegen die andere. Daher braucht es offensichtlich andere Motive, die Menschen zu einer wirklichen Verbundenheit führen.

Gruppen neigen dazu, sich nach außen abzugrenzen. Sie harmonisieren nach innen. Man bestätigt sich, empfindet und erwartet Loyalität und fühlt sich selber durch die anderen bestärkt. Und auch das Denken in Abgrenzungen verspricht Sicherheit. Gerade in Zeiten der Gefährdung birgt ein solches Sicherheitsdenken freilich auch eine Gefahr in sich. Die zeigt sich als aggressive Tendenz zur Ausgrenzung und zur Abwehr von allem Fremden. Fremde machen Angst, wenn man nicht bereit ist, das anzuschauen, was die Fremden in uns selbst ansprechen. Aggressives Verhalten, aus der Angst vor dem Fremden und den Fremden gespeist, kehrt immer wieder zurück. Dass es auch eine Menschen verbindende Kraft haben kann, wenn Hass und Ängste gegen andere geschürt werden, haben wir nicht zuletzt bei Demonstrationen beobachten können, die zur Gewalt gegen Flüchtlinge aufriefen.

Es braucht also andere Motive, um ein wahrhaftes und positives Wir-Gefühl zu erzeugen. Das können gemeinsame Werte sein wie Solidarität, Respekt, Gerechtigkeit und Verantwortung. Auch eine Kultur der Höflichkeit, die sich ganz schlicht etwa dadurch ausdrückt, dass wir einander grüßen und einander freundlich begegnen und so über die Distanz hinweg eine Beziehung aufbauen, kann zur Aggressionshemmung, zur Angstvermeidung beitragen – und so zu einer Verbundenheit in der Gesellschaft führen.

Auch gemeinsame Werte und spirituelle Erfahrungen verbinden

Eine wichtige Rolle für den Zusammenhalt einer Gesellschaft spielen auch spirituelle Erfahrungen, Erfahrungen also, die über das Sichtbare hinausgehen. Spiritualität öffnet für eine umfassende Wahrnehmung der Wirklichkeit. Und noch wenn sich einer, allein und zu Fuß, auf eine lange Pilgerschaft begibt, um Gott zu suchen oder sich selber zu begegnen – wird er auf seinem Weg anderen Menschen begegnen, in den Raum einer langen Tradition eintauchen, die Verbindung zur Natur erleben: Erfahrungen, die ihn nicht nur tiefer zu sich selbst, sondern auch über sich hinausführen. Der amerikanische Philosoph Lee Hoinacki, der sich als 65-Jähriger allein auf den Pilgerweg nach Santiago de Compostela gemacht hat, sagt am Ende der Tage in Einsamkeit und Stille, er habe etwas wichtiges verstanden: *„dass ich nicht allein bin"*. Alle inneren Erfahrungen, die er macht, verweisen ihn auf das Eingebundensein in eine lebendige Tradition, auf den Glauben derer, die ihm vorangegangen sind, auf ein Erbe, das ihm seine Eltern und die anderen Pilger mitgegeben haben. Er erfährt in der Natur die Kraft und Schönheit der Schöpfung und entdeckt, dass das Pilgern ihn von der Bezogenheit auf die eigene Person weg- und zu den anderen Menschen hinführt. Er lernt, seinen Platz in der Welt neu zu sehen – in einer tiefgreifenden Verbundenheit.

Diese Erfahrung fasst er so zusammen: „Ich habe gelernt, wie ich ein ehrliches „wir" aussprechen muss, etwas grundsätzlich anderes als das unechte und selbstherrliche „wir", das man heutzutage so oft hört." (Hoinacki 312) Ein solches Wir-Gefühl übersteigt das von physiologischer Erfahrung bestimmte Schopenhauer'sche Modell der Stachelschweine. Es verbindet die Menschen zutiefst, weil sie sich letztlich auch mit Gott und in Gott miteinander verbunden fühlen.

Gerade religiöse Gemeinschaften haben eine wichtige Funktion, um diese grundlegende Verbundenheit zwischen den Menschen bewusst zu machen bzw. herzustellen. Das zentrale christliche Gebet ist Ausdruck einer solchen Gemeinschaft: das Vaterunser. Schon in der Anrede „Vater unser im Himmel" bekennen wir, dass wir uns im Gebet mit allen Menschen verbunden fühlen. Dieses Wir, von dem im Gebet die Rede ist, besagt, dass wir alle uns etwas Größerem verdanken. Es beschränkt sich nicht auf die betende Gemeinschaft, auch nicht auf die Kirche, auch nicht

„Vaterunser" – das zentrale Gebet

auf ein einzelnes Land. Letztlich schließt dieses Wir alle Menschen ein, auch die, mit denen ich mich nicht verstehe, auch die, die mir feindlich gesinnt sind. Denn der Gott, zu dem wir beten, „lässt seine Sonne aufgehen über Bösen und Guten, und er lässt regnen über Gerechte und Ungerechte" (Mt 5,45). Diese religiöse Überzeugung besagt: Es steht uns nicht zu, irgendwelche Menschen aus diesem Wir auszuschließen. „Allen hat Gott den gleichen Geburtsadel verliehen, da er der gemeinsame Vater aller Menschen genannt werden will". So Johannes Chrysostomus über dieses zentrale Gebet Jesu.

8.

Beziehung zu mir selbst durch die Beziehung zum anderen

Martin Buber hat in seinem philosophischen Hauptwerk *Ich und Du* den dialogischen Charakter der Menschwerdung dargelegt. Für ihn ist alles wahre Leben Begegnung. Er schreibt: „Das Grundwort Ich-Du kann nur mit dem ganzen Wesen gesprochen werden. Die Einsammlung und Verschmelzung zum ganzen Wesen kann nie durch mich, kann nie ohne mich geschehen. Ich werde am Du: Ich werdend spreche ich Du. Alles wirkliche Leben ist Begegnung" (Buber 11f). Ich komme also zu meinem wahren Wesen, indem ich dem Du begegne. Durch die Beziehung zum Du gelange ich zu mir selbst. Die Begegnung mit dem anderen offenbart mir auch meine eigenen Schattenseiten. Und in der Begegnung mit dem anderen entdecke ich, wer ich selber bin, was meine einmalige Person ausmacht. Und nur durch die Begegnung mit dem anderen finde ich zu mir. Das hat durchaus aktuelle Bedeutung. Viele haben heute Angst vor der Begegnung. Sie haben vielleicht viele Kontakte, aber keine wirklichen Begegnungen. Diese Haltung führt oft dazu, dass man sich ständig mit anderen vergleicht. Durch bloßes Vergleichen finde ich aber nicht zu meiner eigenen Einmaligkeit.

Wie das Ich am Du und durch das Du zum Ich wird

Was Martin Buber von der Philosophie her entwickelt hat, das bestätigen heute Evolutionsforscher und Gehirnforscher. Die moderne Evolutionsforschung geht davon aus, dass nicht der Stärkste und Fitteste überlebt, sondern das Lebewesen – sei es eine Pflanze oder ein Tier –, das eine Verbindung zu anderen Lebewesen aufnimmt, das in Beziehung, in Verbundenheit lebt. Verbundenheit – so könnte man als Ergebnis der Evolutionsforschung sagen – hält den Menschen gesund. Sie fördert seine Lebendigkeit. Ähnlich sehen es die Gehirnforscher. Sie sagen: Das Gehirn des Kindes ist offen für viele Verbindungen und Synapsen. Die kreativsten Verbindungen entstehen, wenn das Kind sich verbunden fühlt, verbunden mit den Eltern, mit den Geschwistern, mit der Natur und mit sich selbst. Die Verbundenheit stärkt also die Kreativität. Das gilt für den Einzelnen genauso wie für die Familie oder die Firma. Eine Familie, die sich miteinander verbunden fühlt, bleibt lebendig, da entstehen immer neue Ideen, wie man das Zusammenleben gestalten kann, bis zu so alltäglichen Fragen, wohin und wie man in Urlaub fahren möchte. Auch

Naturwissenschaftliche Einsichten

für Firmen gilt das: Wenn sich in der Firma alle miteinander verbunden fühlen, dann entsteht darin Kreativität, man entwickelt neue Ideen. In einer von Angst beherrschten Firma – wie bei VW zur Zeit der Dieselkrise – gibt es keine wirkliche Kreativität. Es hat sich in der Konsequenz gezeigt, dass Betrug als Strategie der Angstvermeidung großen wirtschaftlichen Schaden gebracht hat.

Wie eine gute Begegnung beide Menschen verwandelt, zeigt uns der Evangelist Lukas in seiner Erzählung von der Begegnung zwischen Maria und Elisabet (Lk 1,39–56). Maria macht sich auf den Weg. Sie geht drei Tage über das Gebirge, um bei Elisabet anzukommen. Wir brauchen also – so könnte man das deuten – eine gewisse Zeit, um die Berge von Vorurteilen und Bildern hinter uns zu lassen, die wir vom anderen haben. Oft begegnen wir nicht dem anderen, sondern nur dem Bild, das wir von ihm haben. Maria kommt nach diesen drei Tagen wirklich bei Elisabet an. Als die jüngere Frau die ältere umarmt, hüpft das Kind im Schoß Elisabets. Elisabet kommt also in Berührung mit dem Ursprünglichen, mit dem Kind in sich. Etwas Neues blüht in ihr auf. Sie erkennt, wer sie wirklich ist. Sie ist auch frei von den Vorurteilen, die ihr Mann Zacharias ihr übergestülpt hat: dass von ihr als alter Frau nichts zu erwarten sei. Sie spürt die eigene Lebendigkeit. Und sie erkennt das Wesen Marias und nennt sie „Mutter meines Herrn". Sie spürt, dass sie etwas Kostbares in sich trägt. Sie segnet Maria, spricht gute Worte über sie. Durch die guten Worte Elisabets kommt Maria mit ihrer eigenen Würde in Berührung. Sie, das einfache Mädchen aus dem unbedeutenden Nest Nazaret, kann vor Gott ausdrücken, wer sie wirklich ist: „Seine niedrige Magd hat er in Gnaden angesehn. Siehe, von nun an preisen mich selig alle Ge-

Gute Begegnung verwandelt: Ein biblisches Beispiel

schlechter. Denn Großes hat an mir getan der Mächtige" (Lk 1,48f). In der Begegnung finden beide zu sich, entdecken beide, wer sie eigentlich sind, blüht in beiden etwas Neues auf. Maria besucht Elisabet nicht, damit etwas für sie zurückkommt oder damit sie einen Vorteil hat. Gerade wenn wir absichtslos dem anderen begegnen, dürfen wir oft erfahren, dass uns diese Begegnung noch tiefer mit uns selbst in Berührung bringt und dass sie etwas Neues in uns aufblühen lässt, dass wir durch die Begegnung verwandelt werden und mit neuer Zuversicht und Hoffnung unseren Weg weitergehen können.

9.

Verbundenheit mit der Natur

Martin Buber spricht auch davon, dass wir der Na- | *Am Beispiel*
tur ähnlich begegnen können wie einem Du, dass | *eines Baumes*
wir zu ihr auch in eine ähnliche Beziehung kommen können
wie zum Du eines personalen Gegenübers. Das zeigt er am
Beispiel des Baumes. Ich kann den Baum objektiv betrachten,
dann wird er für mich zu einem Es. „Es kann aber auch geschehen, aus Willen und Gnade in einem, daß ich, den Baum
betrachtend, in die Beziehung zu ihm eingefaßt werde, und
nun ist er kein Es mehr" (Buber 7f). So komme ich wirklich in Beziehung. Der Baum „leibt mir gegenüber und hat
mit mir zu schaffen, wie ich mit ihm – nur anders" (ebd. 8).

Dann kann ich in der Begegnung mit dem Baum entdecken, dass ich genau wie dieser Baum tiefe Wurzeln habe, die mich tragen, dass ich einen festen Stand habe und Stürmen widerstehen kann. Und ich sehe die Krone, die der Baum trägt und die gegen den Himmel wächst. So spüre ich, dass ich zugleich ein Mensch der Erde bin, verflochten in ein Netzwerk von Beziehungen zu anderen Lebewesen, fest verwurzelt im Erdreich, und zugleich ein Mensch des Himmels, dessen Krone mir nicht nur eine tiefe Würde schenkt, sondern mich auch öffnet für den Himmel, für die Transzendenz.

Martin Buber spricht von der Beziehung zur Natur, die der Ich-Du-Beziehung ähnlich ist. Hartmut Rosa beschreibt unsere Beziehung zur Natur ebenfalls mit dem Begriff der Resonanz. Wir kommen in Resonanz mit der Natur. Wir spüren eine innere Verbindung. Resonanz ist „nur möglich zwischen einem Subjekt und einem Gegenüber, das mit eigener Stimme zu sprechen vermag" (Rosa 456). Der moderne Mensch hat ein Gespür dafür entwickelt, dass die Natur ihm guttut. Er hört auf die Natur, „um sich selbst zu finden" (ebd. 456). Menschen wandern durch die Natur, „um Identitätskrisen zu überwinden. Sie erwarten, dort Antworten zu finden" (ebd. 456). Rosa spricht von der Sehnsucht „nach Verbundenheit mit einer resonanten Natur" (ebd. 458). Wir empfinden es als wohltuend, dass die Natur nicht bewertet. In der Natur fühlen wir uns zugehörig, als ein Teil von ihr. Wir fühlen uns darin geborgen. Die Lebendigkeit in der Natur lässt uns aufatmen und wird eine Quelle innerer Kraft. Wir fühlen uns erfrischt, spüren das Leben in sich selbst. Wir fühlen diese Nähe, diese Resonanz freilich nur dort, wo die Natur als unverfügbar, als widerständig und eigensinnig erlebt wird. Dort, wo sie beherrscht wird, wo sie ausgebeutet wird, entsteht keine Resonanz. Rosa sieht die Gefahr der Zukunft darin, dass „die Natur als Resonanzsphäre verstummen könnte als ein eigenständiges Gegenüber, das uns antworten kann und damit Orientierung zu stiften vermag" (ebd. 463).

Der Kernphysiker Hans-Peter Dürr spricht auf dem Hintergrund der modernen Quantenphysik davon, dass alles in der Welt miteinander verbunden ist. Die Welt ist ein Ganzes. „Und dieses Ganze kann man weder zerstückeln noch aufteilen ... Wir müssen als Mensch unsere Fähigkeit schulen, das Ganze anzuschauen. Nur so können wir den Zusammenhang erken-

Die Natur: Ein Ganzes im Netz vielfältiger Lebensbeziehungen

nen. Das setzt eine holistische Betrachtungsweise der Welt voraus. Die neue Physik bestätigt, was die mystischen Wege der Religionen immer schon wussten: Es gibt nur das EINE" (Dürr 25). In diesem Ganzen ist alles miteinander verbunden. Die Atome sind miteinander verbunden, aber auch der Mensch und die Materie sind miteinander verbunden. Wir Menschen sind zwar „unterschiedlich und unterscheidbar, nicht aber getrennt" (ebd. 26). Aus der Erfahrung der tiefen Verbundenheit mit allem „erwächst uns die Verantwortung für die Bewahrung der Welt. Als Teilhabende dieses Feldes wirken wir zugleich kreativ auf dieses ein und indem wir diese unsere kreativen Eigenschaften nutzen, dann tragen wir aktiv zur Gestaltung der Zukunft bei" (ebd. 26).

Auch der Theologe Leonardo Boff spricht von der Verbundenheit mit der Natur: „Die Geschöpfe, Energien und Ordnungen sind alle aufeinander bezogen ... Alles hat mit allem zu tun, in jeder Hinsicht, unter allen Umständen und zu allen Zeiten" (Boff/Grün 91). Boff spricht von der wechselseitigen Abhängigkeit aller Bereiche in der Natur, von Mensch, Tier, Pflanze und Materie. Alles ergänzt sich gegenseitig: „Nichts ist überflüssig oder bleibt außen vor ... Alle tragen zur Größe und Schönheit des organischen und dynamischen Ganzen bei. Evolution ist immer Ko-Evolution, niemals entwickelt sich nur ein Geschöpf oder eine Art oder ein Ökosystem, sondern alles entwickelt sich stets gemeinsam" (ebd. 92).

Wir sehen heute, dass die vielen Arten von Pflanzen und Tieren alle aufeinander abgestimmt sind. Sie sind in einer unglaublichen Vielfalt von Lebensformen miteinander verbunden und bilden miteinander in einem komplizierten Netz von Wechselbeziehungen ein Ganzes – ein Ganzes, das freilich auch bedroht ist: Die Weltnaturschutzunion IUCN konstatierte 2022 im Rahmen der Internationalen Roten Liste Schlimmes für die Tier- und Pflanzenarten: Von den insgesamt 147.500 erfassten Arten finden sich fast 41.500 in den verschiedenen Bedrohungskategorien und damit mehr Arten als je zuvor. Ein Viertel aller Säugetierarten ist demnach bedroht. Wir wissen, dass diese Vielfalt auch durch uns Menschen in Gefahr ist und dass das Artensterben neben der Klimakrise die größte Bedrohung für den Planeten und für unser eigenes Leben ist. Auch die Verantwortung dafür verbindet uns mit der Natur.

Wir sind Leben inmitten von Leben, das leben will Albert Schweitzer hat es einmal so auf den Punkt gebracht: „Wir sind Leben inmitten von Leben, das leben will." Heute haben wir ein neues Gespür für die tiefe Verbundenheit mit der Natur und wissen um die Kraft der Vielfalt und Diversität, die die Vitalität der Natur ausmacht. Wir selber sind mit allen Lebewesen verbunden und Teil dieses Naturzusammenhangs: Wir sind auf Wasser, gesunde Luft und Nahrung angewiesen; nicht nur unsere Gesundheit, sondern auch unser physisches Überleben hängt davon ab. Und wir spüren die wechselseitige Wirkung der Natur auf uns schon an ganz simplen Erfahrungen. Wir merken, dass uns ein Spaziergang durch den Wald guttut, weil er uns mit der Lebendigkeit der

Natur auflädt. Wer sich einen Hund oder eine Katze hält, der spürt die beruhigende und auch Leben spendende Kraft der Tiere. Aber in der Pandemie wurde uns auch deutlich, dass von den Tieren Viren ausgehen können, die uns krank machen: Auch das eine Erinnerung daran, wie sehr wir miteinander verwoben und mit allem Leben verbunden sind. Es tut uns gut, uns dieser inneren Verbundenheit immer wieder bewusst zu werden. Verbundenheit mit der Natur gehört aber auch zu unseren größten Kraftquellen. Hier erfahren wir auch Schönheit und Ruhe, Frieden und Geborgenheit. Hier fühlen wir uns hineingenommen in den Kreislauf des Vergehens, aber auch des immer neuen Werdens. Da erfahren wir, wie alles Erschöpfte wieder erfrischt wird. Und da spüren wir eine Lebenskraft, die auch in uns selber liegt.

Leonardo Boff geht von der Einheit allen Seins aus. Damit entspricht er der griechischen Philosophie, die eine eigene Philosophie des „hen", des „EINEN" entwickelt hat. Für Parmenides war es ein zentraler Gedanke, dass es neben dem Vielen das Eine geben muss, das der gemeinsame Grund allen Seins ist. Wenn wir von dieser Philosophie ausgehen, dann erkennen wir, dass wir in der Tiefe eins sind mit allem, was ist, dass wir alle aus dem gleichen Sternenstaub geschaffen sind. Boff identifiziert dieses Eine als die Liebe, die alles miteinander verbindet: „Alles ist mit allem verbunden, denn die höchste Wirklichkeit ist im Wesentlichen die substanzielle Verbindung, die Gemeinschaft des Lebens und der Liebe ... Die Liebe ist der Grund, dass alle Dinge und die Sterne sich gegenseitig anziehen und dass wir uns zueinander hingezogen fühlen" (Boff/Grün 115).

Aus dem gleichen Sternenstaub geschaffen: Ein gemeinsamer Grund allen Seins

Der heilige Franziskus nähert sich dieser Einheit in seinem „Sonnengesang" dadurch an, dass er nicht einfach nur Gott besingt, sondern ihn in der belebten und unbelebten Natur als Grund allen Seins entdeckt und dadurch auch der Natur, dem Natürlichen einen neuen und fundamentalen Wert gibt: Natur – als Schwester und Bruder gesehen – ist zudem etwas uns Menschen verwandtes. Sie ist wie wir selber auf Gott bezogen: Menschliche Ehrfurcht und Verantwortung begründen sich also in diesem Verständnis tiefer und ganz elementar. „Unser eigener Körper ist aus den Elementen des Planeten gebildet; seine Luft ist es, die uns den Atem gibt, und sein Wasser belebt und erquickt uns." So formuliert Papst Franziskus einleitend in seiner Enzyklika *Laudato si'* (Nr. 2), die die Intention des heiligen Franziskus für heute fortschreibt. Dass wir aus der gleichen Materie gebildet sind nicht nur wie die Sterne, sondern wie alle Lebewesen, Pflanzen, Tiere und Menschen, das wird für mich aber schon deutlich in der Areopagrede des Paulus. Lukas, der diese Rede im Dialog mit der stoischen Philosophie verfasst, lässt Paulus sagen: „Gott hat aus dem EINEN das ganze Menschengeschlecht erschaffen" (Apg 17,26). Viele übersetzen: „aus dem einen Menschen". Doch im Griechischen heißt es nur: „ex henos". Auf dem Hintergrund der stoischen Philosophie kann das bedeuten: aus dem EINEN. Wir Menschen sind aus dem einen Stoff gebildet, aus dem das ganze Universum geformt ist. So sind wir eng mit der ganzen Welt, mit der ganzen Natur verbunden. Die Schöpfungsgeschichte drückt diese Verbundenheit so aus, dass Gott den Menschen aus „Erde vom Ackerboden" formte (Gen 2,7). Von seinem Wesen her ist der Mensch nach diesem biblischen Bericht also tief verbunden nicht nur mit dem Schöpfer, sondern auch mit der Natur. Das sollte er in seinem Umgang mit der Natur zum Ausdruck bringen.

Die Natur begegnet uns Menschen als Schönheit, die wir bewundern und die Leib und Seele wohltut – aber auch als unergründliche und rätselhafte Bedrohung etwa in zerstörerischen Erdbeben, Überschwemmungen und anderen lebensbedrohenden Katastrophen, deren Schrecken uns ängstigt. Staunen und Ehrfurcht sind Haltungen, denen wir in der Erfahrung von Naturvölkern, aber auch bei Dichtern begegnen, die das Lied der Erde singen. Die Schönheit der Natur zu sehen, das bedeutet, die Welt mit neuen Augen zu sehen, nicht mit einem Blick, der besitzen und beherrschen will, sondern mit Augen, die in dieser Schönheit die Schönheit Gottes selber wahrnehmen. Und Ehrfurcht ist die andere Haltung, die die Andersheit ernst nimmt. Aber auch Ehrfurcht verbindet – indem sie Raum lässt und das Gegenüber als Anderes respektiert.

Diese Verbindung mit der Natur in der Haltung von Staunen und Ehrfurcht, die Erfahrung des Anderen und die Erfahrung einer tiefen Einheit ist immer auch eine spirituelle Erfahrung. So schreibt Papst Franziskus in seiner Enzyklika *Laudato si'*: „In diesem *Spirituelle Haltungen: Staunen und Ehrfurcht* Universum, das aus offenen Systemen gebildet ist, die miteinander in Kommunikation treten, können wir unzählige Formen von Beziehung und Beteiligung entdecken. Das führt zu dem Gedanken, dass auch die Gesamtheit offen ist für die Transzendenz Gottes, in der sie sich entfaltet" (Nr. 79).

Viele erfahren in der Natur die Transzendenz Gottes. Sie fühlen sich in der Natur eins mit der Natur, aber auch eins mit dem Grund und Schöpfer der Natur, mit Gott. Anton Bucher zitiert zum Beispiel einen Naturmystiker, der von sich erzählt: „Ich lag auf dem Rücken unter den Sternen und den unsichtbaren Galaxien und ließ ihre Größe in mich gehen. Ich spürte die Unermesslichkeit der Distanzen, und ich war mit allem eins, und das berührte mich zärtlich wie ein gregorianischer Choral" (Bucher 25).

Für den Physiker Dürr ist es letztlich die Liebe – auch er kann sie mit Gott in Verbindung bringen –, die diese Verbundenheit bewirkt. Papst Franziskus spricht im Blick auf diese innere Verbundenheit von einer „universalen Geschwisterlichkeit". Nicht um Herrschaft aus Überlegenheit geht es also. Er betont vielmehr die Verantwortung aus der Einsicht in die Verbundenheit. Er sieht auch den Zusammenhang zwischen der Pflege der Natur und der Erfahrung von menschlicher Gemeinschaft: „Die Pflege der Natur ist Teil eines Lebensstils, der die Fähigkeit zum Zusammenleben und zur Gemeinschaft einschließt." Auch hier bezieht der Papst sich wieder auf Jesus. Der hat uns daran erinnert, „dass Gott unser gemeinsamer Vater ist und dass dies uns zu Brüdern und Schwestern macht" (*Laudato si'* Nr. 228). Daher sollen wir nicht nur die Brüder und Schwestern, sondern auch alle Mitgeschöpfe, auch den Wind, die Sonne und die Wolken uneigennützig lieben (vgl. ebd.).

10.

Resonanzräume:
Verbundenheit konkret

Die Sehnsucht, miteinander verbunden zu sein, bewegt viele Menschen. Doch zugleich leiden viele darunter, dass die
Verbundenheit nicht so gelingt, wie sie es sich
vorgestellt haben. Die Kernzelle der Verbun- *„Resonanzhafen*
denheit ist die Familie. Hartmut Rosa nennt sie *in stürmischer*
einen „Resonanzhafen in stürmischer See" (341). Die Sehnsucht ist in einer Welt des Wettbewerbs, in der es so wenig
wirkliche Resonanz gibt, auch bei jungen Menschen groß.
Junge Menschen sehnen sich nach Geborgenheit und Getra-
gensein im Netz der Familie. Doch die kann diese Erwartung

oft kaum erfüllen. Denn die Einflüsse der äußeren Welt, in der es immer mehr um das Sich-Vergleichen geht, machen auch vor der Familie nicht Halt. Dann entsteht auch in der Familie eine „Resonanztaubheit" (352). Ein Religionslehrer erzählte mir, die größte Angst der Schüler und Schülerinnen sei es heute, dass die Eltern sich trennen und dass so das Netz zerreißt, das sie trägt. Viele Kinder leben in Patchworkfamilien: Der Vater oder die Mutter bringt aus erster Ehe Kinder mit. Die Kinder mit verschiedener Herkunft fühlen sich in der neuen Familie oft nicht gleich behandelt. Da gibt es Spannungen. Andere Kinder fühlen sich hin- und hergerissen zwischen den getrennten Eltern. Sie fühlen sich vom Vater oder von der Mutter benutzt. Jeder möchte sie auf seine Seite ziehen. So sehnen sich viele Menschen nach einer heilen Familie, erfahren sie aber nicht so, wie sie es ersehnen. Häufig sind beide Eltern berufstätig, sodass sie nicht viel Zeit haben für die Kinder. Der Vater kommt gestresst von der Arbeit zurück und hat nur noch wenig Energie, sich um die Kinder zu kümmern. Die Mutter fühlt sich überfordert. Andere Kinder wachsen nur bei einem Elternteil auf. Ihnen fehlt der Vater, wenn die Mutter alleinerziehend ist. Und sie stoßen oft an die Grenze der Armut. Sie fühlen sich von anderen Kindern isoliert, die sich den Schulausflug leisten können. So ist die Familie auf der einen Seite bleibend ein Sehnsuchtsort, auf der anderen Seite der Ort vieler Konflikte und Enttäuschungen. Innerhalb der Familie gibt es dann die verschiedenen Beziehungen: die zwischen den Ehepartnern, die zwischen den Eltern und den Kindern und die zwischen den Geschwistern. All diese Beziehungen sollen im Folgenden zunächst angeschaut werden, einmal in dem, was sie gefährdet, zum anderen aber auch in dem, was sie heilt, damit die ersehnte Verbundenheit möglich wird. Die engste Verbundenheit ist die zwischen zwei Ehepartnern. Doch auch die Beziehung zwischen zwei Partnern wird immer auch geprägt durch die Lebensgeschichte, die beide Partner durchlebt haben, durch ihre Beziehung zum Vater, zur Mutter und zu den Geschwistern. Daher sollen zunächst diese Beziehungen angeschaut werden. Denn die Reaktionen der beiden Partner aufeinander sind häufig beeinflusst durch die Erfahrungen, die beide mit ihren Eltern und Geschwistern gemacht haben. Wir projizieren unbewusst unsere Vater- oder Mutter-Erfahrung auf den Ehepartner. Und oft genug projizieren wir auch unsere Geschwistererfahrung auf die Menschen, mit denen wir im Beruf oder im persönlichen Umfeld zu tun haben.

Vater – Tochter

Natürlich sind die Beziehungen, auch in einer Familie, nie statisch und auch nicht immer gleich. Und auch die Eltern-Kind-Beziehungen verändern sich, sie sind heute anders als in früheren Zeiten. Wie alle Beziehungen kann auch die Beziehung zwischen Vater und Tochter ambivalent sein, sie kann gelungen *Ambivalente Erfahrungen: Gelungenes und Problematisches* sein oder problematische Aspekte haben. Das zeigen mir viele Gespräche mit Frauen, die von ganz unterschiedlichen Erfahrungen erzählen – auch wenn sich immer wieder bestimmte Muster zeigen. Die Tochter fühlt sich oft besonders zum Vater hingezogen. Der Vater stärkt ihr den Rücken. Er ist für die Tochter auch der erste Mann, dem sie begegnet, an dem sie sich reiben kann. Dabei erlebt sie beides: Der Vater stärkt ihr den Rücken, gibt ihr Halt, zeigt ihr Wertschätzung. Sie fühlt sich geschützt vom Vater. Aber es kommt immer darauf an, wie der Vater auf die Tochter eingeht. Manche Töchter erleben ihre Väter am Anfang als Halt. Sie fühlen sich wohl in seiner Nähe. Doch sobald sie in die Pubertät kommen oder als junge erwachsene Frauen gegen manche Meinungen und Verhaltensweisen des Vaters aufbegehren, zeigt der Vater ein anderes Verhalten. Jetzt kritisiert er seine Tochter ständig, und sie fühlt sich nicht mehr verstanden.

Eigene Lebens-
muster aufdecken In der Vater-Tochter-Beziehung erlebt der Vater auch sich selbst. Er erkennt eigene Lebensmuster, die ihn prägen. Wenn er unsicher ist in seiner Beziehung zu Frauen, dann steht er in Gefahr, auch die Tochter zu entwerten. Wenn seine Beziehung zu seiner Frau nicht besonders gut ist, weil sie ihn nicht mehr bewundert, sondern auch seine Schwächen erkennt und benennt, dann bindet manch ein Vater seine Tochter an sich, sie wird gleichsam seine „Ersatzfrau". Doch das tut weder dem Vater gut noch der Tochter. Der Vater bleibt in der Haltung stecken, dass er sich von Frauen bewundern lässt. Und die Tochter wird emotional sehr an den Vater gebunden, und dann hat sie Schwierigkeiten, sich auf andere Männer einzulassen. Wenn die Tochter dann heiratet, vergleicht sie ihren Mann immer mit dem Vater. Und die Bindung an den Vater hindert sie daran, sich wirklich auf ihren Mann einzulassen. Die Geschichte von Tobias, der Sara, die Tochter Raguels, heiraten soll, zeigt, dass die Bindung an den Vater tödlich sein kann für den Ehemann. Das Buch Tobit spricht von einem Dämon, der Sara beherrscht und die sieben Männer, die sie geheiratet hat, jeweils in der Hochzeitsnacht tötet. Der männermordende Dämon ist ein Bild für die Vaterbesessenheit der Tochter, bei der kein Mann eine wirkliche Chance hat, wirklich ihr Mann zu werden.

Die Vater-Tochter-Beziehung deckt auch der Tochter ihre eigenen Lebensmuster auf. Julia Onken, eine Schweizer Psychologin, spricht davon, dass die Tochter grundsätzlich die Sehnsucht hat, vom Vater gesehen zu werden. Wenn sie nicht genügend gesehen wird, dann reagiert sie entweder als „Gefalltochter": Sie versucht, dem Vater zu gefallen, indem sie sich schön macht oder indem sie ihm jeden Wunsch von den Lippen abliest. Oder sie reagiert als „Leistungstochter": Sie leistet viel, um vom Vater gesehen zu werden. Oder aber sie wird zur „Widerspruchstochter": Sie muss dem Vater immer widersprechen, um endlich ernst genommen zu werden. Diese drei Reaktionsmuster rufen durchaus Fähigkeiten in der Tochter hervor. Doch wenn sie sich von diesen drei Rollen bestimmen lässt, dann vernachlässigt sie andere Seiten, die für ihre Reifung als Person wichtig wären.

Die Bibel erzählt von solchen Beziehungen. Da ist einmal die Geschichte der Tochter des Jairus, eines Synagogenvorstehers (Mk 5,21–43). Sie wird krank, vermutlich weil ihr Vater vor lauter Vorstehersein seine Tochter übersehen hat. Und was aus einer Tochter werden kann, die sich vom Vater übersehen fühlt, zeigt uns Markus im Bild der blutflüssigen Frau: Die Frau verliert ihre ganze Kraft, ihr Blut, weil sie alles gibt, um von den Menschen gesehen zu werden. Sie gibt ihr ganzes Vermögen an die Ärzte. Das Vermögen steht hier für die eigenen Fähigkeiten. Sie entwickelt ihre Fähigkeiten, aber nicht aus Freude an dem, was in ihr steckt, sondern um gesehen zu werden. Doch es wird immer schlimmer mit ihr. Sie hat keine Kraft mehr. In dieser Situation wagt sie es, sich etwas zu nehmen. Sie nimmt sich heimlich den Zipfel vom Gewand Jesu. Da hört ihr Blutfluss auf. Frauen, die sich vom Vater übersehen fühlen, verausgaben sich oft, bis sie nicht mehr können. Wenn sie sich eingestehen, dass sie sich selbst etwas nehmen dürfen, die Zeit eines Freundes, einer Seelsorgerin, einer Psychologin, kann die Heilung geschehen.

Biblische Heilungsgeschichten

In Gesprächen höre ich oft, wie Frauen von ihrem Vater erzählen. Manchmal war die Beziehung belastet, weil der Vater nicht wirklich zugelassen hat, dass die Tochter ihren eigenen Weg geht. Manchmal haben die Töchter Entwertung erfahren. Doch gerade wenn die Beziehung zur Mutter schwierig war, war der Vater oft ein Halt. Mit ihm konnten sie sich auch als erwachsene Frauen gut unterhalten. Manche Frauen, die Probleme mit ihrem Vater hatten, haben ihn dann gepflegt und dabei weichere, bedürftige Seiten des sonst so starken und selbstbewussten Vaters erlebt. Das hat oft zur Versöhnung geführt.

Frauen reiben sich oft an ihrem Vater. Aber zugleich spüren sie, dass sie durch die Auseinandersetzung mit dem Vater in ihre eigene Stärke hineinwachsen. Wenn sie dann später auf ihre Beziehung zum Vater schauen, erkennen sie, *Zu eigener Stärke kommen* dass sie viel vom Vater gelernt haben. Da hat der Vater Freiheit und Mut ausgestrahlt. Die Tochter spürt, dass sie etwas von diesem Freiheitsgefühl in sich hat und dass sie sich etwas zutraut. Eine andere Frau erkennt, dass sie etwas vom Geschäftssinn des Vaters in sich hat. Sie kann gut und schnell Situationen durchschauen und schnell und effektiv darauf reagieren. Eine andere Frau spürt, dass der Vater ihr den Rücken stärkt. Doch natürlich spüren manche Frauen auch, dass die Vaterstimme im eigenen Über-Ich manchmal auch destruktiv sein kann. Da ertönt in ihr bei verschiedenen Gelegenheiten die Stimme des Vaters: „Das kannst du nicht." Oder sie spüren, dass die religiöse Enge des Vaters sie einengt und ihnen ein schlechtes Gewissen macht. Wenn Jesus sagt: „Lass die Toten ihre Toten begraben" (Lk 9,60), dann meint er, wir sollten diese uns lähmende Stimme des Vaters in uns zum Schweigen bringen. Die Beziehung zum Vater ist immer ambivalent, wie jede andere Beziehung auch. Die Frau erlebt den Vater als

Halt, als Kraftquelle, als innere Klarheit. Aber sie kann ihn auch als den erleben, der sie als Frau entwertet und sie klein halten möchte. Zur Reifung gehört es, die Vaterbeziehung gut anzuschauen, das, was der Vater einem gegeben hat und immer noch gibt, dankbar anzunehmen, und sich von dem anderen zu distanzieren, es beim Vater zu lassen.

Mutter – Tochter

Frauen berichten über beides: über problematische und konfliktbeladene Beziehung zwischen Mutter und Tochter, aber auch über gute Beziehungen, in denen sich die Tochter von der Mutter verstanden fühlt und dankbar ist für das, was die Mutter ihr vermittelt hat. Eine Tochter bekommt oft viel mehr mit von ihrer Mutter als die Söhne. Weil sie ihr näher steht spürt sie auch *Gute Beziehungen, Symbiosen und Konflikte* instinktiv, wo die Mutter mit sich in Einklang ist und wo sie mit sich selbst uneins ist, wo sie zufrieden und dankbar ist für ihr Leben und wo sie innerlich rebelliert. Die Mutter projiziert natürlich auch ihr eigenes Frauenbild auf die Tochter. Und so erkennt die Tochter, ob die Mutter sich als Frau annehmen kann und gerne Frau ist, oder ob sie sich selbst als Frau entwertet und damit alte Urteile ihrer Herkunftsfamilie mit sich herum schleppt. Die Mutter hat bestimmte Erwartungen an ihre Tochter. Oft soll die Tochter das leben, was die Mutter gerne gelebt hätte, aber nicht verwirklichen konnte. Manchmal deckt die Tochter die Schattenseiten der Mutter auf. Die Mutter regt sich über die Tochter auf, weil sie von ihr an die Seiten erinnert wird, die sie bei sich selbst nicht annehmen oder die sie selbst nicht leben kann. Die Mutter ist sehr ordnungsliebend, doch die Tochter ist unpünktlich, räumt ihr Zimmer nie auf und ist unstrukturiert.

So reiben sich Mutter und Tochter aneinander. Die Aufgabe der Mutter in einer solchen Beziehung wäre es, die Schattenseite hinter ihrer Ordnungsliebe zu entdecken. Dann könnte sie angemessener auf die Tochter reagieren.

Ein Problem entsteht, wenn die Beziehung zwischen Vater und Mutter nicht gut ist. Da erzählt die Mutter der Tochter etwa, wie schwierig der Vater ist. Der Tochter, die sich instinktiv immer zum Vater hingezogen fühlte und die ihn bewundert, wird er von der Mutter als böse, feige, unzuverlässig, unachtsam usw. geschildert. Das verwirrt nicht nur ihre Gefühle als Tochter, sie wird auch verunsichert in ihrer Beziehung zu Männern. Darf sie ihrem Gefühl trauen oder machen ihr alle Männer etwas vor? Wenn die Mutter alleinerziehend ist, dann entsteht nicht selten auch eine Symbiose zwischen Mutter und Tochter. Das tut der Tochter auf der einen Seite gut. Doch auf der anderen Seite kann es ihr auch schaden, sodass sie sich schwertut, ihre eigene Identität zu finden. Die Aufgabe der Tochter wäre es dann, dankbar zu sein für die gute Beziehung zur Mutter, für das Gefühl des Verstandenwerdens und Geborgenseins, aber zugleich zu lernen, den eigenen Weg zu finden und zu gehen. Sie sollte sich fragen: Wer bin ich ohne meine Mutter? Was habe ich von ihr gelernt? Was übernehme ich gerne von ihr? Und wo sehe ich das Leben anders? Welche eigenen Wünsche habe ich an das Leben?

Es ist ganz natürlich, dass Mutter und Tochter sich aneinander reiben. Das kann auch die Chance sein für beide, sich selber besser kennen zu lernen und immer mehr die eigene Identität herauszufinden.

Wie eine problematische Beziehung geheilt und für Mutter und Tochter zur Chance werden kann, erzählt uns das Markusevangelium (vgl. Mk 7,24–30). Da kommt eine griechische Frau zu Jesus, weil ihre Tochter von einem unreinen Geist besessen ist. Das kann ein Bild sein für die Projektionen der Mutter auf die Tochter, die ihr Selbstbild trüben. Es kann auch ein Bild sein für den Mangel an Geborgenheit, der die Tochter verunsichert und sie am klaren Denken hindert. Die Mutter spürt, dass sie ihrer Tochter nicht selber helfen kann, dass sie selber Hilfe braucht, um mit ihrer Tochter gut umgehen zu können.

Wie problematische Beziehungen heilen: Eine biblische Geschichte

Jesus konfrontiert die Mutter mit sich selbst, indem er sagt: „Es ist nicht recht, das Brot den Kindern wegzunehmen und es den Hunden vorzuwerfen" (Mk 7,27). In diesem Augenblick erkennt die Frau, dass ihre Tochter nicht satt geworden ist, dass sie ihr viel von der Zuwendung weggenommen hat, um ihre eigenen Bedürfnisse – Hunde stehen für die eigenen Vorlieben – zu befriedigen. Die Heilung der Mutter besteht in der Einsicht: Ja, meine Tochter ist nicht satt geworden. Aber ich habe auch Bedürfnisse. Ich brauche auch etwas, was mich nährt. Manche Mütter reagieren sofort mit Selbstvorwürfen, wenn die Tochter Probleme hat. Sie denken: Was habe ich falsch gemacht in der Erziehung? Dann reagieren sie oft damit, dass sie sich zu sehr um die Tochter kümmern. Die Größe der Frau besteht darin, dass sie klar erkennt, wo das Problem ist, dass sie aber auch zu ihrer eigenen Bedürftigkeit steht. Deshalb sagt Jesus zu ihr: „Wegen dieses deines Wortes, mit dieser deiner Einsicht geh nach Hause: der Dämon hat deine Tochter verlassen." Weil die Mutter versteht, was zwischen ihr und der Tochter geschehen ist, erkennt sie, dass die Tochter gar nicht krank ist. Der Dämon besteht nur in den gegenseitigen Projektionen. Wenn die Mutter sich selbst klar erkennt und wenn sie versteht, was das Denken der Tochter trübt, dann verschwindet der Dämon. Dann kann die Mutter zu sich stehen und die Tochter so sein lassen, wie sie ist.

Was Markus hier erzählt, das klingt einfach. Aber es ist oft ein langer Prozess, zu durchschauen, welche unreinen Geister das Denken der Tochter und der Mutter trüben. Und es braucht Zeit, bis die Beziehung sich klärt und die Mutter und Tochter je zu ihrer eigenen Identität finden. Zu dieser Identität gehört das, was die Tochter von der Mutter gelernt hat. Aber es gehört auch dazu, dass die Tochter sich von der Mutter abgrenzt und erkennt, wer sie selber ist und was sie selbst ausmacht. Wenn die Töchter ihre Mutterbeziehungen bearbeitet haben, erkennen sie oft, dass sie viele Seiten der Mutter selbst übernehmen. Das gilt für die positiven Seiten wie Lebendigkeit, Herzlichkeit, Offenheit und Freude am Leben. Das gilt aber auch für die weniger guten Seiten. Da entdeckt die Tochter auf einmal, dass sie ihren eigenen Kindern gegenüber genauso reagiert wie ihre Mutter. Dann braucht es die Demut, sich mit beiden Seiten anzunehmen und es braucht den Humor, der es gelassen akzeptiert, dass manches, was man bei der Mutter so stark abgelehnt hat, jetzt in einem selber auch wieder auftaucht. Wenn wir es mit Humor betrachten, dann wird es uns nicht bestimmen. Wir finden dann einen Weg, diese Seiten in uns anzunehmen und uns zugleich davon zu distanzieren.

Vater – Sohn

Die Vater-Sohn-Beziehung hat viele Aspekte. Da ist der kleine Sohn stolz auf seinen Vater. Er bewundert an ihm, dass er alles kann. Der Vater nimmt ihn mit, wenn er zu Hause in seiner Werkstatt etwas repariert oder wenn er eigene Möbel schreinert. Oder er nimmt ihn mit in den Stall oder auf den Traktor. Da bekommt der Sohn Anteil an der Kraft und Fähigkeit des Vaters. Der Vater hat die Aufgabe, dem Sohn den Rücken zu stärken, damit er wagt, sein Leben selbst in die Hand zu nehmen und in die Welt hinaus zu gehen, um sie zu erforschen. Wenn der Vater aber abwesend ist oder sich kaum um den Sohn kümmert, oder wenn er ein schwacher Vater ist, dann braucht der Sohn einen Rückgratersatz. Theodor Bovet meint, dann brauche er eine Ideologie. Ideologie ist immer Vaterersatz. Aber dann wagt der Sohn das Leben nicht, sondern er verschanzt sich hinter einer starren Ideologie. Er wird unbeweglich und hart.

Der Vater ist für den Sohn wie ein Baum, an den er sich anlehnen kann, und wie ein Fels, der ihm festen Halt gibt. Wenn der Vater dem Sohn die Verantwortung in der Firma gibt, bleibt er immer noch im Hintergrund und gibt dem Sohn die Sicherheit. Der kann sich immer an ihn wenden, wenn er Hilfe braucht. Aber es gibt leider auch viele schwierige Vater-Sohn-Beziehungen. Da ist der Vater abwesend und nicht erreichbar. Oder aber der Vater ist enttäuscht, dass der Sohn andere Wege geht. Der Vater ist ein guter Handwerker und Sportler. Er steht mitten im Leben. Doch der Sohn ist eher introvertiert. Er liebt es, auf der Wiese zu liegen und zu träumen. Er schreibt Gedichte oder spielt ein Musikinstrument. Dann geht vom Vater manchmal Verachtung aus. Der Sohn entspricht nicht seinem Ideal eines richtigen Mannes. Oder aber es entsteht eine Rivalität: Der Sohn studiert und hat beruflichen Erfolg. Der Vater lobt ihn nicht, sondern ist neidisch, dass der Sohn ihm über den Kopf wächst. So muss er ihn ständig entwerten. Oft drückt sich die Rivalität zwischen Vater und Sohn in heftigen Auseinandersetzungen und Kämpfen aus. Sie können nicht vernünftig miteinander sprechen. Ein anderes Problem entsteht, wenn der Vater keine Beziehung zu seiner Frau hat. Dann zieht er den Sohn auf seine Seite. Er macht vor ihm die Mutter schlecht. Doch da der Sohn von Natur aus sich zur Mutter hingezogen fühlt, wird er in seinen Gefühlen verwirrt. Er kann seinen eigenen Gefühlen nicht trauen. Und er wird beeinträchtigt in seiner Beziehung zu Frauen. Er übernimmt die Entwertung der Frau, die er vom Vater gelernt hat.

Es ist schön zu sehen, wenn Vater und Sohn eine gute Beziehung zueinander haben. Aber ich kenne auch Söhne, die als Erwachsene den Vater sehr ungern besuchen, weil von ihm eine destruktive Energie ausgeht. Immer wieder erlebe ich, dass der Vater nach dem Tod der Mutter eine jüngere Frau heiratet und sich von ihr total vereinnahmen lässt. Der Sohn kann keinen Kontakt mehr zum Vater aufnehmen, weil die Frau sofort den Telefonhörer nimmt und den Vater verleugnet: Er sei nicht zu sprechen. Beim Besuch ist die Frau immer beim Vater, sodass kein ehrliches Gespräch möglich ist. Für den Sohn ist es eine herbe Enttäuschung, dass der Vater so schwach ist, dass er sich total vereinnahmen und den eigenen Sohn fallen lässt.

Die Bibel erzählt uns auch von einer Vater-Sohn-Geschichte. Es ist die Geschichte von dem Sohn, der immer wieder Anfälle bekommt und sich auf dem Boden wälzt. Dann hat er Schaum vor dem Mund (Mk 9,14–29). Man könnte das so

Wie Heilung möglich wird: Eine biblische Geschichte

auslegen: Der Sohn hatte in der Nähe des Vaters nicht gelernt, gut mit seinen Aggressionen umzugehen. So bleibt ihm nur der Weg, die Aggression nonverbal auszudrücken. Mit seinen Anfällen macht er den Vater hilflos. Der Vater ist kein Unmensch. Jesus urteilt weder über den Sohn noch über den Vater. Er spürt einfach die Verwicklung zwischen beiden. Und die löst er in dieser Heilungsgeschichte auf. Zuerst macht er eine Anamnese. Er fragt: „Wie lange hat er das schon?" (Mk 9,21). Der Vater erklärt ihm: „Von Kind auf; oft hat er ihn sogar ins Feuer oder ins Wasser geworfen, um ihn umzubringen" (Mk 9,21f). Der Vater erklärt das Verhalten mit einem Dämon, der ihn peinigt. Man könnte das so auslegen: Da der Sohn seine Aggression verdrängen muss, überschwemmt sie ihn manchmal wie Wasser oder sie wirft ihn ins Feuer. Wasser steht für das Unbewusste, in dem der Sohn untergeht, weil er keinen angemessenen Zugang dazu hat. Und Feuer steht für die Leidenschaft, für Hass und Zorn. Die verdrängten oder unterdrückten Aggressionen werfen den Sohn ins Feuer. Jetzt ist er völlig unbeherrscht und verbrennt auch andere Menschen mit seiner maßlosen Wut. Er kann sich ihrer nicht mehr erwehren. Sie überwältigt ihn. Der Vater bittet Jesus: „Wenn du kannst, hilf uns: hab Mitleid mit uns." Als Jesus antwortet: „Alles kann, wer glaubt", erkennt der Vater: Ich habe nicht an meinen Sohn geglaubt. Die Begegnung mit Jesus verwandelt ihn. Er möchte an seinen Sohn glauben. Aber auch der Sohn braucht Verwandlung und Heilung. Er hat sich eingerichtet in seinem Verhalten, mit dem er auf seine Weise Macht über den Vater ausübt. Jesus befiehlt dem stummen und tauben Geist, auszufahren aus dem Sohn. Jesus sieht den Sohn und das Muster, das ihn beherrscht. Er befreit ihn von seinem destruktiven Muster. Der Dämon verlässt den Jungen mit lautem Geschrei. Und der Sohn liegt da, als ob er gestorben sei. Sein bisheriges Verhalten ist gestorben. Jesus nimmt ihn an der Hand und richtet ihn auf. Das griechische Wort „egeiro" wird auch für die Auferstehung verwendet. Der Sohn steht auf zu neuem Leben. Vater und Sohn werden verwandelt. So ist eine neue gute Beziehung möglich. Weder der Vater noch der Sohn werden als böse bezeichnet. Sie werden einfach als Opfer von Projektionen und Verwicklungen wahrgenommen.

Die Therapie, die Jesus hier am Vater und am Sohn wirkt, ist auch ein Bild, wie eine „verkorkste" Vater-Sohn-Beziehung geheilt werden kann: Der Vater muss lernen, seine Projektionen auf den Sohn zurückzunehmen und an ihn zu glauben, auch wenn er sich nicht nach den eigenen Wünschen entwickelt. Und auch der Sohn muss sich verabschieden von seinen Reaktionen. Er soll die Hilflosigkeit des Vaters und seine innere Not wahrnehmen und ihm zutrauen, dass der Vater es letztlich gut meint, dass er sich so verhält, wie es ihm von seiner Lebensgeschichte her möglich ist. Wenn beide einen neuen Blick auf den anderen lernen, dann kann die Beziehung für beide fruchtbar werden.

Die Vater-Sohn-Beziehung durchläuft verschiedene Phasen. Zu Beginn ist die Bewunderung des kleinen Sohnes für den Vater. Dann kommt ab der Pubertät und im frühen Erwachsenenalter oft eine Streitphase, in der sich Vater und Sohn

Verschiedene Phasen – unterschiedliche Erfahrungen

aneinander reiben. Manchmal dauert diese Phase lange Zeit. Doch oft wandelt sich dann die Phase der Auseinandersetzung in eine Phase des gegenseitigen Verstehens und der gegenseitigen Unterstützung. Es ist schön, wenn Söhne ab der Lebensmitte eine gute und vertrauensvolle Beziehung zum Vater haben. Im Alter gibt es dann verschiedene Erfahrungen. Entweder der Vater wird weicher, verständnisvoller und weiser. Der Sohn schätzt ihn jetzt möglicherweise mit seiner Lebensleistung und in seiner Person. Oder aber der Vater verhärtet sich in seiner Unzufriedenheit und Härte. Dann ist es Aufgabe des Sohnes zu betrauern, dass der Vater diese Schwächen zeigt. Doch trotz der Grenzen, die er beim Vater schmerzlich wahrnimmt, ist es seine Aufgabe, den Vater als denjenigen zu respektieren, der ihm das Leben geschenkt hat. Und trotz aller Begrenzung hat er vom Vater doch etwas mitbekommen, das er jetzt in seinem Leben verwirklichen soll, auch wenn er manches bewusst anders machen möchte, als er es beim Vater gesehen hat. Auch dann hat er von seinem Vater gelernt, wie er es nicht machen möchte. Und so kann er seine eigene Identität finden.

Mutter – Sohn

Die Mutter-Sohn-Beziehung ist meist sehr eng. Mütter haben oft einen Lieblingssohn. Doch das erschwert die Beziehungen des einen Sohnes zu den anderen Geschwistern. Wenn die Beziehung zwischen Vater und Mutter nicht so gut ist, dann bindet die Mutter manchmal den Sohn an sich und behandelt ihn wie einen Prinzen. Doch das tut dem Sohn nicht gut. Denn oft wird er dann von seinen Schulkameraden als Muttersöhnchen verspottet. Im Kreis der Mitschüler kann er die Prinzenrolle nicht spielen. *Die Dynamik einer besonderen Beziehung* Manchmal kann die Mutterbeziehung des Sohnes so stark sein, dass er unfähig wird zu heiraten. Oder aber die Frau hat neben dem Mann keine Chance, weil der Mann mehr auf die Mutter hört. Eine Frau erzählte mir, dass sie gerade mit ihrem Mann am Flughafen war, um in die USA zu fliegen, als seine Mutter anrief, es gehe ihr nicht gut. Der Mann fuhr sofort zu seiner Mutter und ließ seine Frau allein in die USA fliegen.

Doch es gibt auch andere Mutter-Sohn-Beziehungen. Ein Mann erzählte mir, dass seine Mutter nie mit ihm zufrieden war, ihn immer kritisiert und klein gemacht hat. Offensichtlich hatte die Mutter Angst vor dem Männlichen. Daher musste sie den Sohn klein halten. Der Sohn hat von ihr nie Zärtlichkeit erfahren. Da war eher ein Gefühl von Fremdheit zwischen Mutter und Sohn.

Oft sind die Mütter stolzer auf ihre Söhne als auf ihre Töchter. Das gibt dann Probleme unter den Geschwistern.

Die Schwestern fühlen sich nicht genügend beachtet. Sie dürfen die Arbeit tun, und der Sohn wird hofiert. Und auch das kommt vor: Sobald die Mutter krank wird, kümmert sich nicht der Sohn um sie, sondern die Tochter. Doch die Söhne besprechen das Testament, das die Mutter schreiben soll, und versuchen, es zu ihrem Vorteil zu gestalten.

Der Evangelist Lukas erzählt uns eine Mutter-Sohn-Geschichte (Lk 7,11–17). Da stirbt der einzige Sohn einer Witwe. Man kann sich vorstellen, dass Mutter und Sohn eng verbunden waren. Jetzt wird der Sohn auf einer Bahre aus der Stadt herausgetragen. Jesus wendet sich zuerst der Mutter zu. Er hatte „Mitleid mit ihr und sagte zu ihr: Weine nicht!" (Lk 7,13). Jesus fühlt mit dem Schmerz der Mutter. Doch das Wort „Weine nicht!" ist weniger ein Wort des Mitleids als eine Aufforderung: „Höre auf zu weinen. Schau auf die vielen Menschen, die dich begleiten. Du bist nicht allein. Lass deinen Sohn los und wende dich dem Leben zu, öffne dich für die Menschen, die dich unterstützen wollen." Dann geht Jesus zu der Bahre und fasst sie an. Er sagt gleichsam zu dem jungen Mann: „Stopp. Das ist nicht der richtige Ort für dich. Du kannst dich nicht dein Leben lang auf Händen tragen lassen." Und er spricht ihn voller Energie an: „Ich befehle dir, junger Mann: Steh auf!" (Lk 7,14). Das griechische Wort „egertheti" heißt auch: „Wach auf! Mach endlich die Augen auf. Nimm dein Leben selber in die Hand. Du kannst nicht ständig in der Illusion leben, dass deine Mutter für dich sorgt." Auf dieses Wort hin richtet sich der Jüngling auf und beginnt zu sprechen. Er lehnt sich auf gegen die Bevormundung und spricht nun wirklich das aus, was in seinem Herzen ist. Vorher hatten Mutter und Sohn sicher viel geredet, aber nicht wirklich persönlich gesprochen.

Das eigene Leben in die Hand nehmen – eine biblische Geschichte

Bei dieser Geschichte muss ich immer an Männer denken, die um die 40 Jahre alt sind, Alkoholprobleme haben, arbeitslos sind, keine Freundin haben und noch bei der Mutter leben. Sie machen der Mutter das Leben zur Hölle, wollen ständig mehr Geld von ihr. Aber sie weigern sich, selbst etwas zu tun. Die Mutter hat oft Angst, den Sohn aus dem Nest zu werfen. Vielleicht könnte er wirklich in der Gosse landen. Und sie hat Schuldgefühle: Was habe ich denn verkehrt gemacht, dass mein Sohn so geworden ist? Jesus tritt hier mit männlicher und väterlicher Energie auf und stärkt dem Sohn den Rücken, damit er endlich aufsteht und Verantwortung für sich und sein Leben übernimmt. Dann gibt Jesus den Sohn seiner Mutter zurück. Manche meinen, das sei ein Rückschritt. Doch der Sohn braucht die Beziehung zur Mutter. Doch sie muss von Freiheit geprägt sein. Ich kenne Männer, die sofort mit der Mutter streiten, sobald sie sie besuchen. Sie meinen, sie müssten sich gegen die Mutter wehren. Aber wenn sie mit ihr streiten, zeigt es, dass sie innerlich noch an sie gebunden sind. Wenn sie wirklich frei geworden sind, dann können sie die Mutter sein lassen, wie sie ist. Aber sie lassen sich von ihr nicht bestimmen.

Es gibt nie die ideale Beziehung zwischen Mutter und Sohn. Beide – so sagt die lukanische Geschichte – brauchen Verwandlung. Die Mutter muss lernen, den Sohn loszulassen und ihn trotzdem mit ihrer mütterlichen Liebe zu begleiten. Der Sohn hat die *Begegnung in Freiheit – Segen füreinander* Aufgabe, innerlich frei zu werden von der Bindung an die Mutter. Doch er braucht die Wurzeln, die ihm die Mutter anbietet. C. G. Jung meint, in uns allen sei eine Sehnsucht nach der Mutter. Wenn wir sie als Erwachsene auf die konkrete Mutter richten, bleiben wir infantil. Wenn wir die Muttersehnsucht aus uns herausreißen, schneiden wir uns ab von einem wichtigen Wurzelgrund unseres Lebens. Daher geht es darum, diese tiefe Sehnsucht auf ein Symbol zu richten: auf die Mutter Erde, auf Gott als unsere wahre Mutter. Symbole sind für Jung Umformer von Energie. Der Mann braucht die mütterliche Energie für sein Leben, damit sein Lebensbaum aufblühen kann. Aber sein Baum darf nicht mit dem Baum der Mutter zusammenwachsen. Eine Symbiose wäre für ihn tödlich. So geht es darum, dass der Sohn dankbar bleibt für die mütterlichen Wurzeln, aber zugleich innerlich frei wird von einer zu starken Bindung an die Mutter. Wenn beide sich in Freiheit begegnen, können sie füreinander ein Segen sein.

Geschwister

„Geschwister sind schrecklich. Aber keine zu haben, ist schlimmer", hat der Psychotherapeut Wolfgang Schmidbauer einmal über die Geschwisterbeziehungen gesagt, als die Rede auf schwer erträgliche Geschwisterkonflikte kam. Diese Beziehungen seien in der Regel ambivalent, weil es da einerseits eine tiefe Vertrautheit und Nähe aus Kindertagen gibt, aber immer wieder auch Erfahrungen von Rivalität und Kränkung. Ich selber bin dankbar für die gute Beziehung, die wir sieben Geschwister in unserer Familie hatten und die wir immer noch haben. Sie trägt uns. Und ich kenne viele gute Beziehungen zwischen Bruder und Schwester und zwischen Bruder und Bruder oder Schwester und Schwester. Gerade wenn die Eltern gestorben sind, wird die Beziehung zu den Geschwistern immer wichtiger. Dann findet man Halt in schwierigen Zeiten bei diesen vertrauten Menschen. Doch es gibt auch viele Geschwister, die sich nicht verstehen, die den Kontakt

Nähe, Vertrautheit und Verletzungen

zueinander abbrechen, weil sie einfach keine gemeinsame Basis finden. Doch häufig entsteht dann das Gefühl von Einsamkeit. Die eigene Familie fällt dann als Halt aus.

Wie wir auf den Partner oder die Partnerin, auf den Freund oder die Freundin reagieren, hängt auch von unseren Erfahrungen mit den Geschwistern ab. Man könnte natürlich unterscheiden zwischen älterem Bruder und jüngerem Bruder, älterer Schwester und jüngerer Schwester oder älterem Bruder und jüngerer Schwester, | *Die Geschwister-rollen reflektieren* und dann sind da noch die Sandwich-Kinder, die zwischen den älteren und den jüngeren Geschwistern stehen. Je nachdem, wie wir zu den Geschwistern stehen, ob wir älter oder jünger oder zwischendrin sind, gestalten sich unsere Geschwisterbeziehungen. Um unser Verhalten hier und heute zu verstehen, ist es daher gut, unsere Geschwisterbeziehung in der Kindheit anzuschauen. Manchmal ändern sich diese Beziehungen. Da haben wir uns in der Kindheit gut verstanden, aber auf einmal reißt der Kontakt ab. Wir haben das Gefühl, dass wir uns nichts mehr zu sagen haben. Der Grund dafür liegt nicht nur in der Kindheit, er hängt oft mit der unterschiedlichen Entwicklung zusammen. Der eine entwickelt sich weiter, der andere bleibt stehen. Der eine reift zu einem weisen Mann, zu einer lebensklugen Frau, andere wirken auch als Erwachsene noch unreif.

Manchmal sind die älteren Geschwister neidisch auf die jüngeren, die nicht mehr so streng erzogen worden sind wie sie selbst. Ältere Geschwister übernehmen oft auch Verantwortung für die jüngeren. Das übertragen sie dann später auf ihre Paarbeziehung und auf ihre Freundschaften. Sie fühlen sich immer verantwortlich für den anderen. Das regt den aber oft auf. Er möchte das gar nicht. Er möchte für sich selbst verantwortlich sein. Oft genug überfordern sich dann

die Menschen, die es gewohnt sind, Verantwortung zu übernehmen. Sie fühlen sich erdrückt oder haben das Gefühl, für
alles und alle verantwortlich zu sein. Sie merken gar nicht,
dass sie die Verantwortung gleichsam an sich ziehen. Daher
ist es wichtig, die Geschwisterrolle anzuschauen und seine
eigene Verantwortung zu relativieren.

Es gibt natürlich auch problemlose und gute Beziehungen
zwischen Brüdern und Schwestern. Da ist der ältere Bruder für die jüngere Schwester ein Halt. Doch wenn dann
der ältere Bruder eine Freundin hat und heiratet, ist das oft
schmerzlich für die Schwester. Sie verliert ihren Bruder an
eine andere Frau. Sie hat dann den Eindruck, dass der Bruder
sich von seiner Frau bestimmen lässt, dass er ein anderer geworden ist. Sie muss den Bruder erst einmal loslassen, dann
kann sie eine neue Beziehung zu ihm finden. Aber manchmal gelingt das nicht. Dann tritt eine Entfremdung ein. Die
Geschwister haben den Eindruck, ihren Bruder verloren zu
haben. Er verleugnet sein Brudersein und konzentriert sich
nur auf seine neue Familie. Doch irgendwann wird er spüren, dass ihm die Geschwister fehlen.

Oft erlebe ich, wie zwei Schwestern zueinander eine Rivalität entwickeln. Die eine Schwester ist hochbegabt und
bekommt in der Schule gute Noten. Die andere strengt
sich an, kann aber nicht mit ihrer Schwester konkurrieren.
Dann sucht sie sich oft andere Weisen, um wahrgenommen
zu werden: Sie wird vielleicht störrisch, um die Aufmerksamkeit der Eltern auf sich zu ziehen. Manchmal flieht die
Schwester auch in eine Krankheit, etwa in Magersucht, um
die Eltern zu zwingen, sich um sie zu kümmern. Doch dann
schadet sie sich selbst. Sie bleibt hilfsbedürftig. Andere entwickeln dann Ehrgeiz und werden auf einem anderen Ge-
biet stark, die eine im Sport, die andere im Malen oder in der
Musik oder als Schauspielerin.

Der jüngere Bruder schaut oft auf zum älteren Bruder. Der nimmt ihn mit auf den Sportplatz oder zum Spielen. Doch manchmal wird es dem älteren Bruder lästig, sich ständig um den jüngeren zu kümmern. Dann leidet die Beziehung zwischen den Brüdern. Wenn er die Verantwortung zu ernst nimmt, versäumt er oft das eigene Leben. Manchmal wird er dann depressiv, weil er sich zu wenig um sich selbst gekümmert hat. Das verunsichert dann den jüngeren Bruder. Wenn sich die beiden Brüder nicht verstehen, dann entfremden sie sich oft, sobald sie erwachsen sind. Sie haben dann nicht mehr viel miteinander gemeinsam. Sie gehen sich aus dem Weg.

Brüder beschützen oft die Schwestern. Schwestern werden oft zu Beraterinnen für ihre Brüder. Die Brüder vertrauen der Schwester und erzählen ihr mehr als den Eltern. Doch es gibt auch Brüder, die ihre Schwester entwerten. Sie machen sie lächerlich. Oft ist es die Unsicherheit gegenüber dem Weiblichen. Man stellt sich dem Frauwerden der Schwester nicht, sondern kommentiert es ständig. Manchmal haben die Schwestern den Eindruck, dass ihr Bruder nur oberflächlich vor sich hinlebt, nur auf Geld und Erfolg aus ist. Dann entfremden sich Schwestern und Brüder als Erwachsene. Sie haben keinen Kontakt mehr. Sie haben sich nichts mehr zu sagen. Doch fühlen sie sich dann oft einsam.

Manchmal werden die Beziehungen zwischen den Geschwistern getrübt, weil der Bruder von der Mutter vorgezogen wird und die Schwester eine Vater-Tochter ist. Das erzeugt dann in den anderen jeweils Neid. Indem der Bruder die Schwester entwertet, meint er eigentlich den Vater und rächt sich am Vater, indem er die Schwester verletzt. Oder die Schwester rächt sich an der Mutter, indem sie den Bruder verachtet. Ganz gleich, wie die Geschwisterbeziehung in der Kindheit war – alle haben die Aufgabe, sich als Erwachsene mit ihrer Geschichte und auch mit der Rolle auszusöhnen, die sie in der Familie gespielt haben. Die Konflikte in der Kindheit anzuschauen hilft, sich selbst besser kennenzulernen mit seinen Stärken und Schwächen, auch mit den eigenen Schattenseiten. Wenn wir mit unserer eigenen Geschichte ausgesöhnt sind, kann auch eine gute Beziehung zu den Geschwistern entstehen. Und als Erwachsene – vor allem dann im fortgeschrittenen Alter – werden wir dankbar sein, wenn wir gute Geschwisterbeziehungen haben. Gerade wenn die Eltern gestorben sind, tut es uns gut, wenn wir durch die Geschwister noch das Gefühl einer großen Familie haben, die zusammenhält und wo man sich gegenseitig stützt.

Mann und Frau

Der Mann sehnt sich nach der Frau und die Frau sehnt sich nach dem Mann. Beide träumen von einer tiefen Liebe, die sie miteinander verbindet. Und oft erfahren sie, dass die Liebe sie beide verzaubert. Sie lässt neue Lebendigkeit in jedem von ihnen aufblühen. Sie sind füreinander ein Segen. Doch die Verzauberung während des Verliebtseins hält nicht immer an.

Liebesbeziehung: Erwartungen und lebensgeschichtliche Hintergründe

Es ist dann die Aufgabe der Partner, an sich zu arbeiten, sich selbst besser kennenzulernen und den anderen so anzunehmen, wie er ist, ohne ihn ständig mit den eigenen Erwartungen zu überfordern.

Die Beziehung zu den Eltern hat großen Einfluss auf die Beziehung zwischen Mann und Frau in der Ehe, in der Partnerschaft und in der Freundschaft. Wenn der Mann zu sehr an seine Mutter gebunden ist, dann ist er unfähig, sich auf seine Freundin oder Partnerin wirklich einzulassen. Er nimmt sie entweder als Ersatzmutter und projiziert sein Mutterbild auf die Frau. Oder er grenzt sich von ihr über Gebühr ab, aus Angst, andernfalls so vereinnahmt zu werden wie damals von der eigenen Mutter. Umgekehrt ist es auch für den Mann schwer, wenn seine Frau oder Freundin noch zu stark an den Vater gebunden ist. Dann vergleicht seine Frau ihn immer mit dem Vater – und da hat er keine Chance, dieses Idealbild zu erreichen.

Eine Frau geriet immer wieder an Männer, die sie als Frau entwerteten. Im Gespräch wurde klar, dass ihr Vater die Mutter als Frau entwertet hatte und der Bruder die Schwester. Weil die Frau diese Wunde nicht wirklich angeschaut und geheilt hat, verliebt sie sich immer wieder in Männer, die sie genauso entwerten wie der Vater und der Bruder. Das ist der typische Wiederholungszwang, von dem Sigmund Freud spricht.

Wenn Mann und Frau sich ineinander verlieben, dann fühlen sie sich eng verbunden. Sie können sich gar nicht trennen. Aber oft spüren sie dann, dass das Bedürfnis nach Nähe bei beiden verschieden ist. Der Mann klammert sich an die Frau, möchte sie ständig bei sich haben. Doch der Frau wird das zu eng. Sie möchte mehr Freiheit. Oder umgekehrt: Die Frau klammert sich an den Mann und hindert ihn daran, seine eigenen Freundschaften zu pflegen, mit seinen Freunden eine Bergtour oder Fahrradtour zu machen. Das Klammern verhindert ein gutes Verbundensein.

Konfliktpotenzial: Bedürfnis nach Nähe und Eigenständigkeit

Es gibt kein objektives Maß, wie nahe beide zueinander sein sollen und wie viel Distanz sie brauchen. Es geht darum, ehrlich über die eigenen Bedürfnisse und Ängste zu sprechen. Wenn die Frau sich an den Mann klammert, geschieht das oft aus Angst, den Mann zu verlieren, weil vielleicht schon einmal eine Beziehung zu einem Mann zerbrochen ist. Oder sie klammert sich an ihn, weil sie nicht gut allein sein kann. Umgekehrt benutzt mancher Mann die Frau, um sich daheim wohlzufühlen, um sich umsorgen zu lassen. Weil sich in der Firma ständig alles ändert, soll die Frau daheim das Bleibende und Vertraute verkörpern. Doch dann benutzt der Mann die Frau für sein eigenes Wohlbefinden. So kann keine gute Beziehung entstehen, die trägt. Wenn man sich über die eigenen Bedürfnisse und Ängste nicht ehrlich unterhält und nach den tieferen Ursachen fragt, dann wird die Beziehung immer schwieriger. Es gibt ständig Konflikte, weil man sich der eigenen Wahrheit nicht stellt.

Eine andere Schwierigkeit entsteht, wenn der Mann sich hinter seiner Fassade versteckt, wenn er der Frau imponieren will, aber hinter seiner Fassade die eigentliche Wirklichkeit verbirgt. Er hat Angst, dass die Frau ihm zu nahe kommt, dass sie all seine Schattenseiten und Schwächen entdeckt. Der Mann versteckt sich hinter seiner Fassade, hinter seiner scheinbaren Stärke, aus Angst, die Frau könnte ihn in seiner Verletzlichkeit und Unsicherheit wahrnehmen. Oder sie könnte neurotische Muster in ihm entdecken oder alte Wunden aufreißen. Doch dann wird die Verbundenheit gestört. Manchmal bleibt der Mann oder auch die Frau bei der Phase der Verliebtheit stehen. Man möchte immer so wie am Anfang starke Gefühle der Liebe spüren. Doch man kann die erste Zeit des Verliebtseins nicht festhalten. Die Liebe will reifen. Und sie reift nur, wenn sich jeder der eigenen Wahrheit stellt.

Die Konflikte und Meinungsverschiedenheiten, die naturgemäß immer wieder auftreten, wenn Menschen eng zusammenleben, könnten eine Chance sein, sich selbst besser kennenzulernen, die eigene Lebensgeschichte mit den Verletzungen in der Kindheit anzuschauen und sich selber in aller Demut anzunehmen. Wenn eine Frau sich als Kind vom Vater übersehen fühlte, dann hat sie womöglich auch in der Ehe das Gefühl, dass ihr Mann sie ständig übersieht. Wenn der Mann als Kind die Erfahrung gemacht hat, den Erwartungen der Eltern nicht zu genügen, dann stellt sich bei ihm später leicht das Gefühl ein, dass er nicht gut genug ist in seinem Beruf, aber auch als Vater und Ehemann. Wenn dann die Frau eine Bitte an ihn richtet, meldet sich sofort das nicht genügende Kind und reagiert verletzt: „Nie kannst Du mit mir zufrieden sein. Immer mache ich alles falsch." Wenn die Frau dann genervt antwortet und sich rechtfertigt und dem Mann vorwirft, dass er so empfindlich ist, dann verstricken sich beide im Streit. Wenn sie jedoch beide ihre Wunden aus der Kindheit anschauen, dann kann die empfindliche Reaktion dazu führen, sich selbst und den anderen so anzunehmen, wie er oder sie ist. Dann werden sie dem Partner keinen Vorwurf machen, weil er so empfindlich reagiert. Vielmehr ist die empfindliche Reaktion die Einladung, sich den Wunden seiner Kindheit zu stellen und den anderen mit seiner konkreten Lebensgeschichte und mit seinen Verletzungen anzunehmen. Eine gelingende Verbundenheit befreit uns von allen Projektionen und Verdrängungen. Sie führt uns in die eigene Wahrheit. Und sie lädt uns ein, uns selbst und den anderen so anzunehmen, wie wir wirklich sind. Wenn wir uns verabschieden von den Bildern, die wir von uns selbst und vom anderen haben, dann entsteht ein reifes Miteinander. Es schenkt jedem die Sicherheit, dass die Verbindung mit dem Partner bzw. der Partnerin halten wird und dass sie für beide zum Segen wird.

Verbundenheit, befreit von Projektionen und Verdrängungen

Ein Blick in die Geschichte zeigt: Die Beziehung zwischen Mann und Frau steht immer in einem größeren Zusammenhang von kultureller Entwicklung und gesellschaftlicher Wirklichkeit. Erfahrungen in Freundschaft und Ehe haben Auswirkungen auf die Beziehung zwischen den Geschlechtern in der Gesellschaft.

Geschlechter-beziehung in der Gesellschaft

Und umgekehrt gilt auch: Die Beziehung zwischen den Geschlechtern, wie sie in der jeweiligen Gesellschaft verstanden wird, prägt auch die Beziehungen in Freundschaft und Partnerschaft. Daher ist es auch eine gesellschaftliche Aufgabe, dass ein gutes Verhältnis zwischen den Geschlechtern herrscht. Es muss getragen sein von gegenseitigem Respekt, vom Bewusstsein der gleichen Würde, von der Achtung vor dem Fremden und Besonderen im jeweils anderen Geschlecht. Und es braucht eine Gerechtigkeit, die konkrete Formen und Konsequenzen hat: Gerechtigkeit bei der Bezahlung, bei der Arbeitsteilung, bei der Chancenverteilung. Das Gelingen der Beziehung zwischen den Geschlechtern ist immer auch eine Bedingung für eine gelingende umfassende Verbundenheit in der Gesellschaft. Weil diese Beziehung in jeder Gesellschaft von der jeweiligen Kultur abhängig ist, muss jede Gesellschaft ihre eigene Geschichte anschauen und ständig an einer gerechten und respektvollen Beziehung zwischen den Geschlechtern arbeiten.

Freundschaften

Viele Menschen sehnen sich nicht nur nach Partnerschaft, sondern auch nach Freundschaft. Schon die Philosophen der Antike singen ein Lob der Freundschaft. So sagt der hl. Augustinus: „Sine amico nihil amicum" – ohne Freund ist für uns nichts freundlich in dieser Welt. Der Philosoph Platon meint, nur der könne einem anderen Freund sein, der sich selbst Freund ist, der mit sich selbst freundlich umgeht. Freundschaft mit sich selbst bedeutet, die eigene Seele zu ordnen und sie auf das Gute hinzuordnen. Doch um das Geheimnis der eigenen Seele zu entdecken, brauche ich nach Platon einen Freund, der mir hilft, mich immer mehr dem Guten zuzuwenden. Für mich ist diese Einsicht Platons sehr wichtig geworden. Wenn jemand im Gespräch darüber klagt, dass er keinen Freund habe, dass er niemanden habe, der ihm Nähe schenke, frage ich immer zurück: „Bist du dir denn selbst nahe? Bist du dir selber Freund?" Manchmal erwarten wir alles vom anderen. Wir werden aber die Nähe des Freundes nur genießen können, wenn wir uns selber gerne nahe sind, wenn wir freundlich mit uns selbst umgehen.

Bist du dir selber Freund?

Für Epikur, einen anderen griechischen Philosophen, ist die Freundschaft das Wichtigste, was die Weisheit für die Glückseligkeit eines erfüllten Lebens bereithält. Freundschaft schenkt Sicherheit, befreit von Angst und ist die Grundbedingung für wahres Glück. Und Freundschaft ist für ihn immer auch dazu da, das Leben intensiver zu leben. Freundschaft hat also mit Lust zu tun. Sie ist „Stifterin von Lebenslust sowohl für unsere Freunde als auch für uns selbst". So hat es der römische Philosoph Cicero formuliert.

Herzensverbindung

Viele sehnen sich nach einem Menschen, vor dem sie sein dürfen, wie sie sind. Von einem Freund werden sie nicht bewertet. Sie fühlen sich verstanden. Und sie spüren die gegenseitige Verbundenheit, auch wenn sie lange Zeit nichts voneinander hören. Sobald sie wieder zusammenkommen, verstehen sie sich und freuen sich am Miteinander. Freunde spüren oft eine innere Seelenverwandtschaft. Sie denken ähnlich. Wenn sie sich miteinander unterhalten, geht es nicht nur um Äußerlichkeiten, sondern immer auch um das, was einen wirklich im Innersten bewegt. So entsteht durch die Freundschaft eine Herzensverbindung, und die ist unabhängig von der Häufigkeit des Kontaktes. Die Verbundenheit besteht immer, auch wenn sie nicht immer leibhaft erfahren wird. Solche Verbundenheit tut uns gut. Gerade in schwierigen Situationen fühlt man sich gehalten, getragen von dem Wissen: Der Freund verlässt einen nicht.

Zu einer Kultur freundschaftlicher Verbundenheit gehört auch die Balance von Nähe und Distanz. Sie bedingen einander. Wichtig ist auch unter Freunden das Bemühen, sich *Was zur Kultur* nahe zu sein, aber auch so viel Distanz zu hal- *freundschaft-* ten, dass beide das Gefühl haben können, dass *licher Verbunden-* da genug Freiraum ist. Gerade in schwierigen *heit gehört* Situationen ist Nähe wichtig, und schon die Römer wussten, dass der wahre Freund sich in Not und Leid bewährt. Scheinbare Freunde wenden sich ab, wenn es mir nicht so gut geht. Gerade trauernde Menschen erfahren in der Trauer, wer wirkliche Freunde sind, auf die sie bauen können.

Die Sehnsucht, mit Freunden verbunden zu sein, bewegt auch heute viele Menschen. Wenn Menschen sich einsam fühlen, frage ich immer, ob sie gute Freunde und Freundinnen haben. Manchmal erschrecke ich, wenn ich höre, dass jemand gar keine Freunde hat. Mit guten Freunden fühle ich mich verbunden. Diese Verbundenheit führt dazu, dass ich mich dann mit allen Menschen verbunden fühle. Ein guter Freund gibt mir einen neuen Blick auf die Menschen. Sie sind mir nicht mehr fremd. Ich weiß mich auch unter fremden Menschen vom Freund, von der Freundin getragen. Das öffnet mich auch für andere Menschen und bewahrt mich

davor, mich vor ihnen zu verschließen und so in eine Isolation zu geraten.

Alt und Jung

Dass alte und junge Menschen zur gleichen Zeit in einer
Gesellschaft leben, ist eine selbstverständliche Tatsache,
auch wenn die Übergänge zwischen Jung und Alt fließend
sind und auch wenn man verschiedene Generationen unter-
scheidet. Allerdings hat sich im Zusammenle- | *Warum Alt*
ben und auch in der Beziehung der Generatio- | *und Jung zusam-*
nen im Vergleich zu früher viel verändert. Alte | *mengehören*
Menschen werden heute älter und bleiben auch länger vital
und aktiv, als das früher der Fall war. Was früher selbstverständlich war – etwa dass mehrere Generationen in einem
Verbund, vielleicht sogar unter einem Dach lebten –, ist es
heute nicht mehr. Gerade auf dem Bauernhof lebten früher
Großeltern, Eltern und Kinder zusammen. Das gab sicher
auch Spannungen und Probleme, etwa wenn die Großeltern
nicht bereit waren, den Eltern die Verantwortung für den
Hof zu übertragen. Aber insgesamt war das Miteinander der
verschiedenen Generationen für alle hilfreich.

Die Fruchtbarkeit der Beziehung zwischen Alt und Jung
zeigt sich auch heute noch am schönsten vor allem im
Umgang der Großeltern mit ihren Enkelkindern. Die Enkelkinder finden bei den Großeltern oft mehr Verständnis
als bei ihren Eltern, mit denen sie sich tagtäglich auseinan-
dersetzen. Bei den Großeltern fühlen sich die Enkelkinder
verstanden. Da dürfen sie sein, wie sie sind. Da werden sie
wertgeschätzt. Da fühlen sie sich geborgen, daheim. Und
im Zuhören und Erzählen finden alte und junge Menschen
einen gemeinsamen Raum. Alte Menschen lernen, die Welt

durch junge Augen zu sehen. Und Kinder erproben im Umgang mit Älteren ihre Sicht auf das Leben.

Auch in der Gesellschaft zeigt es sich, dass die alten Menschen oft versöhnend wirken und Verbundenheit vermitteln. Viele ältere Menschen sind heute in Nachbarschaftsvereinen, in Selbsthilfegruppen, in der Hospizbewegung o. Ä. tätig und bringen sich in die Gesellschaft ein, auch in Aktivitäten, die sie mit jungen Menschen in Kontakt bringen. Sie geben den jüngeren Menschen so nicht nur praktische Hilfe und Unterstützung, sondern auch Hoffnung. Sie ziehen aus der Erfahrung ihres langen Lebens die Zuversicht, dass die momentanen Krisen überwunden werden können.

Auch im Kloster machen wir die Erfahrung, dass eine Gemeinschaft, die gut durchmischt ist zwischen Alten und Jungen, Stabilität zeigt. Die Alten haben die Aufgabe, die Generationen, die unmittelbar aufeinander folgen, miteinander zu verbinden. Der Publizist David A. Seeber hat einmal von der „Sozialpflichtigkeit" auch der Alten gesprochen. Er meinte damit: Die Alten dürfen sich nicht einfach nur auf sich zurückziehen, um ungestört ihre Ruhe zu genießen. Sie haben eine Verpflichtung, auch die Interessen und Bedürfnisse Jüngerer wahrzunehmen und gleichzeitig ihre eigenen Erfahrungen in die Gesellschaft einzubringen. Sie können auf diese Weise etwas an die Gemeinschaft zurückgeben und Verantwortung auch für die Zukunft der Jüngeren übernehmen. Auch das ist ein Ausdruck von Verbundenheit. Der Philosoph Cicero hat bereits in der römischen Zeit davon gesprochen, dass alte Menschen noch Bäume pflanzen, obwohl sie von ihren Früchten nicht mehr ernten können. Es gibt also eine Solidarität unter den Generationen, die auch ältere Menschen in die Pflicht nimmt.

Alte Menschen sollen auch ihre Stimme erheben, wenn die Stimmen innerhalb der Gesellschaft allzu schrill gegeneinander tönen. Im Kloster erlebe ich alte Mitbrüder, die ein Segen für die Gemeinschaft sind. Sie sorgen sich für die Gemeinschaft, sie leben in Verbindung mit der Gemeinschaft. Aber es gibt auch Mitbrüder, die sich im Alter isolieren. Sie sagen sich, sie hätten genug für die Gemeinschaft getan. Jetzt kreisen sie nur noch um sich. Das gleiche Phänomen beobachten wir auch in der Gesellschaft. Da gibt es die Alten, die sich um die Gesellschaft sorgen und sie aktiv mitgestalten. Und es gibt alte Menschen, die sich isolieren und sich nicht um die Bedürfnisse der Gesellschaft kümmern. Sie sorgen sich auch nicht um den Klimawandel, sondern leben nach dem Motto: „Nach mir die Sintflut!" Daher ist die Erinnerung an die „Sozialpflichtigkeit" der Alten heute höchst aktuell.

Das gute Miteinander von Alt und Jung zeigt sich konkret etwa in den Mehr-Generationen-Häusern, die heute an vielen Orten entstehen. Da leisten die Jungen für die Alten Dienste, die sie selber nicht mehr leisten können. Sie kaufen für sie ein. Kinder bringen den Alten den Umgang mit den sozialen Medien bei. Alte betreuen die Kinder und helfen ihnen bei ihren Hausaufgaben. Zwischen den Alten und den Kindern stehen dann die Eltern. Ihre Aufgabe ist es, die Generationen miteinander zu verbinden, sodass Alte wie Junge voneinander profitieren.

Gegenüber diesen Versuchen, die Verbundenheit zwischen den Generationen zu fördern, gibt es allerdings auch Gräben zwischen den Generationen. Deutlich wird das vor allem

Gräben zuschütten, Vorurteile auflösen – voneinander profitieren

dann, wenn alte Menschen ins Altenheim oder Pflegeheim abgeschoben und vom Leben in der Gesellschaft ausgeschlossen werden. Dann vereinsamen nicht nur die alten Menschen, dann fehlt auch den Jungen etwas. Sie wachsen ohne den Kontakt zu den alten Menschen auf und haben gar nicht die Chance, von deren Erfahrungen für das eigene Leben zu profitieren.

Die Verbundenheit zwischen Alt und Jung wird verhindert, wenn sich die Generationen voneinander isolieren. Dann sprechen die Alten und die Jungen jeweils eine Sprache, die die andere Generation nicht versteht. Es gibt in beiden Generationen diese Tendenz, nur um sich zu kreisen. Die Alten jammern gegenwartsverdrossen nach dem bekannten Motto: Früher war alles besser. Dann verschließen sie sich den Jungen gegenüber und verurteilen alles, was von der Jugend ausgeht. Und die Jungen trauen dann den Alten nichts zu. Sie sind voller Vorurteile, die Alten würden auf ihre Kosten leben, sie seien schuld, dass für die Jungen die Zukunft viel düsterer aussieht als früher, dass sie schlechtere Lebensbedingungen haben, als sie die Alten in ihrer Jugend hatten. Diese Vorurteile schaffen Gräben.

Umso wichtiger ist es, dass die Generationen aufeinander hören und voneinander lernen wollen. Das kann durchaus auch Streit bedeuten. Denn auch Streiten kann verbinden, wenn man unterschiedliche Positionen austauscht. Und wenn man zustimmt, dass es verschiedene Interessen, verschiedene Perspektiven auf das Leben gibt, ist es auch notwendig, miteinander ins Gespräch zu kommen. Die Alten haben die Aufgabe, die Jungen zu verstehen und ihnen nicht die eigenen Maßstäbe überzustülpen. Die Jungen profitieren davon, wenn sie auf das hören, was die heute alten Menschen bewegt, was sie getragen hat, woher sie die Kraft genommen haben, ihr Leben in schwierigen Zeiten zu meistern, was ihre Lebensphilosophie ist. Und beide Generationen müssten ins Gespräch kommen etwa über das Thema Gerechtigkeit, über die Fragen, wie wir den Klimawandel begrenzen können und welchen besonderen Beitrag jede Generation für die Lösung des Problems leisten kann, statt sich gegenseitig die Schuld dafür in die Schuhe zu schieben. Aufgabe der Älteren ist es, den Jungen die Hoffnung zu vermitteln, dass sie die Zukunft so gestalten können, dass für alle Generationen ein Raum eröffnet wird, in dem jeder seinem Alter entsprechend leben kann. Und Aufgabe der Jungen ist es, auf ihre Weise solidarisch zu sein: negative Altersbilder und eine pauschale Diskriminierung alter Menschen zu verhindern, die Würde der Menschen in jeder Lebensphase zu sichern und nicht zuzulassen, dass chronisch kranke oder pflegebedürftige Menschen auf der Strecke bleiben.

Berufliche Beziehungen

Unsere Welt ist zu einem wichtigen Teil durch Arbeit bestimmt. Für den Zusammenhalt einer Gesellschaft ist daher die Qualität der Beziehungen wichtig, die Menschen bei der Arbeit und in ihrem Beruf, in der Zusammenarbeit mit anderen, eingehen. Nicht immer glücken diese Beziehungen. Oft erfahre ich von *Kooperation fördert die Freude an der Arbeit* Burnout-Erfahrungen bei Menschen, die intensiv und mit vollem Einsatz ihrer Kraft arbeiten, aber das Gefühl haben, dass ihre Leistung nicht anerkannt wird, dass „nichts zurückkommt". Das Gefühl fehlender Verbundenheit gehört zu den Krankheitssymptomen ebenso wie das Gefühl der Entfremdung. Bei Führungsseminaren erlebe ich andererseits auch immer wieder, dass Menschen sich in der Firma wohlfühlen, wenn sie die Erfahrung machen, dass da wichtige Beziehungen wachsen. Man geht nicht mit Widerwillen in die Arbeit, sondern freut sich auf die Kollegen. Gerade bei jungen Unternehmen erlebe ich, dass die jungen Mitarbeiter gerne in die Firma gehen und sich mit ihren Kollegen und Kolleginnen gerne austauschen und gerne gemeinsame Projekte durchziehen. Manche Firmen bilden für die Mitarbeiter gleichsam eine zweite Familie, in der sie sich geborgen und verstanden fühlen und mit der sie eine enge innere Verbindung spüren. Wir verbringen sehr viel Zeit in der Firma. Daher ist das Klima in einer Firma für unser Wohlbefinden sehr wichtig. Wenn Menschen miteinander gut zusammenarbeiten, dann freut man sich auf die Arbeit. Dort, wo in der Firma Verbundenheit herrscht, wo man gerne miteinander arbeitet und auch persönliche Erfahrungen miteinander teilt, dort steigt auch die Produktivität. Ein Unternehmen, in dem sich die Mitarbeiter miteinander verbunden fühlen, wo ein Klima der Freundlichkeit, der Kollegialität und gegenseitiger Unterstützung herrscht, ist auch wesentlich kreativer und wird kreativ auf die Herausforderungen von außen reagieren. Und wenn in einer Firma eine Kultur der Verbundenheit, der Gerechtigkeit, der Loyalität und Anerkennung herrscht, dann wirkt sich das zudem auch positiv auf die ganze Gesellschaft aus.

Natürlich gibt es auch Firmen, bei denen die Mitarbeiter nur ihrem Job nachgehen. Sie möchten nur ihr Geld verdienen, aber sie wollen keine engeren Kontakte zu den Kollegen. Doch in einem solchen Arbeitsklima ist erfahrungsgemäß die Fluktuation immer stark. Die Menschen fühlen sich nicht verbunden mit den Kolleginnen und Kollegen. In manchen Firmen herrscht vor allem Rivalität und ein Konkurrenzdenken, das die Menschen eher voneinander isoliert. Oder man fühlt sich nur mit denen verbunden, die einen unterstützen im Kampf gegen andere. Doch dann entsteht kein Miteinander, sondern ein Gegeneinander. Und es entsteht eine Atmosphäre, die für viele Mitarbeiter unerträglich wird. Dann liefert man nur seine Arbeit ab und lehnt jede engere Beziehung zu den anderen Mitarbeitern ab. Doch das mindert auch die Freude an der Arbeit. Das Klima in einer Firma prägt auch die Atmosphäre in der Gesellschaft, im positiven wie im negativen Sinn.

Wie ich die Beziehung zu den Kollegen erlebe, hängt natürlich auch von meinen Erfahrungen in der eigenen Familie ab. Da projiziere ich etwa meine Schwierigkeiten, die ich mit meiner älte-

*Beruf als persön-
liches Lernfeld:
Beziehungen
besser verstehen*

ren Schwester hatte, auf Kolleginnen. Oder die Konflikte mit dem Bruder projiziere ich auf einen Kollegen. Ich nehme sie nicht so wahr, wie sie in Wirklichkeit sind, sondern immer durch die Brille meiner Geschwistererfahrungen. Oder ich projiziere mein Vaterbild auf den Chef und tue mich daher schwer mit seiner Autorität. Oder ich projiziere meine Mut-tererfahrung auf die Chefin und sehe in ihr die Mutter, die mich vereinnahmt, oder aber die kühle Frau, die sich nicht um mich kümmert, die mich innerlich verhungern lässt.

So wäre gerade das berufliche Umfeld ein wichtiger Ort, um sich und andere besser zu verstehen. Es ist ein Lern-feld, auf dem ich meine Beziehungen zu den Eltern und Ge-schwistern reflektieren und tiefer verstehen lerne. Wenn ich aufhöre, meine Eltern- oder Geschwisterbeziehungen auf die Kollegen und Chefs zu projizieren, dann kann ich mich über eine gute Verbundenheit zu meinen Kollegen und Kol-leginnen freuen. Und ich werde gerne in die Firma gehen, weil ich da eine innere Verbundenheit spüre, die mich trägt und zugleich beflügelt.

Aber es geht nicht nur darum, seine Lebensgeschichte mit den Eltern und Geschwistern zu verstehen, um ein gutes Miteinander in der Firma zu schaffen. Es braucht auch ge-meinsame Werte, die uns miteinander verbinden. Solche

Werte sind vor allem Gerechtigkeit, Vertrauen, Zuverlässigkeit, Freundlichkeit und Respekt. Ohne Gerechtigkeit gibt

es in der Firma ständig Rivalitäten und Grabenkämpfe. Man hat das Gefühl, dass die Arbeit nicht gerecht verteilt wird. Man fühlt sich ausgenutzt, wenn einem immer mehr aufgebürdet wird, während andere eine ruhige Kugel schieben. Ohne Gerechtigkeit gibt es ständig Reibungsverluste bei der Arbeit. Vertrauen kann ein Chef nur vermitteln, wenn er selbst Vertrauen ausstrahlt. Wenn von ihm Misstrauen ausgeht, dann gehen seine Versuche, Vertrauen zu stiften, ins Leere. Ein wichtiger Wert, der die Menschen in einer Firma zusammenhält, ist die Hoffnung. Wenn die Mitarbeiter erkennen, dass sie mit ihrer Arbeit anderen Menschen und der ganzen Gesellschaft Hoffnung vermitteln, dann sehen sie einen Sinn in ihrer Arbeit. Und dieser gemeinsame Sinn vermittelt den Mitarbeitern Energie und Lust bei der Arbeit. Und er verbindet die Menschen in einer Firma miteinander. Wenn die Mitarbeiter darum wissen, dass sie mit ihrer Arbeit Hoffnung stiften, dann geht von der Firma auch Hoffnung für die Gesellschaft aus. So haben die Firmen gerade in unserer hoffnungsarmen Zeit die Aufgabe, in die Gesellschaft hinein Hoffnung auszustrahlen.

11.

Heimat in mir finden – anderen Heimat sein

Fortgehen und heimkehren – beides hat seine Zeit, wenn es um Heimat geht. Juliane Stückrad erzählt in einem Buch über Ostdeutschland davon, dass dort viele Menschen die Dörfer verlassen, dass dagebliebene Bewohner ihr Bleiben aber auch ganz bewusst rechtferti-gen: „Weil wir hier unsere schönste Zeit hatten, die Jugend. Da geht man nicht weg." Das ist, in einer kurzen Definition, ihr Verständnis von Heimat: tiefe Verbundenheit mit der eigenen Biographie.

Was bedeutet das: Hier fühle ich mich zu Hause?

Heimat fühlt sich zwar für jeden anders an. Aber meist meinen wir damit: Da ist ein konkreter, unverwechselbarer Ort, ein begrenzter Raum, wo Gemeinschaft erfahren wird. Die Erinnerung an persönlich Erlebtes und Erfahrenes, an Prägendes verbindet sich mit dem Wort „Heimat". Es kann sich auf ganz Verschiedenes beziehen: das Haus, in dem man aufgewachsen ist, eine bestimmte Gegend oder eine Land-schaft – Berge oder Flachland, die Skyline einer Stadt oder eine Gegend am Fluss. Emotional ist damit eine ganze Welt verbunden, die einen geprägt hat oder wo man sich wohlfühlt. Da ist etwas, was man versteht und wo man verstanden wird. Da sind vor allem vertraute Menschen. Der eine erinnert sich an die Familie, die Schulzeit und seine Mitschüler und Mitschülerinnen. Der andere denkt dabei an die Spiele, die man miteinander gespielt hat, an die abenteuerlichen Erkundungen im Wald oder in der Umgebung des Dorfes. Vielleicht sind auch bestimmte Gerüche damit verbunden, bestimmte Gerichte oder Mahlzeiten, der Duft von Heu oder Kartoffelfeuer. Heimat ist da, wo man die Welt zuerst und zutiefst erfahren hat. Das Wort beschreibt die Erfahrung von Geborgenheit und Sicherheit, einen Ort, an dem man sich verwurzelt weiß und mit dem man sich deswegen auch dann verbunden fühlt, wenn man ihn verlassen musste.

Ich persönlich brauche einen Ort, an den ich zurückkehren kann und an dem ich daheim und verankert bin. In meiner Jugend war das das Elternhaus in Lochham bei München.

„Die Tür steht offen, aber noch mehr das Herz"

Und auch in den ersten Klosterjahren habe ich mich oft nach dieser Heimat in der Familie gesehnt. Doch jetzt ist das Kloster in Münsterschwarzach meine Heimat geworden. In den letzten Jahren bin ich oft in der weiten Welt gewesen, um Vorträge zu halten. So habe ich die Faszination der Weite und der Begegnung mit anderen Kulturen erlebt. Aber trotzdem zieht es mich immer auch zurück: Wenn ich von langen Autofahrten wieder nach Münsterschwarzach heimkehre und die Türme der Abtei am Horizont auftauchen, habe ich das Gefühl, nach Hause zu kommen, dorthin, wo ich hingehöre. Und wenn ich nach der Ankunft durch die kunstvolle Holztüre trete, habe ich das Gefühl: Hier ist ein Ort, an dem ich ganz ich selber sein kann, an dem ich aber auch offen bin: „Patet porta, magis cor" – „Die Tür steht offen, aber noch mehr das

Herz" steht an der Eingangstür zum Kloster. Heimat ist da, wo ich mein Herz öffne. Aber das Herz kann ich nur öffnen, wenn ich mich verbunden, angenommen, fühle. Diese Verbundenheit ist auch bestimmt durch Erlebnisse und Begegnungen, die ich in den letzten Jahrzehnten hier hatte und die zur Folge haben: Ich fühle mich daheim.

Viele Menschen fühlen sich mit ihrer Heimat aus solchem Erleben der Geborgenheit und des Geliebtseins heraus emotional tief verbunden. Auch wenn sie ihre Heimat verlassen haben, entweder weil sie fliehen mussten oder aber weil sie von Berufs wegen in ein anderes Land oder eine andere Stadt gezogen sind, so bleibt doch in ihnen ein Stück Heimatverbundenheit als Verbundenheit mit der eigenen Herkunft, dem eigenen Ursprung. Das macht also auch einen wichtigen Teil meiner Identität aus: dessen, was ich bin und als was ich mich fühle. Wenn Menschen ihren Herkunftsort verlassen – aus welchem Grund auch immer – und nach Jahren mal wieder ihre Heimat besuchen, so fühlen sie sich verbunden. Sie haben ihre Heimat auch in der Zeit der Abwesenheit in sich getragen. Da ist einmal die Sprache, der Dialekt oder einfach die Sprachmelodie, die sie verbindet mit den Menschen, die dort geblieben sind. Für die deutsch-jüdische Dichterin Hilde Domin war noch im Exil die deutsche Sprache Heimat: „Für mich ist die Sprache das Unverlierbare, nachdem alles andere sich als verlierbar erwiesen hatte. Das letzte, unabnehmbare Zuhause … Die deutsche Sprache war der Halt, ihr verdanken wir, dass wir die Identität mit uns selbst bewahren konnten. Der Sprache wegen bin ich auch zurückgekommen." Der Zustand im Exil war für Hilde Domin „unheimlich". Für sie heißt das Zu-Hause-Sein in der Sprache zugleich Mitspracherecht und Zugehörigkeit.

Emotional tief verbunden und verwurzelt: Eine Erfahrung der Ursprünglichkeit

Ein starkes Zugehörigkeitsgefühl erfahren auch und gerade heute viele Menschen, die aufgrund von Kriegen oder Verfolgungen ihre Heimat verlassen müssen. Die Heimatverbundenheit bleibt in ihnen. Sie gibt ihnen ein Stück Identität. Für uns heute ist es im Umgang mit den Flüchtlingen wichtig, dass wir diese Heimatverbundenheit respektieren, anstatt ihnen zu sagen, sie sollten doch froh sein, hier eine neue Heimat gefunden zu haben. Die neue Heimat kann nie die Verbundenheit mit der ursprünglichen Heimat ersetzen.

Bindungen können sich freilich auch lösen, und Beziehungen können sich ändern. Heimat als emotionale Qualität verbindet sich mit Erinnerungen an intensive Erfahrungen, sie ist dann aber auch offen für neue Räume und Gewohnheiten, neue Zuwendung und neue menschliche Nähe. Immer aber ist sie verbunden mit dem Gefühl der Zugehörigkeit zu Erfahrungen und Menschen, die für mein Leben wichtig sind. Da erzählt etwa eine junge Frau, wie sie über das eigene Dorf, die zu eng gewordene Herkunft hinausgewachsen ist. Wenn sie heute dort zu Besuch ist, fühlt sie sich „oft wie ‚eingefroren' auf das, was ich einmal gewesen bin, damals: das Kind, die Tochter von … ‚Aufgetaut' bin ich woanders. Und Heimat ist für mich jetzt der Ort, wo ich mich weiterentwickelt habe und seit Jahren lebe, arbeite, meine Freunde habe: mein neues ‚Dorf'. Aber ich gestehe: Sonntags gehe ich zwischendurch in eine Kirche, die gar nicht meine Pfarrei ist, weil dort ein Ordenspriester predigt, den es ebenfalls hierher verschlagen hat – und als ich den zum ersten Mal hörte, war ich elektrisiert: Ich hörte nach den ersten Worten etwas, was ich wohl auch vermisst hatte: den Emsländer Dialekt und den Ton, die Musik, eine vertraute Melodie, wie bei den Menschen dort, wo ich herkomme. Das bringt auch in mir etwas zum Klingen, und dann wird Herkunft doch auch wieder Heimat." (P. Zanolli, in: einfach leben-Themenheft „Heimatgefühl", 2019, S.4) Die Erfahrung der anhaftenden Enge, wenn die Verbundenheit „klebt", führt also auch gelegentlich zur Ablösung, zur Freiheit einer neuen, selbstgewählten Bindung. Menschen lösen die Vorstellung von Heimat von der Bindung an den Herkunftsort – auf der Suche nach Geborgenheit und Liebe: Typisch dafür ist ein Schweizer Liebeslied. Es spricht den geliebten Menschen ganz konkret an – in einer Übertragung des Heimatbegriffs: „*Du* bist meine Heimat, du bist meine Heimat, meine Stadt, mein Land, meine Welt": Heimat ist eben da, wo ich Liebe erfahre.

Je länger ich lebe, desto klarer wird mir, dass die eigentliche Heimat in mir selbst ist. Viele Menschen können bei sich selbst nicht daheim sein. Daher sehnen sie sich nach Zugehörigkeit zu einer Gruppe, die ihr ein Gefühl von Heimat gibt. Die geistliche Tradition hat immer wieder betont, wie wichtig es sei, bei sich selbst daheim zu sein, es bei sich auszuhalten. Wenn Benedikt von Nursia seine Mönche *stabilitas* geloben lässt, heißt das: Sie sollen in einer festen Gemeinschaft bleiben und womöglich auch immer am gleichen Ort, um sich dort einzuwurzeln. Benedikt übernimmt dabei eine ältere Tradition, die davon spricht, dass es der Mönch bei sich selbst aushalten soll. Die Wüstenväter raten den Mönchen, die innerlich unruhig sind und weder zur Arbeit noch zum Gebet Lust haben, ja die unfähig sind, im Augenblick zu sein, sie sollten in ihrem Kellion (ihrer Klosterzelle) bleiben. Sie brauchen gar nicht fromm zu sein. Nur sollten sie es aushalten, in ihrem Kellion zu bleiben. Sie sollen – wie ein Mönch es ausdrückt – ihren Leib nicht aus dem Kellion werfen. Das bringt die Menschen

Heimat in mir selber finden

zu sich selbst. Blaise Pascal hat das im 17. Jahrhundert so formuliert: „Das ganze Unglück der Menschen rührt allein daher, dass sie nicht ruhig in einem Zimmer zu bleiben vermögen." Pascal hat nicht nur den Menschen des 17. Jahrhunderts, sondern auch den unserer Zeit beschrieben.

Wenn ich bei mir daheim bin, kann ich überall etwas von Heimat erfahren. Wer bei allem, was er tut, auf die anderen sieht, auf ihre Reaktionen und Meinungen, ist nicht bei sich selbst. Er wird von anderen bestimmt. Bei sich daheim sein heißt letztlich: bei allem, was ich tue, in Beziehung zu mir selbst sein, in Berührung mit meinem innersten Selbst. Dann werde ich durch das, was ich nach außen tue, nicht von mir entfremdet.

Der Weg zur Verbundenheit mit uns selbst, unserem Seelengrund, ist ein heilender Weg. Er tut uns gut. Er zeigt uns, dass wir trotz unserer neurotischen Lebensmuster etwas Heiles in uns tragen. Dort, wo wir bei uns daheim sind, haben die neurotischen Lebensmuster keine Macht. Sie werden uns vielleicht wieder erfassen, wenn wir uns der Außenwelt zuwenden. Aber wir wissen, dass es nur eines Augenblicks der Stille bedarf, um aus der Welt der Probleme in die innere Heimat zu gelangen, in der wir behütet und beschützt sind vor allem, was uns bedroht, in der wir bei uns daheim sein können, im Einklang mit unserem wahren Wesen. Die Erfahrung der inneren Heimat befreit uns nicht von den Problemen, die uns in der Außenwelt bedrängen, aber sie relativiert die Probleme. Wir können immer wieder aus der Fremde in die Heimat zurückkehren, aus der Entfremdung in das eigene Haus unserer Seele.

Bei sich daheim sein heißt letztlich: bei allem, was ich tue, in Beziehung zu mir selbst sein, in Berührung mit meinem innersten Selbst. Dann werde ich durch das, was ich nach

Der Weg zur inneren Heimat: ein heilender Weg

außen tue, nicht von mir entfremdet. Was von einem Menschen ausgeht, der bei sich selbst daheim ist, hat Hermann Hesse so ausgedrückt: „Heimat in sich haben. Wie wäre da das Leben anders! Es hätte eine Mitte, und von der Mitte aus schwängen alle Kräfte" (Hermann Hesse, Wanderung 33).

Wer bei sich selber wohnt und wachsam auf sich und die Regungen seiner Seele achtet, der kann dann auch für andere zur Heimat werden. Er wird Worte sprechen, die für die Menschen einladend sind, von denen sie sich berührt fühlen. Seine Worte werden ein Haus bauen, in dem sich die Menschen zu Hause fühlen, *Ein einladendes Haus für andere bauen* angenommen, geliebt, in dem sie sein dürfen, wie sie sind. Um ihn herum wird ein Raum entstehen, in dem andere Menschen zu Hause sind. Bei sich daheim sein heißt daher nicht, sich zurückziehen, sondern bei allem, was wir tun, aus dieser inneren Heimat heraus leben und wirken. Dann werden wir nicht nur mit unseren Worten, sondern auch mit unserer ganzen Ausstrahlung ein Haus bauen, in dem sich die Menschen gerne niederlassen, in dem sie sich daheim fühlen.

Stille kann ein Weg zu diesem Ziel sein. Ich spüre mich selbst in der Stille. Ich muss diesen Raum nicht schaffen. Er ist in mir. Ich kann in ihn eintauchen. Wenn ich die äußere Stille genießen kann, komme ich auch mit meiner inneren Stille in Berührung. Und dann kann ich es bei mir aushalten. Dann bin ich nicht nur an diesem Ort daheim, sondern in mir selbst. Und wer bei sich selbst daheim ist, der ist überall daheim. Ganz gleich, in welchem Land er sich gerade aufhält, wenn er sich still hinsetzt und in sich hineinhorcht, spürt er die Heimat in sich selbst. Er weiß, dass er in der Tiefe seiner Seele nicht allein ist, sondern dass Gottes Liebe ihn erfüllt. Und diese Gegenwart in seinem Herzen lässt ihn überall daheim sein. „Home is the definition of God", sagt die Dichterin Emily Dickinson. Was sie damit anspricht, ist die Erfahrung von Weite und von etwas Tragendem und in der Tiefe Verbindendem.

Die Frage ist, wo die Räume sind, in denen solche Erfahrungen gemacht werden können: fundamentale Erfahrungen, die gleichzeitig Offenheit und sicheres Gegründetsein, Freiheit und Zugehörigkeit ausmachen. Könnte, ja sollte nicht die Kirche ein solcher Raum sein? Und wie müsste das aussehen?

12

Kirchenvision: ein Lebensraum, der Menschen miteinander verbindet

Lange gewohnte und selbstverständliche Formen der Volkskirche lösen sich heute auf. In einer Zeit zunehmender Individualisierung machen sich außerhalb der verfassten Kirchen individuelle Formen von Spiritualität breit. Auch in den Kirchen selbst sind neue Suchbewegungen zu beobachten. Die

Heimatverlust: Die soziale Gestalt der Kirche wandelt sich

Kernfrage ist: Wie kann Glaube gemeinsam lebbar sein und erfahrbar werden? Viele verstehen die Sprache nicht mehr, die in der Kirche gesprochen wird. Daher braucht es nicht nur eine Veränderung der Strukturen, sondern auch eine neue Sprache, die die Botschaft Jesu so vermittelt, dass die Menschen sich verstanden fühlen, dass ihr Herz berührt und die Sehnsucht angesprochen wird, die die Menschen heute in sich tragen.

Sicher ist: Die Bedeutung der Kirche in der Gesellschaft, die Art, wie sie wahrgenommen wird, und auch ihre Rolle für die Gesellschaft hat sich stark geändert. Für viele ältere Menschen spielte die Kirche biographisch eine wichtige und selbstverständliche Rolle, seit ihrer Kindheit. In den Gottesdiensten fühlte man sich zeitlebens geborgen, verbunden mit den vielen Menschen, ob alt oder jung, die den Gottesdienst mitgefeiert haben. Viele spüren jetzt schmerzlich, dass diese alte Heimat für sie nicht mehr existiert. Doch auch wenn es nur noch Erinnerungen sind, so schaffen diese Erinnerungen an das Vergangene in ihnen doch auch Verbundenheit: mit den Menschen, die in ihrem Leben eine wichtige Rolle gespielt haben, und mit dem Leben, das sich in ihnen damals entfaltet hat. Wenn sich daher manche dieser Menschen schwertun mit den Neuerungen, die der Synodale Weg beschlossen hat, sollte man das nicht als „konservativ" diskreditieren. Denn meist spüren auch diese Menschen, dass die Kirche sich auch in ihren Strukturen wandeln muss. Und vielen von ihnen ist klar, dass die alte klerikale Struktur heute schon deswegen nicht mehr vermittelbar ist, weil in ihr auch unklare und in der Konsequenz unheilvolle Machtverhältnisse geherrscht haben.

Heute ist für viele Menschen die Bedeutung der Kirche für ihr Leben nicht mehr selbstverständlich. Sie muss sich neu bewähren. Aber gerade wenn gegenwärtig viele Menschen aus ihr austreten, hat die Kirche dennoch nach wie vor die Aufgabe, ein Lebensraum zu sein, der Menschen miteinander verbindet. Und sie hat nach meiner Erfahrung nach wie vor die Fähigkeit, Menschen miteinander zu verbinden, die sonst keine Verbundenheit spüren würden und die auf der Suche sind. Sie kann ein Lebensraum sein, in dem Menschen Hilfe und Antworten auf ihre Lebensfragen erhalten – Antworten auch jenseits der permanenten Zerstreuungsmöglichkeiten und abseits der oberflächlichen Ablenkungsangebote der sozialen Medien.

Gottesdienst: Menschen verbinden, die sonst keine Verbundenheit spüren würden

Ein guter Ort, um innezuhalten, auf das Wesentliche zu hören und es zu erfahren, ist der Gottesdienst. Alle Menschen, ohne jegliche soziale Abgrenzung, sind im Gottesdienst eingeladen und willkommen: „Konservative" und „Progressive", Reiche und Arme, Männer und Frauen, Alte und Junge, Einheimische und Fremde, Familien und Alleinstehende, Gesunde und Kranke. Die Kunst besteht darin, eine Sprache zu finden, die all diese Menschen anspricht. Dabei kann es durchaus verschiedene Formen und unterschiedliche Rituale und auch eine jeweils andere Ansprache geben, um die Menschen in ihrer konkreten Lebenssituation zu erreichen.

Gerade in einer Welt, in der die Individualisierung voranschreitet, in der immer mehr soziale Grenzen und Ausdifferenzierungen wirksam werden, gibt es zugleich eine Sehnsucht nach Heimat und Geborgenheit in einem gemeinsamen Glauben. Die Gottesdienste in der Kirche können einen solchen Raum schaffen, in dem Menschen zusammengeführt werden in eine Mitte, die Gott ist. Dabei verbindet auch das gemeinsame Singen und Feiern miteinander. Natürlich gelingt das nicht immer. Es gibt auch Gottesdienste, die an einem vorbeigehen, ohne dass man davon berührt wird. Und es kann durchaus sein, dass man auch die anderen Gottesdienstbesucher nicht spürt. Doch der gemeinsame Gottesdienst ist auf jeden Fall eine Chance, Menschen auf einer tiefen Erfahrungsebene miteinander zu verbinden.

Der Bischof der evangelischen Landeskirche in Bayern, Heinrich Bedford-Strohm, hat in einem Interview mit der Deutschen Presseagentur *Begleitung auf der Suche nach einem Weg* gesagt, ihn schmerze, dass so viele Menschen den beiden Kirchen den Rücken kehren. Aber zugleich spricht er von seiner Hoffnung, dass „gerade auch junge Leute die Kirche wieder mehr als Heimat und als Ort sehen, an dem sie eine tragfähige Basis für ihr Leben vermittelt bekommen" (Mainpost vom 28.12.2022). Ich teile diese Hoffnung. Die Kirche kann gerade vielen jungen Menschen, die sich alleingelassen fühlen, einen Ort anbieten, an dem sie mit ihren Fragen, mit ihrer Sehnsucht nach einem Sinn im Leben, mit ihrer Sehnsucht letztlich nach Gott in Berührung kommen. Sie kann ein Ort sein, wo sie über die eigentlichen Fragen des Lebens miteinander ins Gespräch kommen und wo sie auf ihre Fragen Antworten finden, die tragfähig sind, damit sie Vertrauen entwickeln und ihr Leben mit all seinen Unsicherheiten leben können. Viele nicht nur junge Menschen sind offen für eine Wirklichkeit, die über Konsum, Selbstbezug und Materialismus hinausgeht. „Ich bin ein Sucher / Eines Weges", heißt es in einem Gedicht von Günter Kunert, „Zu allem was mehr ist / Als / Stoffwechsel, / Blutkreislauf, / Nahrungsaufnahme, / Zellenzerfall." Das Gedicht endet auch mit diesen Worten: „Ich bin ein Sucher / Eines Weges. / Sucher eines Weges / Für mehr / Als mich." Auf die Fragen suchender Menschen zu hören, mit ihren Erfahrungen ins Gespräch zu kommen und bei ihrer Suche nach dem „Mehr" auch die Gottesahnung wach zu halten, darin liegt die Aufgabe und die Chance von Kirche heute.

Glaubensgespräche verbinden in der Tiefe | Bei Kursen in unserer Abtei erlebe ich immer wieder, wie die Menschen sich danach sehnen, mit anderen den Glauben zu teilen, mit ihnen über ihren Glauben zu sprechen, über das, was sie wirklich bewegt. Man muss dabei gar nicht genau das Gleiche glauben. Allein die Bereitschaft und die Offenheit, über so etwas Intimes und Wichtiges wie den eigenen Glauben zu sprechen, verbindet schon. Und viele erleben das Verbindende des Glaubens gerade darin, dass sie gemeinsam ein Gebet wie das Vaterunser oder das Glaubensbekenntnis sprechen können.

Der Mönchstheologe Rufin von Aquileia nennt im 4. Jahrhundert das Glaubensbekenntnis „die geheime Parole, an der sich gute Freunde wiedererkennen". Gerade in einer Welt, in der so viele verschiedene Meinungen gegeneinander streiten, ist es eine gute Erfahrung von Verbundensein, wenn Menschen verschiedener Herkunft, Kultur und Bildung und auch mit ganz unterschiedlicher Prägung oder verschiedener politischer Position mit den gleichen Worten ihren Glauben bekennen können. Auch wenn jeder diese Worte auf seine persönliche Weise auslegt, so verbinden doch die gemeinsam gesprochenen Worte miteinander. Der Glaube schafft Zugehörigkeit und verbindet, nicht nur im sozialen Miteinander, sondern auch im Transzendenzbezug, in der Verankerung und gleichzeitig Öffnung des Lebens, die der Gottesbezug ermöglicht.

Es gibt die kirchlichen Rituale, die wir gemeinsam feiern, wie die Gottesdienste, die Prozessionen, die Rituale an den verschiedenen Festen des Kirchenjahres. Und es gibt die persönlichen Rituale, die ich für mich allein gestalte, wie etwa das Morgen- oder das Abendritual. Auch in diesen Ritualen kann ich mich verbun-

Rituale, die uns miteinander verbinden

den fühlen mit vielen, die diese Rituale ebenfalls praktizieren. Und ich kann mich dabei verbunden wissen mit meinen Vorfahren, die diese Rituale auch schon in ähnlicher Weise praktiziert haben. Als meine Mutter mit 90 Jahren spürte, dass sie nicht mehr lange zu leben hatte, hat sie sich gerne an die alten Rituale gehalten, die sie von ihren Eltern und Großeltern gelernt hatte. Das gab ihr das Gefühl, dass sie auch den letzten einsamen Weg durch den Tod nicht allein gehen würde. Sich gerade jetzt mit ihren verstorbenen Eltern und Geschwistern verbunden zu wissen hat ihr in ihrem letzten Lebensjahr Kraft und Vertrauen geschenkt.

Es gibt nicht nur die persönlichen Rituale, die ich für mich gestalte, sondern auch die Familienrituale, die wir gemeinsam vollziehen. Da sind einmal die Familienrituale, mit denen man den Glauben gemeinschaftlich ausdrückt, wie etwa das Tischgebet oder die Advents- und Weihnachtsrituale. Und da gibt es die Rituale, mit denen man in der Familie den Geburtstag oder Namenstag feiert, oder Rituale beim Abschied von Verstorbenen. Rituale – so sagen die Religionspsychologen – schaffen eine Familienidentität. Sie vermitteln das Gefühl der Zugehörigkeit. Und Rituale sind Orte, an denen Emotionen geäußert werden, die sonst nicht zum Ausdruck kommen. Die persönlichen Worte, die ich mir nur bei bestimmten Ritualen zu sagen traue, verbinden uns auf tiefere Weise miteinander. Beim Geburtstag meiner alten Mutter habe ich meine Geschwister immer zu einem Ritual eingeladen. Jeder solle sagen, was er von der Mutter gelernt hat. Das hätten meine Geschwister sonst nie gesagt. Aber das Ritual hat sie dafür geöffnet. Es hat nicht nur meiner Mutter gutgetan, sondern auch meinen Geschwistern und ihren Kindern. Ein andermal habe ich sie eingeladen, meiner Mutter ein Kreuz in die Hände zu zeichnen und dazu einen Wunsch oder ein Segenswort auszusprechen. Auch dadurch entstand eine tiefe Verbundenheit aller miteinander.

Die Gedanken über die verbindende Wirkung von Ritualen und Gottesdiensten fordern uns auch heraus, über die Kirche der Zukunft nachzudenken. Papst Franziskus hat in seiner Enzyklika *Fratelli tutti. Über die Geschwisterlichkeit und die soziale Freundschaft* Hinweise für diesen künftigen Weg gegeben. „Niemand kann auf sich allein gestellt das Leben meistern ... Es braucht eine Gemeinschaft, die uns unterstützt, die uns hilft und in der wir uns gegenseitig helfen, nach vorne zu schauen" (Nr. 8).

Die Frage an uns alle, die wir als Christen Kirche sind, ist also: Welche neuen Formen von auch ökumenischer kirchlicher Gemeinschaft brauchen wir, um als gesellschaftliche Minderheit prägend und positiv in die Gesellschaft hineinzuwirken, um aus dem Auftrag des Evangeliums heraus den Zusammenhalt und die Solidarität zu stärken? Aber auch: Wie müssen die sozialen Formen gemeinsam gelebten Glaubens gestaltet sein, damit Menschen als christliche Gemeinschaft innere Verbundenheit erfahren? Wie können Liebe, Hoffnung und Vertrauen in unseren Gemeinden so gelebt werden, dass sie glaubwürdig und positiv ausstrahlen, dass sie quasi zu Leuchttürmen werden, an denen Menschen sich gerne orientieren – so, dass sie „dazugehören" wollen?

Was können neue Formen gemeinsam gelebten Glaubens sein?

Das eine ist die Hauskirche, die Familie, in der der Glaube durch Rituale zum Ausdruck kommt – eine Form, die die Familie miteinander verbindet. Zum anderen geht es aber auch um die Frage, wie die Kirchengemeinden aussehen sollen, damit sie die Menschen miteinander verbinden. In allen Diözesen werden heute Großraumpfarreien gebildet. Ein Team von Seelsorgern und Seelsorgerinnen ist dafür zuständig. Doch die Gefahr ist, dass die Verbundenheit in den einzelnen Pfarreien nachlässt. Es braucht also neue Konzepte, um innerhalb eines pastoralen Raumes Menschen einzuladen und miteinander zu verbinden, gesunde und kranke, starke und schwache Menschen untereinander, aber auch alte und junge Menschen miteinander.

Heute ist öfter von „Sorge-Gemeinschaften", von sogenannten *caring communities* die Rede. Und in der Diakoniewissenschaft spricht man heute von „Sozialraumorientierung". Das meint, dass die Kirchen gemeinsam mit den Kommunen und den Akteuren aus der Zivilgesellschaft daran arbeiten sollen, die Menschen im gemeinsamen Sozialraum miteinander zu vernetzen und für sie einen Raum der gegenseitigen Fürsorge und der gelebten Verbundenheit zu schaffen. Das ist sicher auch für die Seelsorge in den sogenannten pastoralen Räumen eine Herausforderung, der sie sich in Zukunft mehr und mehr stellen sollte. Denn im immer schwerer werdenden Alltag – nicht nur in Grenzsituationen, aber auch da –, sind Räume des Miteinanders wichtig, Orte, in denen Menschen Sinn, Geborgenheit und Heimat erleben und gemeinschaftlich zu ihrer Mitte finden können.

Beide Kirchen haben ähnliche Probleme, aber auch ähnliche Chancen. Heute braucht es gerade auch zwischen den verschiedenen christlichen Kirchen gemeinsame Anstrengungen. Es geht darum, zu zeigen: Wie möchten wir heute in unserer Gesellschaft Kirche leben, um für die Gesellschaft ein Segen sein zu können? Die Kirchen könnten vorbildhaft *Ökumenische* für die Gesellschaft verwirklichen, was es heißt: *Aufgaben,* Einheit in Verschiedenheit. Es geht nicht darum, *gemeinsame* organisatorisch oder institutionell eine einzige *Chancen* Kirche zu schaffen, sondern die verschiedenen Kirchen zu einem echten Miteinander zu bringen. Wenn die Kirchen, zusammen mit allen Menschen guten Willens, ihre gemeinsame Sendung auch als Einsatz für Frieden und Gerechtigkeit und für den Erhalt der natürlichen Grundlagen unseres Lebens verstehen, dann verbinden sie sich damit auch mit allen Menschen. Auch so könnten die Kirchen gemeinsam dazu beitragen, dass sich die verschiedenen Gruppierungen in der Gesellschaft miteinander verbunden fühlen.

13.

Im Angesicht des Todes: Verbundenheit mit den Verstorbenen

Einem Kind hatte man nach dem Tod des älteren Bruders gesagt, er sei jetzt beim lieben Gott im Himmel. Nachdem es die Beerdigung miterlebt hatte, war es verzweifelt: „Wo ist er denn jetzt wirklich? In der Erde? Oder im Himmel?" Die Eltern tun sich schwer mit einer Reaktion. Und: „Wie lange ist der Opa noch tot?", fragte der fünfjährige Tim, nachdem sein geliebter Großvater gestorben war, der immer so viel Zeit für ihn gehabt hatte. Zum menschlichen Leben – nicht nur der Kinder – gehört der Schmerz, der keine sichere Antwort

Der Traum von dem Land, „wo meine Toten auferstehn"

weiß. Aber zu unserer Lebenserfahrung gehört auch, dass wir uns gerade jetzt mit den geliebten Menschen verbunden fühlen, ja dass sie gerade auch im Schmerz der Trennung Teil unserer immerwährenden Suche nach Zugehörigkeit sind. Franz Schubert hat in seinem Lied *Der Wanderer* (Text von Georg Lübeck) dieser Sehnsucht Ausdruck verliehen. Er träumt von dem Land, „wo meine Freunde wandelnd gehn, wo meine Toten auferstehn". Er nennt es „das Land, das meine Sprache spricht": ein ebenso wehmütiges wie hoffnungsstarkes Bild für Heimat.

Als ich einmal in Aidling nahe Murnau einen sonntäglichen Gottesdienst feierte, war ich sehr berührt, als ich sah, wie alle Gottesdienstbesucher nach dem Gottesdienst an ihre Familiengräber gingen. Der Friedhof war direkt um die Kirche herum. Da spürte ich, dass die Menschen durch diesen Grabbesuch die Verbundenheit mit den Verstorbenen konkret zum Ausdruck brachten. Die Verstorbenen gehören weiterhin zu ihrem Leben. Und diese Art von Zugehörigkeit, der Verbindung mit den eigenen Wurzeln ist eine Erfahrung von Heimat.

In den asiatischen Ländern besuchen die Angehörigen an bestimmten Tagen die Gräber ihrer Verstorbenen, entweder auf einem Friedhof oder in einem Wald, in dem sie bei einem ausgewählten Baum ihre Toten bestattet haben. Dort machen sie – wie es den Jüngeren vor den Älteren geziemt – den Kotau, bei dem sie sich vor dem Verstorbenen niederknien und den Kopf bis zur Erde neigen. Und dann macht die Familie ein Picknick am Grab. Auf diese Weise fühlen sie sich verbunden mit dem Verstorbenen.

In unserer klösterlichen Gemeinschaft erlebe ich Verbundenheit besonders stark, wenn ein Mitbruder stirbt. Dann halten wir nicht nur gemeinsam Totenwache, wir gestalten auch am Tag seiner Beerdigung einen Erzählabend. Da er-

zählt, wer will, was ihn bei dem verstorbenen Mitbruder
beeindruckt hat. Viele Mitbrüder machen regelmäßig einen
Besuch auf dem Friedhof. Sie fühlen sich mit all den Mitbrüdern verbunden, die in den letzten 110 Jahren gestorben
sind und die die Abtei seit der Gründung mitgeprägt haben.
Wir haben das Gefühl, dass wir auf dem Fundament vieler
Mitbrüder aufbauen, die für die Abtei ihre ganze Kraft und
Liebe eingesetzt haben. Dieses Gefühl der Verbundenheit
hält eine Gemeinschaft über Jahrhunderte zusammen. Auch
eine Gesellschaft wird sich nur dann untereinander verbunden fühlen, wenn die nicht vergessen werden, auf deren Leben die Gemeinschaft aufbaut.

Hoffnung auf Gemeinschaft mit den Verstorbenen gründet
nicht nur in unserem Glauben und in unserer Hoffnung auf
ein neues Miteinander nach dem Tod. Gemeinschaft mit
den Verstorbenen wird auch schon jetzt in der *Raum der Ver-*
Erinnerung gestiftet: Erinnerung heißt: Wir sind *bundenheit:*
uns bewusst, dass die Gestorbenen weiter einen *Erinnerung und*
Platz in unserem Leben einnehmen. Es ist gut, *Gedenken*
wenn wir während des Jahres Gedenktage feiern, an denen
wir uns bewusst an die Verstorbenen erinnern und die Gemeinschaft mit ihnen erfahren. Da ist etwa der Sterbetag.
Es ist ein guter Brauch, an diesem Tag für den Verstorbenen
eine hl. Messe zu feiern. Wir brauchen dabei nicht zu bitten,
dass der Verstorbene zu Gott kommt. Wir dürfen vertrauen,
dass er bei Gott ist. Aber die Eucharistie verbindet uns mit
ihm. Sie ist der Ort, an dem wir Verbundenheit erfahren
können. Denn in der Feier des Todes und der Auferstehung
Jesu wird die Grenze zwischen Himmel und Erde, zwischen Leben und Tod, zwischen Lebenden und Verstorbenen aufgehoben, und wir dürfen die Gemeinschaft mit den
Verstorbenen erfahren. Während wir hier Eucharistie fei-

ern, glauben wir, dass die Verstorbenen bei Gott das ewige Hochzeitsmahl feiern. Im zweiten Kanon heißt es: „Wir gedenken der verstorbenen Brüder und Schwestern". Wir vertrauen darauf, dass sie bei Gott sind. Aber indem wir ihrer gedenken, vertrauen wir, dass wir jetzt die Gemeinschaft mit ihnen erfahren dürfen.

Immer noch wichtig ist für viele Menschen der Allerseelentag, an dem wir auf dem Friedhof all der Verstorbenen gedenken, die wir gekannt haben. In unserer Familie ist das immer ein schönes Familienfest. Nach dem Friedhofsgang kommt man noch zum Kaffeetrinken zusammen, tauscht sich miteinander über die Verstorbenen aus und genießt auf diese Weise die Gemeinschaft mit ihnen. Und es gibt auch schöne Rituale, die uns an die Verstorbenen erinnern. Am Todestag des Verwandten zünden wir eine Kerze an. An Weihnachten stellen wir eine brennende Kerze an die Krippe, um zu bekunden, dass der Verstorbene mit uns Weihnachten feiert, aber auf eine andere Weise. Wir glauben: Er feiert jetzt das Geheimnis der Menschwerdung Gottes, indem er das Antlitz des verherrlichten Jesus Christus für immer schaut. Wir feiern es als Glaubende und nicht als Schauende. Aber das Schauen des Verstorbenen könnte auch unsere Augen öffnen, damit wir etwas erahnen von dem Geheimnis, das wir an Weihnachten feiern.

Ein anderer Ort, an dem wir die Verbundenheit mit den Verstorbenen erfahren dürfen, sind die Träume. Da berichtet jemand von einem solchen eindrucksvollen Traum, den er bald nach dem Tod seiner Frau hatte: Es klingelt an seiner Haustür, und seine Frau steht davor. Sie sagt, sie müsse gleich wieder gehen, sie wolle nur schauen, ob er ohne sie klarkomme. „Seit diesem Traum weiß ich, dass meine Liebe, die diese Erde verlassen

Auch Träume und Zeichen können Wege zeigen

hat, in meinem Herzen geblieben ist." Wir träumen oft von verstorbenen Eltern und Großeltern oder von verstorbenen Freunden und Freundinnen. Oft sind die Verstorbenen auch einfach nur dabei, ohne etwas zu sagen. Dann bedeuten diese Träume, dass die Verstorbenen bei uns sind und einverstanden sind mit uns, so wie wir leben. Manchmal sagen sie uns auch ein Wort, das oft sehr kostbar ist, weil es uns einen Weg aufzeigt.

Bei Trauerkursen höre ich immer wieder, wie die Angehörigen der Verstorbenen von seltsamen Erfahrungen erzählen. Da erzählte eine Mutter, dass bei dem Requiem für ihren verstorbenen achtjährigen Sohn ständig ein Schmetterling um die Familie herumflog. Für sie war das ein Zeichen, dass der Sohn ihr sagen wollte: „Nimm das Leben nicht so schwer. Ich bin bei Gott." Man kann natürlich nicht beweisen, dass das eine Botschaft des Sohnes war. Aber viele Menschen machen ähnliche Erfahrungen, die sie tief berühren. Sie spüren die Verbundenheit mit den Verstorbenen. Ein nüchterner Mann, von Beruf Ingenieur, erzählte mir, dass seine Tochter, die mit drei Jahren tödlich verunglückte, eine Lieblingsrose hatte. Am Beerdigungstag ist diese Rose aufgeblüht zu einer Jahreszeit, in der sonst keine Rosen blühen. Das war für ihn ein Zeichen der Verbundenheit. Und immer wenn er jetzt diese Rose betrachtet, fühlt er sich mit der Tochter verbunden.

Natürlich müssen wir auch Abschied nehmen von dem Verstorbenen. Wir können ihn nicht festhalten. Aber durch die Trauer hindurch kann eine neue innere Beziehung zu ihm wachsen. Viele Frauen erzählen mir, wie sehr sie sich mit ihrer verstorbenen Mutter innerlich verbunden fühlen. Sie ist „präsent", ihrem Herzen nah, sie tragen sie in sich. Ein Ort der Verbundenheit kann daher auch das Gespräch mit dem Verstorbenen sein. Wir

Das innere Gespräch mit Verstorbenen

dürfen den Verstorbenen nicht als Medium verwenden, so wie Saul die Hexe von Endor befragen wollte. Aber so wie wir die Heiligen bitten, dass sie bei Gott für uns eintreten, dürfen wir auch mit einem Verstorbenen sprechen und im Gebet mit ihm reden, dass er uns die Augen öffnet für Gottes liebende Nähe. Wir dürfen die Verstorbenen bitten, für uns bei Gott Fürbitte einzulegen und uns auf unserem Weg zu begleiten. Wir dürfen sie durchaus auch bitten, auf uns aufzupassen. Eine Frau erzählte mir, dass ihr Mann sie vor seinem Krebstod bat, sie solle sein Geschäft weiterführen. Sie antwortete ihm, sie kenne sich da nicht aus, er müsse sie aber begleiten. Und seit einigen Jahren führt sie das Geschäft weiter. Und immer wenn sie nicht weiterweiß, nimmt sie innere Verbindung auf mit ihrem Mann. Dann wird ihr wieder klarer, wie sie handeln soll.

Die Juden sprechen immer vom Gott Abrahams, Isaaks und Jakobs. Indem sie Gott so benennen, spüren sie nicht nur die Gegenwart Gottes, sondern sie fühlen sich auch mit ihrer ganzen Geschichte verbunden, mit all den Vätern des Glaubens, aus deren Glaubenskraft sie leben. Jesus zitiert diese jüdische Formulierung im Streitgespräch mit den Sadduzäern: „Dass aber die Toten auferstehen, hat schon Mose in der Geschichte vom Dornbusch angedeutet, in der er den Herrn den Gott Abrahams, den Gott Isaaks und den Gott Jakobs nennt. Er ist doch kein Gott von Toten, sondern von Lebenden; denn für ihn sind alle lebendig" (Lk 20,37f).

Wenn wir im Gebet zu Gott sprechen, sprechen wir immer zu dem Gott, bei dem unsere Verstorbenen leben. So verbindet uns, die wir hier weiterleben, das Gebet zu Gott mit den Verstorbenen, die bei Gott sind. Papst Benedikt zitiert in seinem Jesus-Buch den jüdischen Gelehrten Rabbi

Das Gebet stärkt den Zusammenhalt

Neusner, für den der Zusammenhang mit den verstorbenen Vätern grundlegend ist für den jüdischen Glauben: „Wir beten zu dem Gott, den wir – am Anfang – durch das Zeugnis unserer Familie kennen, zum Gott Abrahams, Saras, Isaaks und Rebekkas, Jakobs, Leas und Rahels. Um zu erklären, wer wir, das ewige Israel, sind, verweisen die Gelehrten auf unsere Abstammung, auf fleischliche Bande, auf den Zusammenhalt der Familie als Grundlage für die Existenz Israels" (vgl. Der Papst der Bücher 84). Der jüdische Brauch, Steine auf das Grab zu legen, ist Ausdruck dieses Zusammenhalts der Generationen, auch über die Zeiten hinweg. Dieser Brauch wird auf Hebräisch auch „Ebben" genannt. Darin stecken die Worte „ab" und „ben", Elternteil und Kind. Und das bringt zum Ausdruck: Man steht in einer Generationenfolge. Nicht nur mit den kommenden Generationen sind wir verbunden, sondern auch mit den Menschen, die vor uns lebten. Wir Lebenden führen ihre oder seine Geschichte fort und sind auch in diesem Wissen weiter mit ihnen verbunden.

Als Christen glauben wir an die Auferstehung. Wir glauben daran, dass die Liebe stärker ist als der Tod. Das bedeutet, dass die Liebe uns weiterhin verbindet. Unsere Liebe geht nicht ins Leere. Und wir dürfen auch die Liebe des Verstorbenen spüren. Wir vertrauen darauf, dass der Verstorbene in Gott ist, dass er in seine einmalige und unverfälschte Gestalt hineingewachsen ist, die ihm Gott zugedacht hat. Und wir glauben, dass wir weiterhin in Verbindung stehen. Diese Verbindung ist mehr, als sich nur an den Verstorbenen zu erinnern. Vielmehr ist das Ziel der Trauer, dass der Verstorbene immer mehr zum inneren Begleiter für uns wird. Wir dürfen seine Liebe spüren. Wir dürfen vertrauen, dass der verstorbene Vater uns weiterhin den Rücken stärkt und dass die verstorbene

Auferstehungsglaube: Unsere Liebe geht nicht ins Leere

Mutter uns mit ihrer Liebe umgibt. Und es geht schließlich darum, in aller Trauer immer wieder zu fragen: Was ist die Botschaft, die der oder die Verstorbene an mich richtet? Was wollte sie leben und konnte nicht? Wie möchte ich auf ihre Botschaft antworten? Wir können uns fragen, was von dem, was sie geschaffen oder vielleicht gerade auch nicht verwirklicht haben, in uns weiterlebt. Indem wir uns diesen Fragen stellen und sie in unserem Leben zu beantworten versuchen, hinterlassen wir unsererseits eine Botschaft auf dieser Erde, auf der wir mit allen unseren Mitmenschen nur Gäste sind. Wir stärken so auch die Verbindung zu unseren Mitmenschen, mit denen wir das Leben hier und jetzt teilen. Und so hört die Verbundenheit mit den Verstorbenen mit dem Tod nicht auf, sondern wird auf eine andere Ebene gestellt.

Als Christen vertrauen wir auch darauf, dass wir die Verstorbenen wiedersehen werden. Das Wiedersehen wird sicher nicht so sein, wie wir es von Klassentreffen kennen. Wir können es uns nicht vorstellen, wie es sein wird. Aber die Hoffnung, dass wir uns in irgendeiner Weise wiedersehen und in Gott eins werden: das entspricht der christlichen Tradition und der Vorstellung einer „ewigen Heimat".

Auf die einleitend erwähnte Frage des Jungen, wo sein toter Bruder jetzt sei, würde ich ihm antworten: „Er ist bei Gott. Aber da Gott überall ist, kannst Du Deinem Bruder auch überall begegnen. Und da Gott in Deinem Herzen wohnt, wohnt auch Dein Bruder für immer in Deinem Herzen."

14.

Verbunden mit dem Grund allen Seins: Gottes Nähe

Der Religionspsychologe Sebastian Murken untersucht die Religionen als innerpsychisches Phänomen. Er möchte erkennen, welche Auswirkungen die Religion auf das Seelenleben der Menschen hat und welchen Gewinn man aus der Religion für sein Leben ziehen kann. Für ihn ist der Glaube „das Erleben und die Gewissheit, gesehen, gehalten und geliebt zu werden und auch verbunden zu sein mit einer Kraft oder einem Wesen jenseits der sichtbaren Welt.

> *Die Sehnsucht, aufgehoben zu sein in etwas, was größer ist als diese Welt*

Hierin sehe ich die zentrale Antwort der Religionen auf ein menschliches Urbedürfnis, nämlich sich in Verbindung zu bringen zu dem, was jenseits der eigenen Wahrnehmungsgrenze liegt" (Murken 42). Die Sehnsucht, sich verbunden zu fühlen mit etwas, das größer ist als diese Welt, können wir bei allen Menschen beobachten. Murken ist überzeugt, „dass wir alle neben Autonomiestrebungen auch das Bedürfnis haben, uns fallenzulassen in ein größeres Ganzes, aufgehoben und verbunden zu sein" (ebd.).

Die Verbundenheit mit der Transzendenz ist wesentlich für den Menschen. Wer diese Verbundenheit spürt, der fühlt sich auch in schwierigen Situationen davon getragen. Der Religionspädagoge Anton A. Bucher konstatiert: „Durch Verbundenheit mit Transzendenz können Menschen auch in ausweglosen Situationen davor bewahrt bleiben, in dunkle Depression abzugleiten und von lähmenden Ängsten ausgehöhlt zu werden. Zahlreiche Studien belegen, dass Menschen, wenn transzendental verbunden, sei es in einer Religion, sei es in individueller Spiritualität, ein deutlich geringeres Risiko haben, klinisch depressiv zu werden" (Bucher 108). Wer diese Verbundenheit mit Gott spürt, der erfährt zugleich die Verbundenheit mit allem, was ist. Denn Gott ist der Grund allen Seins. Ein sterbenskranker Familienvater erzählt seiner Seelsorgerin, wie er diese Verbundenheit erfährt: „Plötzlich spielte die Trauer keine Rolle mehr. Es gab keine Zeit mehr. Alles war wie ein großes Sein und ich all-eins. So sehr all-eins, dass das Gefühl, einsam zu sterben, gar nicht mehr existierte, ich war seiend" (Bucher 107).

Die Frage ist, wie wir solche Verbundenheit erfahren können. Eine wesentliche Bedingung, sich mit Gott verbunden zu fühlen, ist auch, dass ich mit mir selbst verbunden bin, dass ich eine spürbare Beziehung zu mir selber habe. Cyprian von Karthago (+ 258) meint: Wer sich selbst nicht spürt, kann auch Gott nicht spüren. Aber natürlich bedeutet „sich selbst spüren" noch nicht, dass ich dann auch schon Gott spüre. Die Beziehung zu mir selbst ist nur die Voraussetzung dafür, mit Gott in Beziehung zu treten. Aber die Verbundenheit mit Gott hängt immer auch mit der eigenen Selbsterfahrung zusammen. Das eigene Herz zu spüren ist der Ausgangspunkt für meine Verbundenheit mit Gott.

Wer sich selbst nicht spürt, kann auch Gott nicht spüren

In Gesprächen erlebe ich oft Menschen, die sich darüber beklagen, dass sie früher eine gute Verbindung zu Gott hatten, sie jetzt aber verloren haben. Wenn ich dann nachfrage, so haben sie Gott früher meist wie einen Freund gesehen, mit dem sie alles besprechen konnten. Teresa von Ávila bezeichnet in diesem Sinn Gott als ihren Freund, mit dem sie im Gebet alles ansprechen kann, was sie bewegt. Das ist sicher eine gute Beziehung zu Gott. Da ist Gott ein Du, dem ich alles anvertrauen kann. Dann erlebe ich Gottes heilende Nähe. Papst Franziskus bezieht sich auf diese Erfahrung, wenn er in einer Predigt einmal sagt: „die Nähe ist die Art Gottes". Es tut uns gut, diese liebende Nähe zu erfahren.

Aber viele erleben diese Nähe Gottes nicht. Sie tun sich schwer, sich Gott als Person vorzustellen, als ein Du, mit dem sie alles besprechen können. Sie erleben eher eine diffuse Nähe von etwas Numinosem, von etwas Geheimnisvollem. Auch das ist eine Gotteserfahrung. Die Beziehung zu Gott hat immer *Persönliche und überpersönliche Erfahrung Gottes* zwei Aspekte. Sie kann eine Du-Beziehung sein. So hat auch Martin Buber die Beziehung zu Gott gesehen. Er spricht vom ewigen Du: „Jedes geeinzelte Du ist ein Durchblick zu ihm. Durch jedes geeinzelte Du spricht das Grundwort das ewige an" (Buber 71). Für Buber ist in jeder tiefen Du-Beziehung zu einem Menschen immer schon die Ahnung vom ewigen Du enthalten, von Gott, der unsere tiefste Sehnsucht nach dem Du erfüllt.

Die Beziehung zu Gott hat aber nicht immer einen Du-Charakter, ähnlich dem konkreten Du eines Menschen. Die Beziehung zu Gott kann auch die Verbindung mit dem Grund alles Seins sein. Wir erleben Gott immer auf zwei verschiedene Weisen: persönlich und überpersönlich. Es gibt Phasen, in denen wir Gott als das Du erleben, dem wir alles hinhalten, mit dem wir im Gebet sprechen und Zwiesprache halten können. Dann aber gibt es Phasen, in denen wir Gott eher überpersönlich erfahren: als den Grund allen Seins, als die Liebe, die alles durchdringt, als den Geist, der in allem ist, als die Energie, die alles bewegt. Aber auch zu diesem als überpersönlich erlebten Gott können wir eine Beziehung aufbauen. Eine Studentin beschreibt diese Art von Gotteserfahrung so: „Für mich gibt es Gott. Gott ist für mich in jedem Wesen inkludiert, jedes Lebewesen ist ein Teil von ihm, wir alle sind ein Teil von Gott. Gott ist das Ganze, die Einheit" (Bucher 106). Das ist jedoch nicht als Pantheismus zu verstehen, der Gott mit dem Universum identifiziert, sondern – wie die Theologie sagt – als Panentheismus: dass Gott in allem ist. Das meint: Gott geht nicht in der Schöpfung auf, er durchdringt sie.

Das Johannesevangelium zeigt uns, wie wir mit Gott in Beziehung treten können. Im 1. Johannesbrief heißt es: „Gott ist Liebe. Und wer in der Liebe ist, der ist in Gott und Gott ist in ihm" (1 Joh 4,16). Johannes spricht von Gott normalerweise immer als einer Person, als dem Vater, der uns seinen Sohn gesandt hat, als dem Vater, der uns liebt. Doch an

Wer in der Liebe ist, der ist in Gott und Gott ist in ihm dieser Stelle bezeichnet er Gott als Liebe. Die Liebe ist überpersönlich. Sie ist eine Macht, die in uns ist, eine Macht, die die ganze Schöpfung durchdringt. Die Liebe ist die Kraft der Verbundenheit. Wenn wir die Liebe spüren, wenn wir uns in der Liebe verbunden fühlen mit allem, was ist, dann sind wir in Gott, dann erfahren wir Gott. Die Evolutionsforscher haben erkannt, dass nicht der Stärkste überlebt, sondern das Lebewesen, das Beziehung aufnimmt zum anderen. So könnte man die Liebe als die kosmische Kraft sehen, die die ganze Schöpfung durchdringt. Wenn wir in den Grund unserer

Seele eintauchen, tauchen wir in diese Liebe ein, die uns mit allem, was ist, verbindet. Und in dieser Liebe – so sagt Johannes – sind wir in Gott, und Gott ist in uns. Dann sind wir in Verbindung mit Gott. Und zugleich sind wir verbunden mit uns selbst.

Die Bergpredigt Jesu können wir nur verstehen, wenn wir sie von der tiefen Erfahrung unserer Verbindung mit allen Menschen her deuten. Für Jesus ist die Grundlage seiner Weisungen in der Bergpredigt die Gotteskindschaft. „Für Jesus war die Verbundenheit des Menschen mit dem himmlischen Vater, wie er Gott nannte, nicht nur ein unbestrittenes Faktum, sondern die Grundlage seiner gesamten Ethik, wie sie in der Bergpredigt formuliert ist" (Ceming 38). Das wird vor allem deutlich in seiner Aufforderung, die Feinde zu lieben. Wir können die Feinde nur lieben, wenn wir tief überzeugt sind, dass „alle Menschen als Kinder des einen himmlischen Vaters durch diese Kindschaft wesenhaft miteinander verbunden sind" (ebd. 38). In jedem Feind ist etwas, das auch in mir ist. So bin ich der Tiefe meiner Seele auch mit dem Feind verbunden. Denn auch er hat teil am göttlichen Urgrund, auch wenn ihm das oft nicht bewusst ist. So wäre die Schädigung des anderen immer auch eine Schädigung meiner selbst.

Gregor der Große erzählt von einer Vision Benedikts, in der er in einem einzigen Sonnenstrahl die ganze Welt erblickt hat. Gregor beschreibt hier eine mystische Schau. Benedikt sieht nicht das Vielerlei, sondern er schaut in den Grund allen Seins. Und er fühlt sich eins mit allem, was er da schaut. Mystik bedeutet einmal ein neues Schauen. Daher spricht sie von Kontemplation, was eigentlich „zusammenschauen" bedeutet. Sie sieht alles zusammen: Gott und Welt, Gott und

Ein Weg, die Verbindung mit Gott zu erfahren, führt über die Natur

Mensch, Materie und Geist. Und Mystik bedeutet die Erfahrung des Einsseins. In der Tiefe sind wir eins mit allem, was ist, mit Gott, mit der Natur, mit den Menschen und mit uns selbst. Diese Einheitserfahrung ist eine Gotteserfahrung und zugleich die Erfahrung einer tiefen Verbundenheit mit allem, was ist. In der Tradition der Mystik gibt es aber nicht nur die Einheitsmystik, wie sie vor allem von den griechischen Kirchenvätern beschrieben wird, die damit die bereits erwähnte griechische Philosophie des „hen" (des „EINEN") theologisch aufgreifen, sondern auch die Du-Mystik. Diese Du-Mystik begegnet uns vor allem in der Frauenmystik des Mittelalters. In der Du-Mystik geht es mehr um die Gefühle dem Du gegenüber. Es sind oft erotische Gefühle. In der Erotik fühlen sich die Mystikerinnen des Mittelalters eins mit Christus, eins mit Gott. Es ist ein Einssein mit dem Du, so wie Mann und Frau in der Sexualität eins werden, aber doch immer auch getrennt bleiben. Es ist keine Vermischung zwischen Gott und Mensch, sondern eine tiefe Verbundenheit.

Wer glaubt, ist nie allein: Gott entgegengehen, aufeinander zugehen Verbundenheit mit Gott führt oft auch zu einer neuen Qualität des Verbundenseins mit den Menschen. So hat es Papst Benedikt im September 2006 in einem Gottesdienst in Regensburg formuliert, einen Satz von Johannes Paul II. aufgreifend: „Wer glaubt, ist nie allein. Gott geht auf uns zu. Gehen auch wir Gott entgegen, dann gehen wir aufeinander zu." Wenn wir gemeinsam Gottesdienst feiern, dann spüren wir oft beides: Wir fühlen uns eins mit Gott, aber auch eins mit den Menschen. Das geschieht vor allem auch im Singen. Die Kirchenväter haben das Geheimnis des gemeinsamen Psalmensingens in diesem Sinn verstanden. Wenn viele Mönche alle auf einem Ton singen, dann werden sie miteinander eins. Wenn in einer Kirche alle mit Leidenschaft das Lied singen „Großer Gott, wir loben dich" oder in der Christmette „Stille Nacht, heilige Nacht", dann entsteht ein besonderes, ein tiefes Gefühl der Verbundenheit. Dann stimmen alle in das Lied ein, sie singen gemeinsam, sie tun etwas gemeinsam und fühlen sich so miteinander verbunden. Auch eine gute Predigt kann die Menschen miteinander verbinden. Und ein gemeinsames tiefes Erleben einer Osternacht oder einer Christmette lässt die Menschen die Verbundenheit spüren.

Ich habe 25 Jahre lang Jugendarbeit gemacht. Zum Osterkurs kamen meist um die 250 Jugendliche. Sie haben die Osternacht, die wir Mönche feiern, mit einem Chor und manchmal auch mit Instrumentalmusik begleitet. In der dreistündigen Liturgie der Osternacht waren aber alle auf das Geschehen der Liturgie konzentriert. Da war untereinander keine Kommunikation. Aber nach der Osternacht war es ein Bedürfnis der Jugendlichen, sich zu umarmen. Die gemeinsame Feier, in der wir alle miteinander auf Christus, den Auferstandenen, geschaut haben, hat uns in einer tieferen Weise miteinander verbunden, als es theologische Gespräche über die Auferstehung vermocht hätten.

15.

Mystik:
Verbunden mit allem, was ist

Die Mystiker aller Zeiten haben sich nicht nur mit Gott verbunden gefühlt, sondern auch mit allem, was ist: mit der
Mystik ist Natur, mit allen Menschen und mit sich selbst.
Erfahrung des Die christliche Mystik gründet in der Erfahrung
Einsseins des Apostels Paulus, aber auch in den Erfahrungen, die das Johannesevangelium, das Lukasevangelium und
die Apostelgeschichte zum Ausdruck bringen. Ein Grund-
gedanke bei Paulus ist, dass alles in Christus ist. Wenn alles
in Christus ist, dann leben wir immer schon „innerhalb einer
gemeinsamen kosmischen Identität, die bereits vorhanden
ist und uns antreibt und leitet" (Rohr 58). Der Gedanke,
dass alles in Christus ist, so wie es Paulus in seinen Briefen
immer wieder schreibt, führt zu der Einsicht: „Ich bin niemals von Gott getrennt gewesen, noch kann ich es je sein, es
sei denn in meinem Kopf" (ebd. 60).

Mystik ist nach dem Johannesevangelium die Erfahrung
des Einsseins. Wenn Jesus betet: „Alle sollen eins sein: Wie
du, Vater, in mir bist und ich in dir bin, sollen auch sie in

uns sein" (Joh 17,21), dann meint er diese mystische Erfahrung, dass wir in Christus eins sind mit Gott, aber auch eins mit uns selbst und eins mit allen Menschen. Mystik ist wesentlich eine Einheitserfahrung. In der Apostelgeschichte drückt das Lukas in der Areopagrede so aus: „In ihm leben wir, bewegen wir uns und sind wir, wie auch einige von euren Dichtern gesagt haben: Wir sind von seiner Art" (Apg 17,28). Lukas bezieht sich hier auf die Sicht der stoischen Philosophie. Die ganze Welt ist von Gottes Geist durchdrungen, und so sind wir überall von seiner Gegenwart umhüllt. Wir sind in Gott. Und wir sind „von Gottes Art": Wir haben teil am göttlichen Sein. Diese Erkenntnis führt auch zu einer neuen Verbundenheit mit allem, was ist, und mit allen Menschen. Denn das bedeutet: Alle Menschen leben in Gott und sind von Gottes Art, auch wenn sie sich in ihrem Verhalten und Denken oft von Gott weit entfernt haben.

Diese Sichtweise des Lukas übersetzt Evagrius Ponticus in seinem Buch *Über das Gebet* auf die Erfahrung der Mönche hin. Die Mönche haben sich von der Welt getrennt, um sich ganz und gar für Gott zu öffnen. Aber dieser Weg von den Menschen weg auf Gott hin führt den Mönch auf neue Weise zu den Menschen. In vier kurzen Sätzen drückt Evagrius das Geheimnis der Verbundenheit mit Gott und in Gott mit den Menschen aus: „Selig ist der Mönch, der das Wohlergehen und den Fortschritt anderer mit so viel Freude begrüßt, wie wenn es sein eigener wäre. Selig ist der Mönch, der in allen Menschen Gott sieht. *Das Ego trennt uns von den anderen* Ein Mönch ist ein Mensch, der sich von allem getrennt hat und sich doch mit allem verbunden fühlt. Ein Mönch weiß sich eins mit allen Menschen, denn immerzu findet er sich in jedem Menschen" (Evagrius Ponticus, Kap. 122–125). Der Mönch fühlt sich mit anderen Menschen verbunden, weil er frei geworden ist von seinem Ego. Das Ego trennt uns von den anderen. Doch die Liebe lässt uns das Wohlergehen und den spirituellen Fortschritt des anderen freudig begrüßen. Wir sind frei von Neid und Rivalitätsgefühlen. Wir freuen uns mit dem anderen, der auf seinem spirituellen Weg weiter gekommen ist. Die zweite Bedingung für die Verbundenheit ist, dass wir in allen Menschen Gott sehen. Wenn wir Gott in jedem Menschen sehen – oder wie Benedikt es ausdrückt: Christus im Bruder, in der Schwester sehen –, dann fühlen wir uns mit ihm verbunden. Die Verbundenheit mit Gott führt zur Verbundenheit mit den Menschen und umgekehrt: Wer sich ganz und gar auf einen Menschen einlässt und sich mit ihm eins weiß, der spürt auch eine neue Verbundenheit mit Gott, der fühlt sich in der Liebe eins mit Gott. Die dritte Bedingung, dass sich der Mönch mit allen Menschen verbunden weiß, besteht darin, dass er sich selbst in jedem Menschen findet. Er entdeckt in jedem Menschen die gleichen Stärken und Schwächen, die auch ihn umtreiben. Er sieht den anderen wie einen Spiegel, in dem er sich selbst ehrlich anschauen kann. Das führt dazu, dass er über niemanden urteilt. Er fühlt sich im Tiefsten eins mit jedem Menschen und weiß sich gemeinsam mit den anderen in Gottes Liebe angenommen und geliebt.

Die Vertreter der deutschen Mystik – vor allem Meister Eckhart und Johannes Tauler – sprechen davon, dass wir durch alle Emotionen und Leidenschaften hindurch in den Seelengrund gelangen sollen. Dort im Seelengrund sind wir verbunden mit Gott und mit allen Menschen. Dort wird auch die Zerrissenheit, unter der viele Menschen leiden, aufgehoben, und die Menschen fühlen sich eins mit sich selbst, im Einklang mit sich, mit Gott, mit der Natur und mit allem, was ist. Das

Auf dem Grund der Seele ist die Zerrissenheit aufgehoben

ist das Ziel der Mystik: eine tiefe Erfahrung von Verbundenheit. Die deutsche Mystik hat die „Erfahrung des göttlichen Urgrundes" „mit einer Ethik der Verbundenheit gekoppelt" (vgl. Ceming 39f). Weil ich in Gott mit allen Menschen verbunden bin, werde ich fähig, allen Menschen mit Wohlwollen zu begegnen, allen Gutes zu wünschen. Meister Eckhart drückt das so aus: „Solange du deiner Person mehr Gutes gönnst als dem Menschen, den du nie gesehen hast, so steht es wahrlich unrecht mit dir, und du hast noch nie nur einen Augenblick lang in diesen einfältigen Grund gelugt" (Ceming 40).

Bei Tauler und Eckhart geht es darum, das eigene Ego loszulassen und zu übersteigen. Denn das Ego will immer die Trennung, will sich gegenüber anderen behaupten. Auch die buddhistische Mystik sieht das ähnlich. „Buddha selbst sah das Problem, dass sich der Mensch nicht der Verbundenheit mit anderen bewusst ist, in dessen Identifikation mit seinem begrenzten Ego" (Ceming 42). Stärker als zur Zeit seines Ursprungs, als der Buddhismus vor allem eine Mönchsbewegung war, sieht der heutige Buddhismus auch seine Verantwortung für die Gesellschaft. Ceming spricht vom „engagierten Buddhismus", dessen bekannteste Vertreter der Dalai Lama und Thich Nhat Hanh sind. „Die Vertreter des Engagierten Buddhismus sehen in der Lehre von der Verbundenheit aller Wesen die Grundlage ihres Handelns für die jeweilige Gesellschaft. Das Wissen um die tiefe Verbundenheit alles Existierenden wird somit zum Antrieb ethischen und sozialen Handelns, das unter der Maxime des Nicht-Schädigens steht" (Ceming 44).

Die mystischen Strömungen in allen Religionen – Christentum, Buddhismus, Islam, Judentum – sprechen von der tiefen Verbundenheit. Die Vertreter der Mystik aus allen Religionen verstehen sich untereinander, sobald sie von ihren

Erfahrungen sprechen. Denn diese Erfahrungen sind alle ähnlich. Nur die Deutung der Erfahrungen unterscheidet sich in den verschiedenen Religionen. Doch die gemeinsame Erfahrung ist, dass wir teilhaben am göttlichen Urgrund und durch diesen göttlichen Urgrund auch an allen Menschen, dass wir im Tiefsten verbunden sind mit allen Menschen, ja mit dem ganzen Kosmos.

16.

Was Verbundenheit behindert

Gleichgültigkeit

Bei aller Sehnsucht nach Verbundenheit erleben wir in unse-
rer Gesellschaft oft eine Unfähigkeit zu wirklicher | *Ende und*
Verbundenheit. Es gibt vieles, was ein gutes Ver- | *Tod jeder*
bundensein behindert. Ich möchte nur einige Hin- | *Beziehung*
dernisse herausgreifen. Bei einer Neujahrsansprache sprach
Papst Franziskus von einer „durch die Gleichgültigkeit ver-
schmutzen Welt". Er ist nicht der Erste, der die Gleichgültigkeit als etwas gebrandmarkt hat, was unser Leben schädigt
und zerstört. Das Gegenteil von Liebe sei nicht Hass, son-

dern Gleichgültigkeit, hat der Holocaustüberlebende Elie Wiesel gesagt, der selber erlebt hat, wie Menschen, ja sogar Nachbarn, den Abtransport ihrer jüdischen Mitbürger mit einer teilnahmslosen Neugier beobachten. Im Hass ist man noch an den anderen gebunden. Gleichgültigkeit dagegen ist beziehungslos. In der Gleichgültigkeit kommt der andere als Mitmensch nicht mehr vor. Er ist nicht existent. Elie Wiesel: „Gleichgültigkeit ist keine Reaktion. Gleichgültigkeit ist kein Anfang, sie ist ein Ende."

Für Papst Franziskus gibt es zwei verschiedene Arten von Gleichgültigkeit. Den einen ist alles gleichgültig, weil sie nur an sich selbst interessiert sind. Ihre Devise lautet: Hauptsache, mir geht es gut. Alles andere interessiert mich nicht. Allem anderen gegenüber bin ich gleichgültig. Für mich gilt nur, was mir nützt, was mein Wohlbefinden stärkt. Was das Elend der anderen betrifft, da schalte ich einfach ab, blende es aus. Ich lasse einen inneren Rollladen herunter, denn was ich nicht sehe, geht mich nichts an. Das ist die egozentrische Gleichgültigkeit. Das Leid anderer Menschen und ihre Sehnsüchte interessieren mich nicht. Solche Gewöhnung macht nicht nur den einzelnen Menschen, sondern die ganze Gesellschaft krank.

Zwei Arten von Gleichgültigkeit

Die andere Form von Gleichgültigkeit ist eher eine depressive Gleichgültigkeit. Man kann sich über gar nichts freuen. Alles ist gleich langweilig, gleich wertlos. Man lebt nur so dahin, kann sich für nichts begeistern. Und man ist unfähig, sich auf andere Menschen einzulassen und mit anderen mitzufühlen. Das ist eine sehr reduzierte Form des Menschseins. Solche Menschen bleiben an der Oberfläche. Für sie ist alles gleich wertlos.

Gleichgültigkeit ist, auch wenn Menschen nah beieinander leben, der Tod echter Beziehung. Sie macht aus dem

Miteinander ein Nebeneinanderher. Psychologen bezeichnen die Gleichgültigkeit als eine der häufigsten Ursachen dafür, dass eine Paarbeziehung scheitert. Der Partner oder die Partnerin hat das Gefühl, dass der andere sich gar nicht für ihn bzw. sie interessiert. Das verletzt. Man fühlt sich neben dem anderen einsam, wertlos. Dem Gleichgültigen ist auch ein Streit unwichtig. Er weicht allem aus. Er lebt nur für sich selbst. Das ist auch eine Form von Egoismus. Gleichgültigkeit ist auch in dieser Form, in der Partnerschaft, das Gegenteil von Liebe. Der Partner fühlt sich nicht mehr geliebt. Er leidet an seiner Einsamkeit.

Psychologen haben festgestellt, dass heute etwa ein Fünftel der Kinder gleichgültig ist gegenüber der Not der anderen Kinder. Diese Kinder *Krankes und reduziertes Leben* haben die Einstellung: Wenn ein anderes Kind Probleme hat, ist es selber schuld. Es ist mir egal, wenn das Kind neben mir traurig ist. Das interessiert mich nicht. Das ist sein Problem. Diese Haltung führt dann später nicht nur zur Gleichgültigkeit gegenüber der Not anderer Menschen, sondern auch zum Desinteresse an der Politik und am Gemeinwohl. Die Haltung der Einzelnen hat also durchaus eine Auswirkung darauf, wie sich die Gesellschaft gestaltet. Auch in der Firma sind einem die Kollegen dann egal. Hauptsache, ich verdiene mein Geld. Doch mit so einer Einstellung schadet man nicht nur dem Klima in der Firma, sondern auch sich selbst. Denn das ist wirklich reduziertes Leben. Wer so reduziert lebt, der muss seiner Leere ständig aus dem Weg gehen, indem er möglichst viele Events erlebt oder ständig am Smartphone hängt und alles Mögliche in sich hineinzieht. Doch das macht allmählich immer gefühlloser.

Die Gleichgültigkeit kann auch eine Form von psychischer Krankheit sein. Dann äußert sie sich als Teilnahmslosigkeit, als Leidenschaftslosigkeit und Unempfindlichkeit. Das kann viele Ursachen haben. In der Depression hat man oft kein Gespür – weder für sich noch für andere noch für das Leben. Aber auch posttraumatische Störungen können zu dieser Teilnahmslosigkeit führen. Menschen, die krankhaft gleichgültig sind, brauchen eine therapeutische Begleitung. Ich habe eine Frau begleitet, die nichts mehr gefühlt hat, weil ihr Vater ermordet wurde, als sie vier Jahre alt war. Die Gefühllosigkeit war für sie ein Schutz, um dem übergroßen Leid aus dem Weg zu gehen. Doch noch als erwachsene Frau hat sie darunter gelitten. Erst als sie sich dem Schmerz des Kindes gestellt hat, das sie damals war, hat sie langsam wieder gelernt, die Sonne und den Wind auf ihrer Haut zu spüren und das Essen zu schmecken.

Dass unsere Gesellschaft heute mehr denn je gefährdet ist, gleichgültig zu werden, hat eine Ursache sicher auch im übersteigerten Medienkonsum und dem ständig wechselnden Aufmerksamkeitsdruck. Auf der einen Seite können die sozialen Medien helfen, die Einsamkeit zu überwinden und mit vielen Menschen in Verbindung zu treten. Aber häufig sind es keine emotionalen Begegnungen, sondern nur ein Austausch von Informationen. Die Gefühle

Das Gegenmittel: Aufrütteln – und das Brett vor dem Kopf wegziehen

kommen dabei zu kurz. Die Gleichgültigkeit nimmt auch zu, weil wir durch die Medien permanent mit dem Leid auf der ganzen Welt konfrontiert werden. Das können wir kaum aushalten. Manche lassen sich davon lähmen, weil sie ihre Ohnmacht spüren, das Leid anderer zu mindern. Andere stumpfen ab, um sich vor dem Leid der anderen zu schützen. Da bräuchte es als Gegenpol die Fähigkeit des Mitgefühls. Das heißt: Ich fühle mit den Leidenden. Aber ich identifiziere mich nicht mit ihnen. Denn dann werde ich von ihrem Leid so beherrscht, dass ich mich selber nicht mehr dem Leben zuwenden kann.

Gleichgültigkeit lähmt eine Gesellschaft. Das gilt auch in Bezug auf den Klimawandel. Man hört die Prognosen, welche Gefahren der Klimawandel mit sich bringt, dass er die Grundlagen unseres Lebens wesentlich verschlechtert, dass wir unseren Nachkommen ein schwieriges Erbe hinterlassen. Wir hören es und interessieren uns doch nicht weiter dafür, wenn es um die eigenen Wünsche geht. Hauptsache, ich kann in Urlaub fliegen. Welche Auswirkungen das auf die Umwelt hat, ist mir gleichgültig.

So ist es die Aufgabe von Therapeuten und Seelsorgerinnen, von Politikern und Wirtschaftlern, von Journalisten und Schriftstellern, die Menschen aufzurütteln, ihre Augen zu öffnen, ihr Mitgefühl und ihre Solidarität zu wecken. Doch das ist ein langer Weg. Das Aufrütteln kann nicht durch Moralisieren geschehen. Denn Moralisieren schafft ein schlechtes Gewissen und Schuldgefühle. Schuldgefühle allein führen aber nicht zu einem neuen Verhalten. Wir sollten lernen von Jesus, der nicht moralisiert, der aber doch den Menschen die Augen öffnet, indem er sie durch seine Gleichnisse oder durch seine Bildworte provoziert, ihnen gleichsam das Brett wegzieht, das sie vor ihren Augen haben. So mahnt er auch uns: „Ihr Heuchler! Das Aussehen der Erde und des Himmels könnt ihr deuten. Warum könnt ihr dann die Zeichen dieser Zeit nicht deuten?" (Lk 12,56). Die Zeichen der Zeit sind für Jesus Aufruf zur *metanoia*, zum Umdenken und zur Umkehr. Dem Gleichgültigen muss also gleichsam das Brett weggezogen werden, das er vor seinem Kopf hat, damit er sich mit allen Sinnen den Menschen und auch der Wirklichkeit seines Lebens zuwendet.

Symbiose

In der Biologie kennen wir die Symbiose von Pflanzen und Tieren oder auch von verschiedenen Tieren. Die Symbiose *Was Freiheit* dient immer beiden Symbionten. Sie helfen sich *blockiert oder* gegenseitig. In der Psychologie wird der Begriff *erstickt* der Symbiose jedoch eher negativ verwendet. Da spricht man von der Symbiose zwischen zwei Menschen. Zwillinge leben manchmal symbiotisch. Einer kann ohne den anderen nicht leben. Wenn Menschen aber so eng aneinander gebunden sind, dass sie ihre Persönlichkeit nicht mehr entfalten können, so ist das kritisch zu sehen. Ich begegne immer wieder den Lebensgeschichten von Müttern und Töchtern, die eine Symbiose bilden. Aber auch Mütter und Söhne, Väter und Töchter oder Väter und Söhne leben solche Beziehungen. Man lebt dann oft nicht selbst, sondern ist eng an den anderen gebunden. Sobald der andere sich entfernt oder gar stirbt, wird einem der Boden unter den Füßen weggezogen.

Jesus hat diese zu enge Symbiose im Blick, wenn er die provozierenden Worte sagt: „Meint ihr, ich sei gekommen, um Frieden auf die Erde zu bringen? Nein, sage ich euch, nicht Frieden, sondern Spaltung. Denn von nun an wird es so sein: Wenn fünf Menschen im gleichen Haus leben, wird Zwietracht herrschen: Drei werden gegen zwei stehen und zwei gegen drei, der Vater gegen den Sohn und der Sohn gegen den Vater, die Mutter gegen die Tochter und die Tochter gegen die Mutter, die Schwiegermutter gegen ihre Schwiegertochter und die Schwiegertochter gegen die Schwiegermutter" (Lk 12,51–53).

Lukas hat in der Kindheitsgeschichte Jesus als den eigentlichen Friedensbringer beschrieben. Doch hier spricht Jesus

davon, dass er gekommen ist, Spaltung zu bringen, Entzweiung, Teilung. Wie ist das zu verstehen? Jesus will hier sicher
nicht Familienstreitigkeiten rechtfertigen. Es *Die Therapie Jesu:*
geht ihm vielmehr um den wahren Frieden und *Frieden, nicht*
nicht um einen Scheinfrieden. Und ein wahrer *Scheinfrieden*
Friede ist erst möglich, wenn jeder auf seinen eigenen Füßen steht und so die Symbiose aufgebrochen wird. Damals
waren die Familien durch enge Bande miteinander verbunden. Man konnte kaum aussteigen und seinen eigenen Weg
gehen.

In der Psychologie spricht man von konfluenten Persön-
lichkeiten. Das sind Menschen, die sich nicht abgrenzen
können, deren Emotionen mit den Emotionen der anderen
zusammenfließen. In manchen Familien herrscht solch ein
Emotionsbrei, in dem Gefühle nicht mehr unterschieden
und zugeordnet werden. Da sind die Beziehun- *Du musst auf*
gen nicht geklärt. Man hängt eng miteinander *eigenen Füßen*
zusammen. Aber dieses Zusammenhängen gibt *stehen*
keine Heimat und keine Geborgenheit. Es ist vielmehr
ein emotionales Gebundensein, eine ungesunde Symbiose.
Manche Menschen sind in ihrer Familie gleichsam wie mit
Schlingpflanzen an ihren Füßen gefesselt. Sie sind nicht frei.
Da gibt es feste Familienskripte wie: „Bei uns sagt man so
etwas nicht. Bei uns denkt man so nicht. Bei uns tut man so
etwas nicht." Es sind innere Gesetze, die einen binden und
nicht frei lassen.

Jesus will sagen: Du musst erst alle Schlingpflanzen, die
sich um deine Füße gelegt haben, zerschneiden. Du musst
erst auf eigenen Füßen stehen. Dann kannst du mit den anderen Mitgliedern deiner Familie in einen freien und reifen
Austausch treten. Aber wenn du bei allem, was du sagst,
Angst haben musst, dass das von der Familie nicht gebilligt

wird, dann bist du nicht frei. Dann lebst du nicht im Frieden, sondern im Scheinfrieden. Viele trauen sich in ihren Familien nicht, das auszusprechen, was sie wirklich denken. Sie passen sich an. Man lebt zwar einigermaßen in Frieden. Aber das ist eben kein wirklicher Friede. Und die verdrängten Aggressionen zeigen sich dann darin, dass jemand nicht zum Leben kommt, dass er das Leben verweigert: etwa indem er sich auf seinen Computer stürzt und eine Internetsucht entwickelt oder indem er magersüchtig oder alkoholabhängig wird. Jesus will den freien Menschen. Wenn ich frei bin, dann kann ich mich auch auf andere Menschen einlassen. Frei sein bedeutet: Ich lasse die andere Person so, wie sie ist. Aber ich lasse mich von ihr nicht bestimmen. Ich lebe so, ich handle so, ich denke so und ich spreche so, wie es für mich stimmt.

Manchmal geht es gar nicht um die äußere Beziehung zu Vater und Mutter und zur Familie, sondern um eine innere Bindung. Die Stimme des Vaters oder der Mutter ist so stark *Selber leben* in mir, dass ich mich nicht traue, meinen eigenen *– nicht gelebt* Weg zu gehen. Bei allem, was ich tue, taucht diese *werden* Stimme auf. Oft ist es eine rigorose Stimme, die mich sofort verurteilt, wenn ich mir z. B. einmal etwas gegönnt habe. Aber manchmal sind diese Stimmen auch gar nicht klar. Sie sind diffus. Und dennoch prägen sie mich. Ich weiß gar nicht, warum ich so denke oder handle. Unbewusst bin ich geprägt von den Meinungen, Maßstäben und Emotionen der Familie. Ich komme nicht zu mir selbst.

Wenn wir so von den inneren Stimmen beherrscht werden, wird unsere Beziehung zur Familie negativ geprägt. Erst wenn wir unsere eigene Individualität gefunden haben, können wir ein schöpferisches Verhältnis zur eigenen Familie finden. Das hat nichts mit Egoismus zu tun, sondern mit der Fähigkeit, wirklich gute Beziehungen zur eigenen Familie oder zu der Gruppe, der ich mich zugehörig fühle, aufzubauen. Dann begegnen sich freie Menschen und können sich gegenseitig befruchten. Wenn ich mir meiner eigenen Identität nicht bewusst bin, übernehme ich oft unbewusst die Gedanken und Emotionen des anderen. Ich lebe nicht selber, sondern werde gelebt.

Wie gelingt es, sich von den Schlingpflanzen zu befreien, die uns an die anderen in der Familie binden? Ein Weg ist sicher, sich gut abzugrenzen, einmal Nein zu sagen und nicht zu meinen, man müsse alle Wünsche der anderen sofort erfüllen. Viele trauen sich nicht, Nein zu sagen, weil sie den Entzug von Liebe und Zuwendung fürchten. Doch es geht darum, zu uns selbst zu stehen. Wir stehen nicht gegen die anderen auf, sondern wir stellen uns auf die eigenen Füße. Dann können wir auch die anderen so stehen lassen, wie sie sind. Wir müssen sie nicht ändern. Wir stehen nicht unter Druck, sie überzeugen zu müssen von unserem Weg oder unserer Meinung. Wir lassen sie. Aber wir lassen auch uns so, wie es für uns stimmt.

Wie Befreiung gelingt

Es ist normal, dass wir uns als Kinder der Familie anpassen. So erfahren wir Geborgenheit und Sicherheit in der Familie. Aber schon in der Pubertät spüren wir, dass wir uns auf die eigenen Füße stellen müssen. Nur freie Menschen, die auf eigenen Füßen stehen, können gute Beziehungen eingehen und eine Verbundenheit leben, die allen guttut.

Destruktive emotionale Energien

Für die Therapeutin Luise Reddemann ist es in erster Linie die Angst, die Verbundenheit behindert: Angst vor den anderen, Angst vor Ablehnung. Wir verschließen uns vor den

Angst blockiert | anderen, aus Angst, sie könnten hinter unserer äußeren Maske die innere Unsicherheit entdecken, oder sie könnten erkennen, dass wir nicht so selbstsicher und cool sind, wie wir uns nach außen geben. So versuchen wir unsere Angst dadurch zu verbergen, dass wir uns zurückziehen und nur Beziehungen auf Distanz eingehen. Wir sehnen uns auf der einen Seite nach Nähe und Verbundenheit. Aber zugleich haben wir Angst davor. Denn dann müssten wir uns ja auf Dauer so zeigen, wie wir wirklich sind. Wir können uns dann nicht mehr hinter unserer selbstsicheren Maske verstecken. Wenn wir Angst haben vor den anderen, dann verbrauchen wir unsere ganze Energie damit, uns abzuschotten, eine Mauer um uns aufzubauen, die niemand einreißen kann. Doch dann fühlen wir uns allein und einsam. Dann können keine Beziehungen wachsen.

Die Psychologie spricht von Sozial-Phobie. Es gibt Menschen, die trauen sich nicht, auf den anderen zuzugehen, andere anzusprechen oder vor anderen zu reden. Diese Menschen fühlen sich einsam. Aber sie können aus dieser Einsamkeit nicht ausbrechen. Manche trauen sich gar nicht mehr aus dem Haus, aus Angst, sie könnten eine Panikattacke erleiden. Man beschäftigt sich ständig mit den Gedanken, die andere über einen haben könnten. Dieses Grübeln macht die Begegnung mit anderen Menschen zu einem Stress, den man möglichst vermeiden möchte.

Häufig sind es auch andere Emotionen, die die Verbundenheit behindern. Es gibt Menschen, die voller Groll sind. Sie sind unfähig zu wirklichen Beziehungen. Sie haben einen Groll gegen alles. Und dieser Groll richtet sich auch auf die Mitmenschen. Man projiziert auf die anderen den Groll, der durch die Verletzungen in der Lebensgeschichte entstanden ist. Bei anderen ist es die Bitterkeit. Menschen verbittern, wenn ihre Wünsche ans Le-

Groll, Bitterkeit und Hass

ben nicht erfüllt werden oder wenn sie von vielen Menschen enttäuscht oder verletzt wurden. Wer Bitterkeit ausstrahlt, mit dem möchten die anderen keine Beziehung aufnehmen. Denn sie haben Angst, sie würden von der Bitterkeit der anderen angesteckt oder zugeschüttet.

In Gesprächen treffe ich manchmal auch Menschen, die anderen gegenüber einen tiefen Hass empfinden. Sie wissen gar nicht, warum sie den anderen hassen. Aber irgendetwas im anderen weckt den Hass in ihnen auf. Wenn sie einen Menschen hassen, dann wollen sie nichts mit ihm zu tun haben. Doch es ist unsere Aufgabe, bei uns selbst nachzuschauen, was diesen Hass in uns auslöst. Dann werden wir erkennen, dass der andere etwas in uns wachruft, was wir in uns und an uns selber hassen. Manchmal kann die Wahrnehmung solcher Hassgefühle auch ein wichtiger Impuls sein. Sie kann bedeuten, dass ich für mich selber sorge und dem anderen keine Macht über mich gebe, dass ich mich gut abgrenze. Dann wird eine normale Beziehung möglich. Hass kann man nicht mit Moralisieren überwinden, sondern nur wenn man nach seinen Ursachen fragt und sich mit dem aussöhnt, was man bei sich selber hasst. Dann werden wir auch fähig zu guten Beziehungen, auch zu den Menschen, bei denen zunächst Hassgefühle aufgetaucht sind.

Andere destruktive Emotionen, die die Verbundenheit behindern, sind Neid und Eifersucht. Ich bin neidisch auf Menschen, die beliebter sind als ich, die mehr Erfolg ha-

ben als ich, die mehr Geld verdienen als ich. Der Neid führt
dazu, den anderen zu schaden oder sie zu entwerten. Aber
der Neid macht mich auch unfähig, eine gute Beziehung

*Neid und
Eifersucht* zu anderen einzugehen. Der Neid zerstört letztlich die Beziehung. Wenn ich auf den Kollegen
oder auch auf den Freund ständig neidisch bin, weil er sich
leichter tut bei der Arbeit, weil er mehr Erfolg hat, so zerstört das die Freundschaft und behindert die Zusammenarbeit. Eifersüchtig bin ich, wenn mein Kollege besser bei
den Frauen ankommt als ich, wenn die Kollegin eine bessere
Beziehung zum Chef hat als ich. Auch die Eifersucht trennt
uns voneinander. Der Neid beeinträchtigt aber nicht nur die
Beziehung zu einem anderen Menschen oder die Beziehung
zu den Arbeitskollegen. Er hat auch eine gesellschaftliche
Dimension. Wir sprechen von einer Neidgesellschaft. Da
neiden die Menschen den Ärzten ihren guten Verdienst.
Die Arbeitenden neiden den Sozialhilfeempfängern, dass sie
auch ohne Arbeit ihre Bedürfnisse erfüllen können. Der So-
zialneid entzweit die Gesellschaft.

Egozentrik

Menschen, die nur um sich selber kreisen, die nur auf das eigene Ego bezogen sind, sind unfähig, sich mit anderen Menschen verbunden zu fühlen. Sie sind unfähig, sich wirklich
für andere zu öffnen und sich für andere zu interessieren.
Sie benutzen andere nur, um sich selbst darzustellen, um
sich von anderen bewundern zu lassen. Aber es entsteht kein
Miteinander. Sie benutzen andere nur, um dem eigenen Ego
zu dienen, dass sie nach außen gut dastehen.

Eine extreme Form der Egozentrik ist der heute weit verbreitete Narzissmus. Der Narzisst kümmert sich in seiner

Selbstbezogenheit nicht um die anderen. Er braucht sie nur als Bewunderer. Er geht keine wirkliche Beziehung ein, sondern stellt sich vor den anderen dar, um bewundert zu werden. Aber er hat kein wirkliches Interesse am anderen. Er entwertet die anderen, um sich selbst aufzuwerten. Die anderen dienen ihm nur dazu, über sie Macht ausüben zu können. In der Paartherapie spricht man von „narzisstischem Missbrauch". Der narzisstische Mann zermürbt seine Frau mit Drohungen, Unterstellungen, Kränkungen. Er manipuliert sie. Frauen, die unter ihrem narzisstischen Mann leiden, fühlen sich einsam. Sie denken, dass sie selbst alles falsch machen. Denn nach außen glänzt ihr Mann. Er sieht gut aus, er ist witzig, er kann eine Gesellschaft unterhalten. Doch in der Beziehung zu seiner Partnerin entpuppt er sich als Narzisst, der letztlich unfähig ist zu einer wirklichen Beziehung auf Augenhöhe. Er muss die Partnerin immer erniedrigen, bis sie den Mut hat, auszubrechen aus dem narzisstischen Missbrauch.

Der narzisstische Missbrauch

Soziologen sprechen von einer narzisstischen Gesellschaft, in der die Narzissten bevorzugt werden. Der Psychotherapeut Alexander Lowen meint, man könne die narzisstische Kultur einer Gesellschaft „an einem Verlust menschlicher Werte erkennen – an einem Fehlen des Interesses für die Umwelt, an der Lebensqualität, an den Mitmenschen. Eine Gesellschaft, die die natürliche Umwelt dem Profit und der Macht opfert, verrät, dass sie für menschliche Bedürfnisse unempfindlich ist." Einer narzisstischen Gesellschaft ist der Reichtum wichtiger als die Weisheit, die Bekanntheit wird mehr bewundert als die Würde und der Erfolg mehr als die Selbstachtung.

Anpassung und Aufgehen in der Masse

Das schon erwähnte Bedürfnis nach Zugehörigkeit hat auch eine Schattenseite: Heute ist die Tendenz verbreitet, sich der Mehrheit bzw. dem Mainstream anzupassen – oder auch, je nach der Situation, den Menschen, mit denen man gerade zu tun hat. Aber Anpassung schafft keine Beziehung. Denn in ihr verschwindet das Gegenüber. Wir spüren es nicht. Beziehung geschieht immer zwischen zwei Personen. Aber wenn die andere Person sich nur anpasst, gibt es keine Beziehung, keine wirkliche Verbindung. Dann ist man vielleicht äußerlich nett zu den Menschen. Aber man begegnet ihnen nicht und begibt sich der Chance der Verwandlung. Das bedeutet aber auch die Aufgabe des eigenen Selbst. Die eigene Person verschwindet hinter der Anpassung.

Viele passen sich an, um in der Masse unterzutauchen. Sie zeigen sich nicht in ihrer Personalität. Martin Heidegger spricht vom „Man", das in der Masse untertaucht. Das

Das „Man" | „Man" hat keine Kontur. Es hat kein Gesicht. Die
hat kein | Menschen verstecken sich hinter dem Man. Sie
Gesicht | sagen nicht „ich", sondern „man". Sie verallgemeinern damit und verstecken ihre eigene Meinung hinter den Meinungen anderer. Immer wenn jemand sagt: „Man denkt heute so", ist er nicht bereit, sein eigenes Denken zu formulieren und sich damit der Kritik anderer auszusetzen. Aber solange man „man" sagt, ist keine Begegnung möglich. Das Angesicht des anderen, von dem Lévinas spricht, wird nicht sichtbar.

Wer ständig „man" sagt, der versteckt sich hinter der Masse. Er passt sich der Masse an. Er taucht in ihr unter. In der Masse geschieht oft eine Verhaltensenthemmung. Der Einzelne übernimmt nicht die Verantwortung für sein Tun, sondern macht alles, was die Masse tut. Wenn sie gewaltsam demonstriert, schließt er sich an. Wenn sie laut gegen Politiker brüllt, brüllt er mit, ohne eigentlich den wirklichen Grund zu wissen. Wir erleben das bei Massendemonstrationen, in der Einzelne untergehen und ihre eigenen Grundsätze beiseiteschieben, nur damit sie zur Masse gehören.

Die Masse trägt nur für den Augenblick

Doch Masse ist keine Verbundenheit. Wenn die Menschen nach Hause gehen, fühlen sie sich isoliert. Die Masse trägt nur für den Augenblick, aber nicht dauerhaft. Sie verbindet nicht Menschen miteinander, sondern stülpt dem Einzelnen gleichsam einen Emotionsbrei über, sodass er darin untergeht. Oft genug wird der Einzelne durch die Masse auch manipuliert. Für den Augenblick fühlt „man" sich wohl, verbunden. Doch es ist keine echte Verbundenheit, sondern eben eine anonyme Masse, in der die Einzelnen untertauchen und dabei fähig werden, Meinungen zu äußern und ein aggressives Verhalten zu zeigen, die zu vertreten und das zu zeigen sie sich allein nicht trauen würden. Verbundenheit kann nur zwischen Personen entstehen, aber nicht zwischen vielen „Mans", die kein persönliches Antlitz haben, die sich in ihrem Verhalten vielmehr einfach anpassen und dabei oft ihre eigene Persönlichkeit vergessen.

Optimierungsdruck und Konkurrenzdenken

Viele setzen sich heute unter Optimierungsdruck. In den sozialen Medien nehmen sie wahr, wie andere sich als erfolgreich darstellen, wie blendend gut sie aussehen, wie sie als perfekte Männer oder Frauen erscheinen. Dem Bild, das andere von sich präsentieren, möchten auch sie entsprechen. Doch dann kreisen sie nur um sich selbst. Die anderen spielen eine Rolle nur im Hinblick auf das Bestreben, genauso erfolgreich zu werden, ebenso gut dazustehen, genauso im Mittelpunkt zu sein. Es wächst keine Beziehung, sondern nur ein Konkurrenzdenken und Prestigeverhalten. Man ist ständig damit beschäftigt, sich im Vergleich mit anderen zu

Selbstoptimierung und Kontrollbedürfnis | inszenieren und selber das Bild zu bestimmen, das man für seine Umgebung abgibt. Aber sonst interessieren die anderen gar nicht. Sie treiben einen nur an, sich selbst ständig unter Druck zu setzen, damit man so „performt", dass man im ständigen Vergleich mit ihnen mithalten kann. Psychologen sprechen heute vom „Selbstoptimierungswahn". Da gibt es eigene Apps, wie man sich selbst optimieren kann: schneller, besser, gesünder, effizienter, beliebter. Doch man merkt gar nicht, wie man sich damit überfordert. Letztlich will man damit sein mangelndes Selbstwertgefühl ausgleichen. Man will den Erwartungen der anderen und der Gesellschaft entsprechen. Häufig steckt hinter der Selbstoptimierung auch ein starkes Kontrollbedürfnis. Gerade heute, da die Welt unsicherer geworden ist und wir erkannt haben, dass wir weder die Gesundheit noch den Frieden noch den Klimawandel kontrollieren können, gibt diese Kontrolle manchen das Gefühl, dass sie doch die Fäden in der Hand haben. Aber das ist eine Illusion. Der Mensch kann sich nicht völlig kontrollieren. Im Gegenteil: Wer alles kontrollieren will, dem gerät leicht alles außer Kontrolle.

Der Konkurrenzdruck entsteht nicht nur bei der Selbstoptimierung, sondern in vielen persönlichen Situationen. Da setzen sich etwa zwei Brüder unter Konkurrenzdruck. Jeder will dem anderen beweisen, dass er erfolgreicher ist. Doch dieser Druck, sich beweisen zu müssen, verdirbt oft die Beziehung. Man fühlt sich nicht verbunden, obwohl Geschwister von der Herkunft her eigentlich verbunden sind. Konkurrenzdruck herrscht vor allem in Firmen. Jeder fühlt den anderen als Konkurrenten, der schneller aufsteigen könnte als man selbst, der beliebter sein könnte beim Chef, der erfolgreicher sein möchte als man *Wenn der Druck auf Dauer schadet* selbst. Man möchte gar keine Beziehung zum anderen aufbauen. Man möchte ihn nur ausstechen, ihm schaden, damit man selbst Vorteile hat. Solches Konkurrenzverhalten zerstört die Verbundenheit. Doch es zeigt sich: Eine Firma, in der großer Konkurrenzdruck herrscht, ist auf Dauer weniger erfolgreich als eine, in der sich die Mitarbeiter miteinander verbunden fühlen. Wenn eine Führungskraft einen guten Mitarbeiter als Konkurrenten sieht, der sich in manchen Dingen besser auskennt oder der beliebter ist bei anderen, dann kann sie sich nicht über den wertvollen Mitarbeiter freuen, sondern wird ihn in seinen Möglichkeiten beschneiden, wird ihn klein halten, aus Angst, er könnte ihr über den Kopf wachsen. Doch auf diese Weise entsteht eine Spaltung in der Firma, die letztlich dem Erfolg des Ganzen schadet.

Die Firmen sehen sich immer auch in Konkurrenz zu anderen Firmen. Das kann durchaus eine gesunde Konkurrenz sein, wenn man sie spielerisch betrachtet. Das Wort Konkurrenz bedeutet ja eigentlich: zusammen laufen. Es gibt ein Zusammen-Laufen, bei *Konkurrenz heißt eigentlich: zusammen laufen* dem alle miteinander laufen und einander stützen, damit die anderen gut mitkommen. Aber es gibt auch ein Zusammen-Laufen, bei dem jeder nur auf sich schaut, damit er der Erste ist. Eine gesunde Konkurrenz zwischen den Firmen kann für ein Unternehmen eine Herausforderung sein, sich besser vorzubereiten, besser zu trainieren, neue Ideen zu entwickeln. Bei einem Wettlauf treiben die Läufer sich gegenseitig an. Wenn einer an mir vorbeiläuft, versuche ich ihn einzuholen. Und das Laufen in der Gruppe ermöglicht mir ein schnelleres Laufen, als wenn ich allein laufen würde. Denn dann würde ich nur bequem ans Ziel kommen wollen.

Häufig wird aber die Konkurrenz zwischen den Firmen zur Einladung an den Chef, seine Mitarbeiter ständig anzutreiben und immer höhere Leistungen von ihnen zu erwarten. Doch dann erzeugt der Chef Angst und lähmt die Mitarbeiter eher. Es käme darauf an, sich von der Konkurrenzfirma herausfordern zu lassen, kreativ zu reagieren, neue Ideen zu entwickeln, anstatt immer nur die Kosten – vor allem die Personalkosten – zu senken.

Die Ökonomisierung vieler Lebensbereiche

Heute stehen wir in Gefahr, die Ökonomie in allen Lebensbereichen zur herrschenden Kraft werden zu lassen. Das Sprichwort „Zeit ist Geld" stammt von Benjamin Franklin (1748 in seinem Buch *Ratschläge für junge Kaufleute* formuliert) und wurde zur Devise effizienter industrialisierter Wirtschaftsabläufe. Wenn dieses Prinzip eines Kosten-Nutzen-Denkens aber unbegrenzt

Wenn soziale Zeit in Geld gemessen wird

gilt und auch auf den Sektor des Zwischenmenschlichen übertragen wird, führt das dazu, dass Verbundenheit auch da nicht mehr wachsen kann, wo sie notwendig ist. Wenn auch die soziale Zeit in Geld gemessen und verrechnet wird, wenn etwa zwischen der Krankenschwester und dem Patienten, zwischen dem Altenpfleger und dem alten Menschen, zwischen dem Arzt und seinem Klienten jede Arbeit genau im Hinblick darauf festgelegt wird, wie viel Zeit sie kosten darf, dann stirbt die Menschlichkeit. Jede Behandlung eines Patienten wird unter diesen Druck der Ökonomisierung gestellt. Die Psychologie weiß, dass die menschliche

Begegnung mit dem Patienten wichtig ist. Doch heute meinen wir, wir könnten alle Behandlungsweisen messen. Doch wenn die Krankenschwester von einem Patienten zum anderen gehetzt wird, kann sie gar nicht die Zuwendung geben, die sie gerne geben möchte und nach der sich der Patient so sehr sehnt. Sie muss sich selbst schützen, um sich nicht zu überfordern. Chefärzte beklagen sich, dass sie das Krankenhaus nicht mehr prägen können, sie werden von den kaufmännischen Leitern und Controllern dirigiert. Ärzte wissen, dass das gute Gespräch schon die beste Medizin ist, aber dafür bekommen sie nichts bezahlt. Sie stehen also unter Druck, den Vorgaben der Ökonomie mehr zu entsprechen als ihrem ärztlichen Ethos. Psychologen beklagen sich, dass sie mehr Zeit für Protokolle und Gutachten benötigen als für die Arbeit mit den Patienten. In Pflegeheimen wird die Zeit für die einzelnen Pflegearbeiten genau festgelegt, sodass das Gespräch, das die oft vereinsamten Alten suchen, kaum mehr möglich ist. Ein Pflegeheim, das trotzdem eine Kultur der Zuwendung gestaltet, hat wirtschaftliche Nachteile.

Eine solche Tendenz schafft Kälte in der Gesellschaft. Und diese Kälte tut den Menschen nicht gut. Sie schafft keine Verbundenheit, sondern Distanz. Die Gesellschaft wird nicht mehr von der Menschlichkeit, der *humanitas* geprägt, sondern von der kalten Herrschaft des Geldes. Geld wird gleichsam zum Ersatzgott. Doch es ist ein Gott, der die Menschen versklavt, anstatt sie zu befreien und aufzurichten. „Liebe hat Zeit. Sie liebt mit langem Atem" – diese Weisheit, die Paulus den Korinthern sagt (vgl. 1 Kor 13,4.7), ist eine Gegenkraft gegen die Ökonomisierung des Menschlichen. Wir sollten sie uns immer wieder ins Bewusstsein rufen und leben.

Die Krankheit der Selbstreferenzialität

Den Ausdruck „Krankheit der Selbstreferenzialität" hat Papst Franziskus in seinem „Brief an alle Personen des geweihten Lebens zum Jahr des geweihten Lebens" (21. November 2014) geprägt. Er kritisiert damit die Selbstfixierung eines Systems, das nicht über den eigenen Tellerrand hinausschaut. Er meint damit natürlich in erster Linie die Ordensleute, die nur um die eigene Existenz kreisen und misstrauisch sind gegenüber allem, was den kleinen Kontext des Klosters stört. Manche Klöster haben sich eingerichtet in ihrem Leben.

Ohne Ausstrahlung auf das Ganze: Fixiert auf ein System

Aber es geht von ihnen keine Strahlkraft in die Welt hinein aus. Sie kümmern sich nicht um die Nöte der Menschen, sondern nur um das Heil der eigenen Seele. Aber die Gefahr, die Papst Franziskus in diesem Brief anspricht, gilt auch für alle, die einen spirituellen Weg gehen, ganz gleich, ob sie den christlichen Weg gehen oder ihre Spiritualität aus östlichen Religionen beziehen. Es ist immer die Gefahr, dass wir Spiritualität als narzisstisches Kreisen um uns selbst missverstehen. Wir kreisen dann nur um unsere religiöse Praxis und versuchen, diese möglichst peinlich genau einzuhalten. Aber von uns geht auf diese Weise keine Kraft aus für die Welt. Franziskus nennt das die Krankheit der Selbstbezogenheit. Ken Wilber, ein amerikanischer Psychologe und Autor, hat einmal über die Meditationsszene in den USA geurteilt, sie habe keine wirksame Ausstrahlung auf die Gesellschaft. Ob das Urteil stimmt, kann ich nicht beurteilen. Aber die Gefahr besteht sicher, dass manche Menschen die Meditationspraxis nur üben, damit es ihnen selber besser geht, damit sie sich wohler fühlen und spirituell weiterkommen. Sie sind dann in Gefahr, sich mit ihrer Spiritualität über andere zu erheben. Sie sind ja schon eins mit Gott. Man spricht dann von der Flucht in die Grandiosität: Man fühlt sich als et-was Besonderes und schaut auf die einfachen Menschen, die angeblich keine Ahnung von Spiritualität haben, herab. Mit dieser Haltung brauchen sie sich dann nicht um die Menschen in ihrer Umgebung zu kümmern. Die angemessene Meditation freilich öffnet uns für die Menschen. Sie verbindet uns innerlich mit ihnen und regt an zum Engagement für die Menschen. Der hl. Benedikt fasst das in die Formel: „Ora et labora" – „Bete und arbeite". Das meint: Bete und gestalte die Welt, kümmere dich um die Menschen in deiner Nähe.

17.

Was Verbundenheit ausmacht und ermöglicht

Mitgefühl

Eine wesentliche Bedingung für das Gelingen von Verbundenheit ist das Mitgefühl. Das Mitgefühl ist für alle Religionen eine zentrale Haltung des spirituellen Menschen. Der Dalai Lama spricht in seinen Schriften immer wieder vom

Kraft der Empathie und Ahnung der Einheit

Mitgefühl. Er ist überzeugt, dass das Mitgefühl – die natürliche Fähigkeit des menschlichen Herzens gegenüber einem anderen Wesen Sorgen und Verbundenheit zu empfinden – einen ganz grundlegenden Aspekt unserer Natur darstellt, der allen Menschen eigen und zugleich die Grundlage unseres Glücks ist (Dalai Lama 156). Es handelt sich dabei also um eine uns angeborene kostbare Eigenschaft, die es zu entfalten gilt. Und für den Dalai Lama ist das Mitgefühl zugleich auch der Weg zum Glück. Denn wenn wir mit den anderen Menschen und auch mit den Tieren und Pflanzen fühlen, dann tut das auch uns gut, dann fühlen wir uns nicht einsam und isoliert. Wir fühlen uns zugehörig, verbunden mit allem, was ist.

In der Bibel entspricht dem Mitgefühl, von dem der Dalai Lama spricht, das griechische Wort „oiktirmon", das Lukas für die Haltung der Barmherzigkeit verwendet: „Seid barmherzig, wie es auch euer Vater ist!" (Lk 6,36). Im Griechischen steht hier: „ginesthe". Es bedeutet: *Werdet* barmherzig, *werdet* mitfühlend, so wie euer Vater mitfühlend ist. Es ist also eine Aufgabe für uns, mitfühlend zu werden. Das Mitgefühl ist zwar in uns angelegt. Aber es ist unsere Aufgabe, es in uns immer mehr zu verwirklichen. Dann werden wir mit der Zeit immer mitfühlender. Wer mitfühlend wird – so meint Lukas – wird Gott gleich. Er hat verstanden, was Gottes Wesen ist, und er hat im Mitgefühl Anteil am Mitgefühl Gottes mit den Menschen. Er hat verstanden, dass Gott mit allem, was ist, mitfühlt. Und er gleicht sich in seinem Mitgefühl mit allen Geschöpfen seinem Schöpfer an. Er verwirklicht den Geist Jesu und ahmt Gott selber nach, der von seinem Wesen her ein mitfühlender Gott ist.

Wer mitfühlend ist, ahmt Gott nach

In der Psychologie bezeichnet man das Mitgefühl als Empathie. Empathie ist etwas anderes und mehr als Sympathie, die man für jemanden empfindet, und auch etwas anderes als Mitleid. Empathie ist das Vermögen, sich in den anderen einzufühlen, auf ihn einzugehen, ihm wirklich zu begegnen, ohne ihn zu vereinnahmen. Den anderen anzuerkennen ist die wesentliche Bedingung für ein harmonisches Zusammenleben, für eine tragfähige Beziehung. Empathie als Haltung ist Voraussetzung etwa für eine gute Beziehung zwischen Therapeuten und Klienten. Sie ist aber auch generell ein Zeichen für die Reife eines Menschen. Menschen, die keine Empathie zeigen können, gelten als krank. Wer sich nicht in die Emotionen anderer einfühlen, die Gefühle des anderen

Zeichen der Reife, Voraussetzung für eine gute Beziehung

nicht erkennen kann, wird auch nicht angemessen auf den anderen Menschen reagieren können.

Der vietnamesische Zen-Mönch Thich Nhat Hanh hat 1966 – in der Zeit des Vietnamkrieges – ein Gedicht über Ge-

Fähigkeit zu Verständigung, Vermittlung und Versöhnung

waltfreiheit geschrieben: „Empfehlung". Darin heißt es: „Das Einzige, was deiner würdig ist, / ist Mitgefühl – unbesiegbar, grenzenlos, bedingungslos." Versöhnung und die Fähigkeit zu Verständigung und Vermittlung, so die Botschaft dieses Mönchs und Friedensaktivisten, wird nur gelingen, wenn wir die Fähigkeit entwickeln, uns der Existenz des Leidens auf allen Seiten eines Konflikts bewusst zu sein: „Versöhnung bedeutet, beide Seiten zu verstehen, auf die eine Seite zu- zugehen und das Leiden der anderen Seite zu beschreiben, und dann auf die andere Seite zuzugehen und das Leiden der ersten Seite zu beschreiben. Nur das zu tun, wird eine große Hilfe für den Frieden sein."

Das Mitgefühl verbindet mich mit allen Menschen, nicht nur mit denen, die „auf meiner Seite" stehen. Ich fühle mit der Not des anderen, ich fühle mit der Freude des anderen. So fühle ich mich mit jedem Menschen, dem ich begegne, verbunden. Einssein bedeutet jedoch nicht Einheitlichkeit, sondern eine Einheit von Menschen, die auf eigenen Fü- ßen stehen, die verschieden sind in ihren Meinungen und

Erfahrung des Einsseins: Das Mitgefühl gilt nicht nur den Mitmenschen

Charakteren. Die Verbundenheit geht über die Menschen hinaus, die ich kenne und denen ich begegne. Das Mitgefühl gilt allen Menschen auf der ganzen Erde. Und es gilt auch unseren Mitgeschöpfen, also auch Pflanzen und Tieren. Wenn ich mit allem mitfühle, bin ich mit allem, was ist, ver- bunden. Ich spüre eine innere Einheit mit allem, was ist.

Verbundenheit und Einheitsgefühl gehören zusammen. Das Mitgefühl lässt uns dieses Einssein erahnen. Gerade heute in einer Gesellschaft, in der es so viele spaltende Tendenzen gibt, könnte das Mitgefühl eine Kraft sein, die die Spaltung relativiert oder gar aufhebt. Wenn wir uns – trotz aller gegensätzlichen Meinungen und trotz aller Auseinandersetzung – tief in die Menschen einfühlen, werden wir erkennen, dass sich alle letztlich nach dem Frieden sehnen oder, wie Augustinus es formuliert hat, dass alle Menschen glücklich sein wollen. Wenn ich mich in diese Sehnsucht einfühle, dann stärkt das die Hoffnung darauf, dass ein Miteinander möglich ist und dass Verbundenheit entstehen wird, trotz aller Gegensätze.

Solidarität

Warum sind wir füreinander da? Die über 80-jährige Autorin Helga Schubert, die ihren alten, dement und hinfällig gewordenen Mann liebevoll pflegt, gibt sich auch selber darüber Rechenschaft, wenn sie in ihrem autobiographischen Buch *Der heutige Tag* schreibt: „Wir alle können hilflos werden und brauchen Erbarmen. Schon morgen kann jeder von uns einen Schlaganfall erleiden, die Brille zerbrechen, mit zerschlagenem Gesicht vor der Wohnungstür stehen. Wir sind doch da – ein wunderbarer tröstlicher Satz" (Schubert 64f). Nicht erst im Alter gilt das. Der Philosoph Emmanuel Lévinas hat darauf hingewiesen, dass wir von Beginn unseres Lebens an auf den Anderen angewiesen sind. Schon der Schrei des Kindes nach der Geburt sagt: Nimm mich an, sorge dich um mich. Damit ist die grundsätzliche Notwendigkeit der solidarischen Beziehung begründet. Solidarität bezeichnet die

Wechselseitige Hilfe und Beistand

Verbundenheit von Menschen untereinander. Sie besteht in der Bereitschaft, anderen Menschen zu helfen, ihnen beizustehen und für sie einzutreten, wenn sie sich selber nicht helfen können oder ungerecht behandelt werden. Solidarität zeigt sich vor allem in der Unterstützung Schwächerer. Sie ist bereit, Opfer zu bringen für Menschen, die unserer Hilfe bedürfen. Wir sprechen oft von der Solidarität in einer Gruppe, in der einer für den anderen eintritt. Es geht aber nicht nur um Menschen, die uns nahestehen, denen wir besonders verbunden sind oder denen wir uns aus bestimmten Gründen verpflichtet fühlen. Es geht auch nicht um ein Tauschprinzip: Hilfst du mir, so helfe ich dir. Es geht vielmehr letztlich um eine gemeinsame Widerständigkeit aus einer Werthaltung heraus, die die Würde der einzelnen Person hochschätzt. Wir dürfen uns auch nicht, so Horst-Eberhard Richter in einem Interview, „von einer flexibilisierten Wirtschaft und von den rasant steigenden technischen Machbarkeiten die Steuerung unseres Gemeinschaftslebens aus der Hand reißen lassen" (Richter 2001). Vom christlichen Standpunkt aus beansprucht Solidarität unbegrenzte Geltung. „Denn wenn die Würde des Menschen auf seinem Personsein gründet und Sozialbezogenheit zur Natur dieses Personseins gehört, dann schließt dies notwendig Solidarität mit allem, was Menschenantlitz trägt, ein" (Korff in: LexSpir 1156).

Solidarität macht ernst mit der Verbundenheit mit allen Menschen. Sie tritt gerade für die ein, die keine Lobby haben. Und sie gilt nicht nur den Menschen in der nächsten Umgebung, sondern grundsätzlich allen Menschen. Solidarität kämpft immer auch um die Gerechtigkeit. Sie handelt so an den Menschen, dass sie deren Würde gerecht wird. Der Friedens-

Solidarität ist praktisch und gilt grundsätzlich allen

forscher Carl Friedrich von Weizsäcker meint, nur eine solidarische Welt könne eine gerechte und friedvolle Welt sein. Und Jürgen Habermas erklärt die Solidarität so: Nur wer sich solidarisch verhält, nimmt im Vertrauen darauf, dass sich der andere in ähnlichen Situationen ebenso verhalten wird, im langfristigen Eigeninteresse Nachteile in Kauf.

Die Solidarität als zwischenmenschliche Verbundenheit, die sich gegenseitig geschuldet weiß, ist demnach die Grundlage für den gesellschaftlichen Zusammenhalt. Sie löst die Ich-Einsamkeit auf, auch aus dem Wissen heraus, dass wir alle aufeinander angewiesen sind. Wer nicht nur um sich kreist, sondern sein Herz öffnet für die Not der anderen Menschen, wer mit ihnen fühlt und wirklich hilft, sie aktiv unterstützt, der wird auch selber mehr Lebendigkeit erfahren. Die Solidarität verstehen wir heute nicht nur als Solidarität mit den Schwächeren und Ärmeren, als Einsatz für die Randgruppen unserer Gesellschaft, nicht nur als Solidarität mit unterdrückten Völkern oder Gruppen, etwa als Solidarität mit den Menschen in der Ukraine, mit den verfolgten und bedrohten Christen, mit den unterdrückten Frauen im Iran, sondern auch als Solidarität mit der Schöpfung, mit der Natur. Und die Solidarität bezieht sich nicht nur auf die Gegenwart, sondern auch auf die Zukunft. In der Sorge um eine gesunde Umwelt sind wir solidarisch mit den künftigen Generationen – also auch mit Menschen, die wir noch gar nicht kennen. Wir denken in unserem ökologischen Verhalten auch an die Generationen nach uns. Wir fühlen uns nicht nur verbunden mit den Menschen, die gleichzeitig mit uns auf der Erde leben, sondern auch mit denen, die in der Zukunft die Erde bevölkern werden.

Die Solidarität stärkt die Gemeinschaft durch das Bewusstsein der Wechselseitigkeit. Auch die Kräftigsten und Reichsten unter uns können in die Situation der Hilflosigkeit und Schwäche kommen. Die Menschen sind nach Paracelsus „zum Umfallen geboren", sie sind sterblich. Es ist also wichtig, zu wissen, dass wir daher alle aufeinander angewiesen sind, dass wir alle einander brauchen. Und wenn die Schwachen unsere besondere Hilfe erfahren, stärkt das die gesamte Gesellschaft. „Gemeinschaft macht stark" – dieser Grundsatz wird im Ruhrgebiet so formuliert: „Allein machen sie dich ein!" Die Gemeinschaft schützt den Einzelnen. Die Solidarität verlangt aber auch, dass wir das Kreisen um uns selbst aufgeben. Daher ist die Solidarität ein Gegenpol zu unserer individualistischen Gesellschaft. Ohne gelebte Solidarität würde die Gesellschaft auseinanderbrechen. Wenn jeder nur noch um die eigenen Bedürfnisse kreist, ist keine Gemeinschaft möglich. Wenn wir für andere Bedeutung haben, gibt uns das auch selber Kraft und Sinn. Gebraucht zu werden, das stabilisiert uns selber und die Gemeinschaft. Wenn wir nur auf uns selber schauen, zerfällt die Gesellschaft in die Einzelnen oder in einzelne Gruppen. In diesen Einzelgruppen mag zwar Solidarität da sein, aber nur nach innen. Das führt zum Gruppenegoismus, der auf Dauer die Gesellschaft zerstört.

„Allein machen sie dich ein!"

Solidarität ist also fraglos wichtig – gegenüber Armen, Flüchtlingen, Menschen in Not. Doch manche übernehmen und erschöpfen sich, wenn sie sich bemühen, Solidarität zu leben. Bei anderen kommen Ärger, Neid und Wut auf – und eine Ablehnung der Schwachen. Wo sind die Grenzen der Solidarität? Darf man als Christ überhaupt solche Grenzziehungen zulassen? Die Antwort kann nur lauten: Die Überzeugung, dass die Solidarität allen Menschen gilt, drückt aus, dass wir Menschen innerlich alle miteinander verbunden sind. Von daher dul-

Wo sind die Grenzen der Solidarität?

det die Solidarität also keine Einschränkung. Aber wenn wir diesen moraltheologischen Grundsatz konkret auf uns, auf unsere Möglichkeiten, unsere Erfahrung und unsere Emotionen beziehen, dann erleben wir durchaus auch Grenzen der Solidarität. Wir sollen mit allen Menschen solidarisch sein. Aber zugleich sollen wir in der Beziehung zu anderen auch unsere eigenen Gefühle beachten. Dabei werden wir möglicherweise manche Vorurteile in uns entdecken. Diese Vorurteile und die inneren Widerstände gegen das solidarische Verhalten wollen angeschaut werden. Wir sollen mit diesen Widerständen und Emotionen sprechen. Die Widerstände zeigen uns oft genug, dass wir uns nicht gerne auf schwache Menschen, aber auch nicht gerne auf die eigene Schwäche einlassen. Dann ist es unsere Aufgabe, die Widerstände zu überwinden. Es gibt aber auch Widerstände, die uns auf die persönliche Begrenzung unserer Solidaritätsfähigkeit hinweisen. Wenn wir das Gefühl haben, dass schwache Menschen in ihrer Opferrolle bleiben und sich durch unsere Solidarität nicht aktivieren lassen, sondern in ihrer Passivität verbleiben, dann dürfen wir durchaus zu unserer eigenen Grenze stehen. Natürlich braucht die Solidarität mit den Armen und Schwachen auch Geduld und die Hoffnung, dass sich etwas wandelt. Aber wenn wir auf reine Passivität und zugleich auf große Ansprüche an die Gesellschaft stoßen, dann dürfen wir unsere eigenen Grenzen ziehen. Doch diese Grenzen heben nicht die grundsätzliche Solidarität auf, sondern geben ihr nur eine Struktur, die uns möglich ist und die letztlich auch die Aktivität der Armen und Schwachen herauslocken will. Solidarität heißt, Menschen zu befähigen, dass sie für sich selber eintreten – und die zu unterstützen, die das nicht können.

Für den Psychoanalytiker Horst Eberhard Richter führt mangelnde Solidarität zu psychosomatischen Krankheiten.

Doch er beobachtet gerade bei jüngeren Menschen eine neue Sehnsucht nach Solidarität: „Man sucht nach Befreiung vom Zwang zu hektischer Leistungsaktivität, zu permanenter Gefühlsunterdrückung, zu expansiver Rivalität als Prinzip. Man sehnt sich umgekehrt danach, seine verdrängten Gefühle wiederzuerwecken und in eine möglichst breite Kommunikation mit anderen einzubringen. Integration in Gruppen und Solidarität sind wesentliche neue Ziele. Man will Isolation überwinden, wo immer man dieser ausgesetzt ist" (Richter 1974, 18). Die Menschen spüren, dass ihnen die Solidarisierung gut tut, dass sie heilsam ist für Leib und Seele, während die Isolation häufig Ursache von Krankheiten ist.

Solidarität ist zudem eine Strategie, der zunehmenden Einsamkeit in unserer Gesellschaft, wirksam zu begegnen. Der *Heilsam für Leib und Seele – und für die Gesellschaft* Hirnforscher Manfred Spitzer sieht in der Einsamkeit eine Hauptursache vieler Krankheiten. Seine These: „Einsamkeit ist nicht nur ein Symptom, d. h. ein Krankheitszeichen, sondern sie ist selbst eine Krankheit" (Spitzer 9). Schon das Wahrnehmen der besonderen Einsamkeit bei jungen oder alten Menschen ist da wichtig, und Zuhören kann bereits ein Akt solidarischer Hilfe in dieser Not sein. Aber es kommt auch eine gesellschaftliche Dimension mit ins Spiel, und auch die Politik ist gefragt, das Thema der Einsamkeit und ihrer Folgen zu erforschen und Strategien für den Umgang damit zu entwickeln. In der Solidarität bin ich bereit, mich – zusammen mit anderen Menschen – für andere Menschen einzusetzen, auch für solche, die ich gar nicht persönlich kenne. Solidarität ist eine konkrete Verwirklichung der christlichen Nächstenliebe. Doch sie geht über die Liebe zum einzelnen Nächsten hinaus und ist bereit, auch gesellschaftliche

Strukturen zu schaffen, in denen jeder Mensch mit seinen Bedürfnissen gesehen und ernst genommen wird.

Übernahme von Verantwortung

Eigentlich leuchtet es ein: Wenn wir wissen, dass wir eine ansteckende Krankheit haben, haben wir auch eine Verantwortung: nämlich die Pflicht, darauf zu achten, dass wir andere nicht schädigen, indem wir sie infizieren und die Krankheit weiter ausbreiten. Und weil wir wissen, dass unser individuelles Umweltverhalten Auswirkungen hat auf die globalen Emissionen, tragen wir auch als Einzelne in unserem Verhalten eine Mitverantwortung für das Klima im Ganzen. Wenn heute *Sorge für andere: Voraussetzung für das Zusammenleben* oft und in vielen Bereichen über Verantwortungslosigkeit geklagt wird, ist klar, dass eine solche Haltung riskant ist und schädlich für das Leben von Menschen und besonders auch für das Zusammenleben: ob wir von Bankern sprechen, die mit dem ihnen anvertrauten Geld ihrer Kunden leichtfertig zocken und sich selber maßlose Boni zubilligen, ob wir Menschen in Machtpositionen im Blick haben, die ihre Handlungen vor allem unter dem Aspekt sehen, wie nützlich sie für sie selber sind, und die damit das Vertrauen in politische Institutionen unterhöhlen, ob wir von gefährlichem, rücksichtslosem Verhalten von Rowdies im Verkehr sprechen oder von privatem Verhalten etwa in der Familie oder von Risiken, die sich aus Verhaltensweisen in der Wirtschaft oder dem Handeln von Wissenschaftlern ergeben: Das Leben des Einzelnen, aber auch das Funktionieren und Überleben von Gemeinschaften bzw. einer Gesellschaft in einer unüberschaubaren Welt kann nicht beschrieben werden ohne die Haltung der Verantwortlichkeit. Gutes Handeln heißt also auch: die Folgen meines Tuns für andere zu bedenken. Der Philosoph Hans Jonas hat den Wert, um den es dabei geht, als das „Prinzip Verantwortung" so definiert: „die als Pflicht anerkannte Sorge um ein anderes Sein" (Jonas 391). Das gilt für unser Leben im Staat ebenso wie in der Kirche. Verantwortung kann man nicht auf andere, „auf die da oben", auf die „Amtsträger" auch nicht auf „das System" oder „die Politiker" abschieben. Die Sendung und der Auftrag der Kirche nehmen alle Christen als Einzelne in die Verantwortung. Und auch ein demokratischer Staat kann nicht existieren, wenn die Bürger ihre Rechte und Pflichten nicht wahrnehmen, wenn nicht auch Individuen aktiv Verantwortung für das Ganze wahrnehmen.

„Verantwortlich" sind wir aber nicht nur für andere. Verantwortung übernehmen wir auch für unser eigenes Leben,

Verantwortung auch für unser eigenes Leben

das von anderen mitgeprägt wurde – und auch unsere eigene Lebensführung hat ja wieder Auswirkungen auf das Leben anderer. Wir können uns nicht aussuchen, welche Kindheit wir hatten, in welcher Umwelt wir groß wurden, ob wir behütet aufgewachsen sind oder ob wir uns damals alleingelassen fühlten. Es liegt nicht in unserer Hand, ob wir in unserem früheren Leben viele Verletzungen erlitten oder viel Liebe erfahren haben. Doch gleich, wie unsere Kindheit war – wir sind verantwortlich dafür, was wir daraus machen. Doch manche bleiben in dieser Erfahrung gefangen und kommen aus der Opferrolle nicht mehr heraus. Sie haben das Gefühl, zu wenig Liebe erfahren zu haben, es in der Kindheit ganz schlimm gehabt zu haben. Doch wenn sie in der Opferrolle bleiben, stören sie die Verbundenheit mit dem Partner oder der Freundin. Sie projizieren ihre eigenen Defizite auf die Freunde und Partner. Von solchen Menschen geht oft eine aggressive Energie aus. Und sie geben immer dem anderen die Schuld dafür, dass eine Beziehung schwierig ist. Opfer werden auf diese Weise auch oft zu Tätern.

Die Verantwortung, die ich für mich und meine Lebensgeschichte übernehme, ist die Voraussetzung dafür, dass die Verbundenheit mit anderen Menschen gelingt. Solche Verantwortung zu übernehmen kann nach erlittenen Kindheitstraumata oft nur in einer Therapie gelingen. Ich bin aber nicht nur für mich und meine Lebensgeschichte verantwortlich, sondern auch für die Beziehung, die ich eingehe. Ich bin verantwortlich dafür, mit welcher Haltung ich dem anderen begegne, mit Wohlwollen oder mit Missgunst, ob ich den anderen so annehme, wie er ist, oder ob ich ihn auf meine Vorurteile festlege. Die Verantwortung wird umso stärker, je enger die Beziehung wird. Bei einem Kundenkontakt oder bei einem Fest bin ich nur für den Augenblick dafür verantwortlich, wie ich dem Kunden, wie ich den Gästen auf dem Fest begegne. Doch wenn ich eine enge Freundschaft oder eine Partnerschaft eingehe, bin ich nicht nur im Moment verantwortlich für diese Beziehung. Da gilt das Wort, das der Fuchs dem Kleinen Prinzen sagt: „Du bist zeitlebens für das verantwortlich, was du dir vertraut gemacht hast." Wenn ich eine enge Beziehung eingehe, übernehme ich auch Verantwortung für diese Beziehung. Ich kann nicht einfach aussteigen, wenn es mir nicht mehr passt. Es kann natürlich sein, dass eine Beziehung zu Ende geht, dass sie nicht mehr weitergeführt werden kann. Aber dann bin ich auch dafür verantwortlich, wie diese Beziehung aufgelöst wird. Doch gibt es Menschen, die einfach aus der Beziehung aussteigen, aber jedes Gespräch darüber verweigern. Sie teilen im Zweifel durch eine Kurznachricht per Smartphone mit, dass sie keine Beziehung mehr wünschen.

Zeitlebens verantwortlich

Wenn sich jemand auf diese Weise von seinem Partner oder seiner Partnerin trennt, verweigert er die Verantwortung für die Beziehung und auch für die Trennung. Es ist letztlich Feigheit, sich so aus einer Beziehung herauszustehlen.

Wenn es in einer Freundschaft oder Partnerschaft Konflikte gibt, dann bin dafür verantwortlich, wie ich auf diese Konflikte reagiere, ob ich mich dem Konflikt stelle und versuche, einen Weg zur Lösung zu finden, oder ob ich den Konflikt einfach nur verdränge oder aber mich gleich beim ersten Konflikt vom anderen trenne. Denn ein Konflikt bringt mich immer auch mit meiner eigenen Wahrheit in Berührung. Er ist eine Chance, mich selber besser kennenzulernen. Wer den Konflikt verdrängt, verweigert sich der Verantwortung, die eigene Wahrheit zu erkennen.

Der Philosoph Hans Jonas hat in seinem Werk *Das Prinzip Verantwortung* dargelegt, dass Verantwortung immer auch die Verantwortung für die Zukunft mit einschließt. Er beschreibt die Verantwortung in den verschiedenen Bereichen unseres Lebens. Der Vater, der sein Geld im Kasino verspielt, ist seiner Familie gegenüber unverantwortlich. „Der waghalsige Fahrer ist leichtsinnig für sich, aber unverantwortlich, wenn er damit auch Passagiere gefährdet" (vgl. Prange 555). Für Hans Jonas ist entscheidend, dass wir nicht nur für unser Handeln verantwortlich sind, sondern auch für die Folgen unseres Handelns. Wir müssen vorausschauend Verantwortung für diese Welt übernehmen. Hans Jonas vergleicht die Verantwortung der Eltern für ihre Kinder mit der Verantwortung des Staatsmannes. Bei beiden geht es um eine Totalität der Verantwortung, um die Verantwortung für die Zukunft. Die elterliche Verantwortung ist der Archetyp für jede Verantwortung. Sie ist eine Verantwortung für das ganze Kind, für sein Werden.

Verantwortung bezieht sich auch auf die Zukunft

So sind auch wir für diese Welt und für die Menschheit im Ganzen verantwortlich. Nach Aristoteles gehört das zur Verantwortung des Politikers: dass menschliches Leben möglich ist, auch in Zukunft. In unserer Verantwortung liegt es, immer zu fragen: Was kommt danach? Wohin wird es führen? Wie vereinigt sich das jetzt Geschehende mit dem ganzen Gewordensein dieser Existenz? Wir haben Verantwortung für die Geschichte, für die Vergangenheit wie für die Zukunft. Was wir denken und tun, hat Auswirkungen auf die Zukunft, gestaltet sie.

So stellt Hans Jonas diesen Grundsatz für unsere Verantwortung auf: „Handle so, dass die Wirkungen deiner Handlung verträglich sind mit der Permanenz echten menschlichen Lebens auf Erden" (Jonas 36). Unsere Verantwortung für die Zukunft übernehmen wir aber nur, wenn wir unsere Aufmerksamkeit über den Tellerrand der Aktualität und der eigenen begrenzten Interessen hinaus erweitern, wenn wir uns also auch der Risiken unseres Tuns im Blick auf die Zukunft bewusst werden und uns so auch mit den Menschen verbunden fühlen, die nach uns leben.

Gerechtigkeit

Menschliches Miteinander, gelingende Gemeinschaft sind nicht möglich ohne Bemühen. Ich muss dem anderen Menschen in seiner konkreten Situation gerecht werden, indem ich ihn richtig behandle, das heißt: ihn so behandle, dass es für ihn gut ist. Das ist eine Haltung, die auf den Zusammenhalt der ganzen Gemeinschaft aus ist, also auf die rechte soziale Ordnung. Es geht um den grundlegenden Wert eines guten Lebens für alle.

Gutes Miteinander heißt: dem anderen gerecht werden

Die Bedeutungsbreite der Vorstellung von Gerechtigkeit
zeigt sich im Blick auf die Geschichte: Der Philosoph So-
krates meint: Wer Unrecht tut, der schadet sich selbst, er
ist bemitleidenswert. Er verweigert nicht nur dem anderen
das ihm Zustehende, er handelt auch gegen seine eigene
Natur. Er wird sich selbst nicht gerecht. Sein Schüler Platon hat die Gerechtigkeit als den für das Zusammenleben
von Menschen zentralen Wert verstanden. Dabei bedeutet
Gerechtigkeit durchaus zuerst: mir selbst gerecht werden,
meinem Leib, meiner Seele und meinem Geist gerecht werden, meinem Wert gerecht werden. Wenn ich meinem Wert
gerecht werde, habe ich es nicht nötig, andere zu entwerten, sondern kann mich über den Wert der anderen freuen.
Gerechtigkeit ist aber vor allem soziale Gerechtigkeit. Der
Grundsatz lautet: jedem das Seine geben – suum cuique, wie
die Lateiner sagen. Das bedeutet: gerechte Güterverteilung,
gerechte Chancenverteilung, gerechte Verteilung der Arbeit,
gerechter Lohn. Alle gerechte Ordnung in der Welt baut auf
dem Grundsatz auf, dass der Mensch dem Menschen das
ihm Zustehende gibt. Das kann in verschiedener Weise geschehen. Thomas von Aquin unterscheidet drei Formen: die
Tauschgerechtigkeit, die das Verhältnis des Einzelnen zum
Einzelnen ordnet, die zuteilende, austeilende Gerechtigkeit,
die das Verhältnis des Gemeinwesens zum Einzelnen ordnet,
und schließlich die gesetzliche, allgemeine Gerechtigkeit,
die die Beziehung der Einzelnen zum Ganzen, zur Gemeinschaft ordnet. Die austeilende Gerechtigkeit bezieht sich auf
die Herrschaft. Es gibt kein größeres Unrecht als eine ungerechte Herrschaft. Der thomistische Philosoph Josef Pieper
meint auf diesem Hintergrund: „Alles Unrecht … bedeutet,
dass dem Menschen das Seine vorenthalten oder genommen
wird, und … nicht durch Unglück, Missernte, Feuer, Erdbeben, sondern durch den Menschen" (Pieper 1970, 68).

Jesus preist die selig, „die hungern und dürsten nach der Gerechtigkeit" (Mt5,6). Wir sollen stets bestrebt sein, möglichst gerecht zu sein. Doch es wird nie ganz gelingen. Alle Eltern wollen ihre Kinder gerecht erziehen. Und dennoch klagen viele: Mein Vater, meine Mutter hat meinen Bruder, meine Schwester mir vorgezogen. Ich fühle mich ungerecht behandelt. Heinrich von Kleist hat in seiner Erzählung *Michael Kohlhaas* gezeigt, wie ein Gerechtigkeitsfanatiker selber zum Verbrecher wird. Es geht also immer darum, möglichst nach Gerechtigkeit zu streben, aber immer auch die Grenzen zu erkennen. Die Lateiner kennen zur Beschreibung einer maßlosen Haltung auch im Streben nach dem Guten den Satz: „Fiat iustitia, pereat mundus" („Es geschehe Gerechtigkeit, auch wenn die ganze Welt dabei zugrunde geht"). Daher braucht es zur Verwirklichung von Gerechtigkeit immer auch das rechte Maß und die Barmherzigkeit als Ausgleich.

Es gibt keine absolute Gerechtigkeit

Wer Gerechtigkeit sät, wird Frieden ernten, so weiß der Prophet Amos. Ohne Gerechtigkeit gibt es weder in der Gesellschaft noch überhaupt in der Welt Frieden, aber auch nicht im Kleinen, in der Firma oder in der Familie. Wenn in der globalisierten Welt die Mächtigen ihr Recht durchsetzen, wird es immer wieder zu Versuchen kommen, dass die benachteiligten Länder sich Recht verschaffen. Wenn es in einer Gesellschaft ungerechte Strukturen gibt, wird nie Frieden einkehren. Es wird einen ständigen Streit darum geben, die ungerechten Strukturen zu ändern. Wenn in einer Firma Mitarbeiter vom Chef ungerecht behandelt werden, wird es Reibungsverluste geben. Die Mitarbeiter, die sich ungerecht behandelt fühlen, werden entweder in ihrer Leistung nachlassen, oder sie werden versuchen, die Firma zu schädigen, indem sie sich ihr

Frieden setzt gerechte Strukturen voraus

Recht selber verschaffen. Ungerechte Behandlung in einer Firma drückt sich nicht nur so aus, dass bestimmte Mitarbeiter bevorzugt werden oder dass einige mehr Lohn bekommen als andere, die das Gleiche leisten. Ein wichtiger Aspekt von Gerechtigkeit in den Firmen ist schon die gerechte Verteilung der Arbeit. Oft haben Mitarbeiter den Eindruck, dass sie weit mehr arbeiten müssen als andere, dass man ihnen mehr Arbeit zuschiebt, weil sie sich nicht genügend dagegen wehren, so wie es andere tun, die jede Mehrarbeit ablehnen und sich gegenüber den anderen ständig abgrenzen. Heute sprechen wir auch davon, dass wir der Natur gerecht werden müssen. Wenn wir die Natur ungerecht behandeln, wird sie zurückschlagen. Sie wird uns schaden. Das erleben wir heute durch die vielen Naturkatastrophen. Sie mahnen uns, dass wir auch der Natur das geben, was ihr zusteht. Ihr steht Achtung zu und ein Umgang, der nicht ausbeuterisch ist, sondern die Natur in ihrem Wesen belässt, sodass sie dem Menschen auf Dauer Grundlage eines guten Lebens ist.

In der Bibel wird der Mensch als gerecht bezeichnet, der die Gebote Gottes befolgt und nach Gottes Willen lebt. Josef, der Mann Marias, wird als gerecht bezeichnet.

Ausgerichtetsein auf das Rechte

Aber seine Gerechtigkeit ist nicht fixiert oder beschränkt auf das Einhalten der Gebote. Weil er gerecht ist, will er seine Verlobte, die schwanger ist, aber nicht von ihm, heimlich entlassen (vgl. Mt 1,19). Er will ihr gerecht werden. Gerechtigkeit ist in der Bibel also immer auch mit Barmherzigkeit verbunden. Gerechtigkeit bedeutet demnach nicht nur, dass ich dem Menschen in seiner konkreten Situation gerecht werde, dass ich ihn richtig behandle. Gerechtigkeit bedeutet immer auch Richtigsein, Ausgerichtetsein auf das Recht, letztlich Ausgerichtetsein auf Gott.

Hoffnung

Der Philosoph Ernst Bloch hat in seinem zentralen Werk *Das Prinzip Hoffnung* die Hoffnung als die treibende Kraft im Menschen beschrieben. Das Tun des Menschen ist nach seinem Verständnis nur dann wertvoll, wenn es von Hoffnung durchdrungen ist und Hoffnung vermittelt. Das gilt nicht nur für Einzelne. Auch Gemeinschaft zu leben heißt: Hoffnung aktiv zu bezeugen. Denn gerade Resignation kann sich schnell in einer Gesellschaft breitmachen und sie lähmen. Und Hoffnungslosigkeit kann Menschen im Gefühl der Ohnmacht verharren lassen. Das isoliert sie voneinander. Hoffnung dagegen ist eine starke und stärkende Haltung, die ausstrahlt, und eine heilsame Kraft, die Menschen mit anderen verbindet. Ohne Hoffnung stirbt der Mensch. Und auch eine Gesellschaft kann nicht ohne Hoffnung überleben. In unserer hoffnungsarmen Zeit ist es die Haltung der Hoffnung, die wir bitter nötig haben, um nicht in Resignation zu fallen und uns gegenüber der Weltsituation nicht ohnmächtig zu fühlen. Hoffnung ist etwas anderes als Erwartung. Die Erwartung kann enttäuscht werden. Doch die Hoffnung – so sagt Paulus (Röm 5,5) – wird nicht zuschanden. Sie kann nicht enttäuscht werden. Denn wir hoffen auf das, was wir nicht sehen. Ein deutsches Sprichwort heißt zwar: „Hoffen und Harren halten manchen zum Narren." Doch hier wird Hoffnung mit Erwartung verwechselt. Wenn wir die Redewendung gebrauchen: „Die Hoffnung stirbt zuletzt", dann bedeutet das auch: Wo keine Hoffnung ist, ist Erstarrung und Tod. Ähnlich sieht es Dante, wenn er in der *Göttlichen Komödie* über den Eingang zur Hölle schreibt: „Lass alle Hoffnung fahren." Wo keine Hoffnung ist, ist Hölle, da wird das Leben unerträglich. Die Lateiner sind da hoffnungsvol-

> Aktiv gegen Lähmung: Hoffnung strahlt aus und verbindet

ler. Sie sagen: „Dum spiro spero" („Solange ich atme, hoffe ich", Cicero). Die Hoffnung gehört also genauso wesentlich zum Menschen wie der Atem. Ohne Atem stirbt der Mensch. Der Philosoph Ernst Bloch hat in seinem zentralen Werk *Das Prinzip Hoffnung* die Hoffnung als die treibende Kraft im Menschen beschrieben und sie auch als Handlungsperspektive verstanden. Das Tun des Menschen ist nach seinem Verständnis nur dann wertvoll, wenn es von Hoffnung durchdrungen ist und Hoffnung vermittelt.

In Führungsseminaren lasse ich die Menschen also auch darüber nachdenken, welche Hoffnung sie als Arzt, als Lehrer, *Hoffnung eröffnet* als Ingenieur, als Polizist, als Coach, als Versiche- *einen Raum für* rungskaufmann vermitteln. Wenn sie sich das *Verwandlung* bewusst machen, erkennen die Menschen oft, dass ihre Arbeit sinnvoll ist, weil sie vielen Menschen damit Hoffnung vermitteln. Und sie sollen sich fragen, welche Hoffnung sie als Person ausstrahlen. Für mich selber ist es klar, dass ich Menschen nur gut begleiten kann, wenn ich darauf hoffe, dass ihre Wunden in Perlen verwandelt werden. Natürlich weiß ich, dass das oft ein langer Prozess ist. Aber die Hoffnung legt die Menschen nicht fest, sondern eröffnet ihnen einen Raum, in dem all das, was sie verletzt hat, verwandelt werden kann zu etwas Kostbarem, das sie auszeichnet.

Die Bibel zeigt uns viele Aspekte der Hoffnung auf. Gerade die Psalmen sprechen immer wieder von der Hoffnung und ihrer Wirkung auf den Menschen. In Psalm 27,14 heißt es: „Hoffe auf den Herrn und sei stark!" Die Hoffnung stärkt also den Menschen und gibt ihm Mut, dass er schwierige Situationen bestehen kann. Ein alter Mensch betet in Psalm 71,5: „Du bist meine Hoffnung von Jugend auf." Die Hoffnung hat diesen Beter sein Leben lang begleitet. Daher kann er jetzt im Alter Gott preisen und voller Zuversicht dem Alter und dem Tod entgegensehen. Doch es kommt darauf an, dass wir auf Gott unsere Hoffnung setzen und nicht auf Totes (vgl. Weish 13,10). Gesegnet ist dagegen der Mann, „dessen Hoffnung der Herr ist" (Jer 17,7).

Paulus spricht in seinen Briefen oft von der Hoffnung. „Wir sind gerettet, doch in der Hoffnung. Hoffnung aber, die man schon erfüllt sieht, ist keine Hoffnung. … Hoffen wir aber auf das, was wir nicht sehen, dann harren wir aus in Geduld" (Röm 8,24f). Die Hoffnung lässt uns unser Leben mit den alltäglichen Beschwernissen in Geduld ertragen. Wir hoffen, dass Gott das Dunkle in uns in Licht verwandelt und das Schwere in Leichtigkeit. Doch unsere Hoffnung geht über dieses Leben hinaus. Wir hoffen, dass uns eine ewige Herrlichkeit erwartet. Der Epheserbrief sieht den zentralen Unterschied der Christen zu den Menschen in ihrer Umgebung in der Hoffnung: „Ihr hattet keine Hoffnung und lebtet ohne Gott in der Welt" (Eph 2,12). Doch jetzt geht es darum, die Hoffnung zu verstehen, zu der wir Christen berufen sind (vgl. Eph 1,18). Der Grund unserer Hoffnung ist Christus: „Er ist die Hoffnung auf Herrlichkeit" (Kol 1,27). Der Hebräerbrief ist überzeugt, dass uns die Hoffnung ein stolzes Bewusstsein schenkt (Hebr 3,6). Und für den 1. Petrusbrief strahlten die Christen damals offensichtlich Hoffnung aus in der damals schon dekadent werdenden antiken Gesellschaft. Daher mahnt er die Christen: „Seid stets bereit, jedem Rede und Antwort zu stehen, der nach der Hoffnung fragt, die euch erfüllt" (1 Petr 3,15).

Heute wäre es auch unsere Aufgabe, in dieser Welt Hoffnung auszustrahlen. Dabei geht es auch um die Hoffnung, dass diese Welt nicht in den Händen der Mächtigen liegt, sondern in der Hand Gottes, dass die Menschen trotz aller Kriege und Feindschaften den Weg zum Frieden finden. Die Hoffnung hält uns lebendig, sie befreit uns aus der Ohn-

Hoffnung verspricht Befreiung aus der Ohnmacht

macht. Sie regt uns an, kreativ auf die Situation dieser Welt zu reagieren. Hoffnung ermutigt uns zum Handeln, weil wir darauf hoffen, dass diese Welt zum Guten hin verwandelt werden kann. Der griechische Philosoph Heraklit hat das voller Optimismus so ausgedrückt: „Wer nicht das Unverhoffte zu hoffen wagt, wird es nie erlangen."

Hoffnung ist eine göttliche Tugend, sagen die Theologen. Das bedeutet: Auf der einen Seite ist sie ein Geschenk Gottes an uns. Auf der anderen Seite ist es unsere Aufgabe, diese Tugend auch in unserem eigenen Leben zu verwirklichen. Thomas von Aquin meint, dass die Hoffnung die Tugend des Menschen ist, der noch auf dem Weg ist, der noch nicht alles hat, was er ersehnt. In der Hoffnung streckt er sich aus nach dem, was ihn erwartet und was er ersehnt. Die Hoffnung prägt sein Daseinsgefühl. Sie verjüngt den Menschen. Thomas von Aquin meint: „Jungsein ist die Ursache der Hoffnung. Die Jugend nämlich hat viel Zukunft und wenig Vergangenheit." Die Hoffnung ist aber nicht an das natürliche Jungsein gebunden. Die Spannkraft der Hoffnung lässt auch den älteren Menschen wieder jung erscheinen. Josef Pieper übersetzt Jesaja 40,31 auf dem Hintergrund seines Hoffnungsverständnisses so: „Die auf den Herrn hoffen, werden eine neue Tapferkeit gewinnen. Es werden ihnen Schwingen wachsen gleich den Adlern. Sie werden laufen: unangestrengt. Sie werden wandern: unermüdbar" (Pieper 1949, 47).

Die Hoffnung ist nicht nur eine Haltung, die uns selber gut-tut. Sie ist auch eine Haltung, die der Gesellschaft guttut.

Sie verweist uns auf die anderen Menschen. Wir hoffen nie nur für uns allein, sondern immer auch für die anderen. Das hat vor allem der französische Philosoph Gabriel Marcel in seiner Philosophie der Hoffnung eindrucksvoll dargestellt. Für ihn gibt es keine Hoffnung ohne Gemeinschaft und ohne Liebe. „Ich hoffe" ist im Grunde immer ein „Ich hoffe auf dich" und letztlich ein „Ich hoffe auf dich für uns". In der Hoffnung bleibe ich nicht bei mir und meiner Einsamkeit stehen, sondern ich öffne mich dem Austausch mit anderen, letztlich dem Austausch mit Gott, dem Grund meines eigenen Seins. Marcel meint, die Haltung des „Habens" verhindere die Hoffnung. Nur der, der sich von den Ketten des Besitzes in jeder Form befreit hat, ist imstande, „die göttliche Leichtigkeit eines Lebens in der Hoffnung zu erfahren" (Marcel 78). Das „Haben" trennt, das „Sein" verbindet. Die Hoffnung verbindet uns mit den anderen Menschen. Wir hoffen gemeinsam mit ihnen auf eine bessere Zukunft. Die Hoffnung führt uns zusammen, und zwar zu einer Verbundenheit, die sich von den negativen Tendenzen der Gesellschaft nicht beeinträchtigen lässt.

Wir hoffen nie für uns allein

Konfliktfähigkeit und Versöhnungsbereitschaft

Konflikte gehören wesentlich zu unserem Miteinander. In jeder Freundschaft, in jeder Gruppe und in der Gesellschaft gibt es sie immer wieder. Wo unterschiedliche Menschen zusammenleben, gibt es unterschiedliche Ziele und verschiedene Erwartungen, auseinandertretende Einstellungen, divergierende Vorstellungen und voneinander abweichende Meinungen. Auch gegensätzliche Interessen können aufeinanderprallen. Die Frage ist, wie wir solche Konflikte wahrnehmen und wie wir mit ihnen umgehen – und wie wir sie lösen. Konflikte zeigen zunächst einmal an, dass das Miteinander gestört wird. Für viele sind Konflikte vor allem unangenehm. Daher gehen sie ihnen lieber aus dem Weg. Doch die verdrängten Konflikte lähmen das Miteinander. Das gilt für Ehepaare wie für Familien, für Kirchengemeinden wie für Firmen oder andere Organisationen. Ein Miteinander wird nur dann reifer und stärker, wenn wir uns den Konflikten stellen.

Dabei ist es die *erste* Aufgabe, den Konflikt erst einmal nüchtern zu analysieren: Ist es ein Zielkonflikt, ein Interessenkonflikt, ein Verteilungskonflikt oder ein Konflikt, der aus einer verschiedenen Sichtweise der Dinge entsteht? Oder aber ist es ein persönlicher Konflikt, weil mich das Verhalten des anderen nervt oder mich ständig an alte Wunden erinnert?

Sich den Konflikten stellen, wenn das Miteinander gestört ist

Die *zweite* Aufgabe besteht dann darin, die verschiedenen Ziele, Interessen und Sichtweisen darzulegen, ohne sie zu bewerten. Mein Gegenüber darf andere Interessen und eine andere Sichtweise der Situation haben als ich. Wenn der andere seine Interessen erzählt, darf ich sie nicht sofort bewerten. Oft denken wir dann spontan: Er setzt nur seine eigenen Interessen durch. Oder wir unterstellen: Er ist egoistisch. Doch damit tun wir dem anderen Unrecht. Er darf andere Interessen haben als ich selber. Es geht nicht darum, dass jeder seine Interessen durchsetzt, sondern dass wir sie erst einmal vorurteilsfrei anschauen. Dann können wir überlegen, ob und wie sich die verschiedenen Interessen oder die verschiedenen Sichtweisen miteinander verbinden lassen. Es geht nicht darum, dass der eine seine Interessen und Sichtweisen durchsetzt, sondern dass wir genau hinhören, wie der andere die Situation sieht und was er für Bedürfnisse und Wünsche hat. Dann kann man überlegen, wie wir gemeinsam die Bedürfnisse und Interessen erfüllen können oder ob wir miteinander aushandeln, wie wir mit den Interessen der Einzelnen umgehen. Dabei sollen wir durchaus auch unsere Gefühle ins Spiel bringen. Ich verbinde mit meinem Interesse und meiner Sichtweise ja immer auch Gefühle. Ich bin also emotional beteiligt auch an einer Lösung des Konflikts. Wenn wir unsere Gefühle überspringen, werden wir darüber stolpern. Sie werden dann doch irgendwann hochkommen.

Anders ist es mit persönlichen Konflikten, vor allem in der Partnerschaft. Da können es natürlich auch Zielkonflikte oder Interessenkonflikte sein. Oder es sind oft Verteilungskonflikte: Wer hat mehr zu arbeiten? Wer soll die oder jene Arbeit erledigen? Wie verteilen wir die Erziehungsaufgaben? Oft steigern wir uns in diese Konflikte hinein, weil wir die Interessen und Sichtweisen des anderen sofort bewerten und oft genug als egoistisch oder wenig sensibel beurteilen. Wir machen dann dem anderen zum Vorwurf, dass er zu wenig tut für die Kinder oder für den Haushalt. Dann sollte man in aller Offenheit überlegen, wie ein gerechter Ausgleich der Interessen und eine gerechte Verteilung der Arbeit erreicht werden kann. Und wir sollten genauer ansehen, welche Art von Verletzungen möglicherweise im Spiel ist. Denn meistens entstehen die Konflikte in der Partnerschaft daraus, dass einer den anderen verletzt oder einer von beiden sich verletzt fühlt.

Wie wir auf die Verletzungen reagieren, hängt auch von den Erfahrungen in der Kindheit ab. Wenn die Frau sich von ihrem Vater nicht genügend gesehen gefühlt hat, dann hat sie immer das Gefühl, ihr Ehemann würde sie auch übersehen, er würde gar nicht sehen, wie es ihr geht. Wenn der Mann als Kind das Gefühl hatte, dass er den Erwartungen seiner Eltern nicht genügte,

Wie auf Verletzungen reagiegren?

dann wird ihm jede kleine Kritik oder auch nur Anfrage sofort das Gefühl geben: Ich bin nicht gut genug. Das kann ihn innerlich herunterziehen und depressiv machen. Oder aber er reagiert aggressiv und wirft seiner Frau vor: „Nie kann ich es dir recht machen. Immer ist es nicht gut genug für dich." Dann wird die Frau sich verteidigen, und es entsteht ein Streit darüber, wer jetzt recht hat und dass es ganz anders gemeint war. Eine Frau erzählte mir von ihrem Mann, einem sensiblen Seelsorger. Wenn er abends heimkommt, fragt er voller Anteilnahme: „Wie war dein Tag heute? Was hast du gemacht?" Es drückt sein Interesse an dem aus, was die Frau beschäftigt. Doch weil die Frau als Kind von ihrem Vater ständig kontrolliert worden ist, erlebt sie die Frage nicht als Anteilnahme, sondern als Kontrollfrage – und reagiert sofort beleidigt: „Immer willst du alles genau wissen! Muss ich dir für alles Rechenschaft ablegen?"

Viele Konflikte haben ihren Grund darin, dass wir die Worte des anderen auf dem Hintergrund unserer eigenen Lebenserfahrungen deuten. Oft genug entspricht diese Deutung nicht der Absicht des Partners. Daher gilt auch hier: Statt den anderen anzugreifen oder sich selbst zu rechtfertigen, sollten beide Partner genauer hinschauen, warum jeder die Worte oder das Verhalten des anderen so deutet. Wenn sie sich auf diesen Weg einlassen, dann werden sie sich durch *Versöhnung: Eine* die Konflikte immer näher kommen. Sie wer- *Aufgabe lebens-* den sich selbst besser kennenlernen. Dann ist *langen Lernens* es ihre Aufgabe, sich mit der eigenen Lebensgeschichte auszusöhnen. Doch das ist eine Aufgabe, die wir das ganze Leben lang immer wieder neu lernen müssen. Aber wenn wir bereit sind, sie zu lernen, wird unser Miteinander immer reifer und echter und liebevoller. Wir werden frei von dem Druck, vor dem anderen als perfekt erscheinen zu wollen. Und wir befreien uns von den Illusionen, die wir uns über den anderen gemacht haben. Wir nehmen einander so an, wie wir sind. Das führt dann zu einer immer tieferen Liebe.

Wenn Konflikte durch persönliche Verletzun- *Schritte zur Wie-*
gen entstanden sind, dann braucht es die Be- *derherstellung der*
reitschaft zur Versöhnung. Die Versöhnungs- *Gemeinschaft*
bereitschaft ist daher wesentlich für das Gelingen des Miteinanders. Versöhnung schafft wieder Verbundenheit dort, wo etwas zerbrochen oder gestört war.

Der erste Schritt zur Versöhnung besteht in der Bereitschaft zu vergeben. Vergeben heißt nicht vergessen. Ich kann das Vergangene nicht einfach vergessen, aber ich kann es loslassen, ich kann die Verletzung beim anderen lassen. Vergeben heißt: weggeben, das verletzende Geschehen an den anderen zurückgeben. Wenn ich das tue, kreise ich nicht mehr darum. Vergeben heißt eigentlich, sich von der Macht des anderen zu befreien. Denn wenn ich nicht vergeben kann, hat der andere immer noch Macht über mich, bin ich immer noch an den anderen gebunden. Doch diese Gebundenheit schafft keine Verbundenheit. Das Vergeben ist ein Akt, den ich allein vollziehen kann, unabhängig vom anderen, unabhängig von seiner Bereitschaft, seine Schuld einzugestehen. Versöhnung ist jedoch etwas, das zwischen uns geschieht, es ist die Wiederherstellung der Gemeinschaft. Das meint auch der lateinische Ausdruck „reconciliatio" („zurück in die Gemeinschaft").

Versöhnungsbereitschaft bedeutet die Bereitschaft, auf den anderen zuzugehen, mit ihm ins Gespräch zu kommen, ohne ihm vorzuwerfen, dass er an dem Zerwürfnis schuld sei. Es geht nicht um Schuldzuweisungen, sondern darum, anzuerkennen, dass zwischen uns etwas Trennendes steht.

Wenn ich versöhnungsbereit bin, möchte ich das Trennende zwischen uns abbauen, damit ein neues Miteinander und eine neue Verbundenheit entstehen kann. Ich überspringe das Trennende nicht, ich tue nicht so, als ob es keine Verletzung oder keine Feindseligkeit gegeben hätte. Ich erkenne an, was war, aber ich möchte, dass das Vergangene uns nicht mehr trennt, dass wir den Weg wieder gemeinsam weitergehen können.

Die Versöhnungsbereitschaft schafft nicht nur Verbundenheit zwischen einzelnen Menschen. Sie ist auch ein wichtiger Weg, damit verfeindete Volksgruppen oder verfeindete Völker wieder zueinanderfinden. Die Versöhnung zwischen Deutschland und Frankreich, die Versöhnung zwischen Weißen und Schwarzen in Südafrika und die Bemühungen um Versöhnung zwischen Tutsi und Hutu in Ruanda zeigen, dass nach langer Feindschaft eine neue Verbundenheit entstehen kann. Allerdings zeigt die Realität auch, dass ein offizieller Akt der Versöhnung allein nicht genügt. Es braucht einen langen Prozess, damit die Versöhnung auch in die Köpfe und Herzen der Menschen vordringt. Das zeigt etwa die Versöhnung zwischen Ost- und Westdeutschland. Die Versöhnung gelingt nur, wenn alte Vorurteile abgebaut werden, wenn wir aufhören, die anderen zu bewerten. Vielmehr braucht es ein gutes Hören auf das, was die anderen jeweils bewegt, was ihnen schwerfällt, wonach sie sich sehnen.

Frieden

Frieden ist keine Selbstverständlichkeit und doch die Voraussetzung dafür, dass Beziehungen gelingen. Der Krieg in der Ukraine und die Spaltung unserer Gesellschaft durch die Pandemie haben das genauso deutlich gemacht wie die Erfahrungen, die wir etwa bei Konflikten in unseren Familien machen können, oder die Erfahrung, wie schwer es ist, dass wir in Frieden mit uns selbst kommen.

Wie Frieden entstehen kann, sagt uns schon die Sprache. Das griechische Wort für Frieden heißt „eirene". Es kommt aus der Musik und meint ein Zusammenklingen der verschiedenen Töne. Jeder Ton steht für sich selbst. Und jeder Ton hat seine Berechtigung. Frieden bedeutet, dass die hohen und die tiefen Töne, die lauten und die leisen, die schrägen und die schönen Töne miteinander zusammenklingen. Das gilt für den einzelnen Menschen. Wir sollen alles, was in uns tönt, in Einklang bringen. Und wir sollen uns in der Gesellschaft von der Idee verabschieden, dass alle gleich klingen müssen. Das wäre langweilig. Die Menschen in ihrer Verschiedenheit dürfen sein. Wir sollen die anderen nicht bewerten, sondern sie hineinnehmen in die große Symphonie des Lebens. Auch in der Partnerschaft soll kein Gleichklang herrschen, sondern ein Zusammenklingen der Partner, die jeweils ihren eigenen Klang haben.

Zusammenklang, nicht Gleichklang: Wie Frieden entstehen kann

Das lateinische Wort für Frieden ist „pax". Es kommt von „pacisci" – „Verhandlungen führen", „miteinander sprechen", „sich miteinander auf etwas einigen". Wahrer Friede entsteht nur, wenn Menschen mit ihren verschiedenen Bedürfnissen und Meinungen so miteinander sprechen, dass sie sich gegenseitig gelten lassen. Sie müssen keine Einheitsmeinung erzeugen. Vielmehr hat jede Meinung und jedes Gefühl eine Berechtigung. Frieden entsteht, wenn wir einander in unserem Anderssein gelten lassen. Wir gehen aufeinander zu. Und wir überlegen, wie jeder ganz er selber sein kann und trotzdem den anderen gelten lässt. So können wir in Frieden und Freiheit miteinander leben.

Der Friede entsteht in mir selbst, wenn ich ins Gespräch komme mit den verschiedenen Stimmungen, Gedanken und Emotionen. Jesus zeigt uns in einem Gleichnis, wie dieser Friede in uns entstehen kann: „Wenn ein König gegen einen anderen in den Krieg zieht, setzt er sich dann nicht zuerst hin und überlegt, ob er sich mit seinen zehntausend Mann

Meine inneren Feinde: Wie Frieden in mir selbst entsteht

dem entgegenstellen kann, der mit zwanzigtausend gegen ihn anrückt? Kann er es nicht, dann schickt er eine Gesandtschaft, solange der andere noch weit weg ist, und bittet um Frieden" (Lk 14,31f). Als ich vor bald 60 Jahren ins Kloster eintrat, dachte ich, dass ich meine Fehler und Schwächen mit meiner Willenskraft und Disziplin besiegen könne. Doch dann bin ich unsanft auf die Nase gefallen. Da ist mir aufgegangen, dass ich mich anfreunden muss mit meinen inneren Feinden. Ich werde sie nie besiegen können. Es geht darum, aus den Feinden Freunde zu machen. Dann wird mein Leben reicher und weiter. Und dann werde ich auch offen dafür, mit den Menschen zu sprechen, die anderer Meinung sind oder die mich sogar bekämpfen. Ich führe ein Gespräch mit ihnen und höre mir an, welche Ängste und welche Sehnsüchte sie beschäftigen. Dann können durch das Gespräch die Barrieren zwischen uns aufgehoben werden. Das Gespräch ist die Bedingung, dass Frieden entstehen kann zwischen den Menschen, zwischen den verschiedenen Gruppierungen in der Gesellschaft und zwischen den Völkern. Das Gespräch darf nie aufhören, auch wenn es manchmal schwierig wird. Nur wenn wir trotz aller Spannungen und Differenzen im Gespräch bleiben, dürfen wir hoffen, dass wir friedlich miteinander leben können.

Das deutsche Wort „Friede" hat die gleiche Wurzel wie „frei" und „Freund". Für die Germanen braucht der Friede den Freiraum von Menschen, die sich gegenseitig frei lassen. Und es braucht den freundlichen Umgang mit anderen Menschen. Wahrer Friede schafft Freunde. Die Weisheit der deutschen Sprache bezieht sich auf der einen Seite auf den Frieden in mir selbst. Ich komme in Frieden mit mir selbst, wenn ich freundlich mit mir umgehe, anstatt mich zu bekämpfen. Und ich komme in Frieden mit mir, wenn ich mich innerlich frei fühle. Wenn ich ständig die Erwartungen anderer erfüllen muss, dann fühle ich mich nicht frei. Und dann komme ich auch nicht in Frieden mit mir. Denn ich bin dann zerrissen zwischen den eigenen Bedürfnissen und den Erwartungen anderer.

Was Frieden ausmacht, lässt sich auch im Blick auf das Miteinander mit anderen Menschen und auf das Miteinander der Völker bestimmen. Den Kaiser Augustus nannte man den Friedenskaiser. Doch der Friede, den er schuf, war ein militärischer Friede, ein aufgezwungener Friede. Da war keine Freiheit, sondern Unterdrückung. Lukas zeichnet in seinem Evangelium in dem Kind in der Krippe ein Gegenbild gegenüber dem römischen Frieden. Das Kind übt keine Macht aus. Es schafft Frieden, weil es in Einklang ist mit sich und weil es alle anlächelt, alle bedingungslos annimmt und sie in ihrer Freiheit belässt. Es ist eine Erfahrung aus der Geschichte: Zwischen den Völkern kann nur Friede entstehen, wenn sie sich gegenseitig frei lassen und freundlich miteinander umgehen. Wenn ich ein Volk unterdrücke und es erniedrige, werde ich keinen dauerhaften Frieden schaffen.

Frieden bedeutet: den anderen frei lassen

Diese Erfahrung gilt auch für den engeren sozialen Kreis, für das friedliche Miteinander in der Familie oder in der Gemeinschaft der Kirche oder der Kommune. Es braucht den freundschaftlichen Umgang und das Freilassen. Ich befreie mich von dem Druck, die anderen von meiner Meinung überzeugen zu müssen. Sie dürfen anders denken und fühlen. Ich gehe trotzdem freundlich mit ihnen um. Das deutsche Wort „Freund" hat die gleiche Wurzel wie das gotische Wort für „lieben" und „frei sein": „frijon". Ich kann nur freundlich mit dem anderen umgehen, wenn ich ihn liebe, wenn ich ihm mit Wohlwollen begegne, wenn ich ihn annehme, wie er ist, wenn ich ihm die Freiheit lasse, er selbst zu sein.

Was uns die Sprache sagt, will täglich eingeübt werden. Auch bei Menschen, die mir unsympathisch erscheinen, heißt das, immer wieder zu sagen: Er darf so sein, wie er ist. Ich lasse ihn frei. Ich versuche, ihn so anzunehmen, wie er ist, ihm freundlich und wohlwollend zu begegnen. Ich teile die Menschen nicht ein in die, die ich mag, und die, die ich nicht mag. Wenn ich mich dafür entscheide, alle Menschen als Freunde und Freundinnen zu sehen, mich ihnen innerlich verbunden zu fühlen, dann kann trotz aller Differenzen Frieden zwischen uns entstehen.

Toleranz

Ohne die Haltung der Toleranz ist in einer auf Vielfalt angelegten und von Pluralität geprägten Gesellschaft ein friedliches Zusammenleben nicht möglich. Andersheit anzuerkennen und Verschiedenheit zu würdigen

Andersheit respektieren, Verschiedenheit würdigen

kann Anstrengung bedeuten, ist aber auch eine Bereicherung: Es erweitert den Lebensspielraum im Blick auf das Ganze. Wer anderen nur seine eigenen Werte oder seine eigene Weltsicht aufzwingen will, wird keinen Zusammenhalt bewirken. Toleranz heißt von der Wortbedeutung her: Duldsamkeit, Nachsichtigkeit, Weitherzigkeit. Der Intolerante dagegen ist unduldsam, er ist nicht bereit, Andersdenkende zu dulden. Toleranz bedeutet Respekt gegenüber Andersdenkenden. Ich teile nicht ihre Meinung, aber ich respektiere ihre Meinung. Vor allem aber respektiere ich die Menschen, die eine andere Meinung vertreten. Ich verzichte darauf, diese Menschen zu bewerten. Ihre Meinung darf ich durchaus bewerten. Aber ich setze mich mit ihr auseinander. Ich bin offen für den anderen, indem ich nach der Erfahrung frage, die hinter seiner Meinung steckt. Vielleicht sind es Leiderfahrungen oder Verletzungen in der Kindheit, die den anderen zu dieser Meinung bringen. Oder aber er vertritt diese radikale Meinung, weil er sich nicht wahrgenommen und gehört fühlt, weil man seine Stimme einfach überhört. Toleranz bedeutet, dass ich die Menschen akzeptiere, die diese Meinung vertreten, auch wenn ich zu meiner eigenen Meinung stehe, weil ich davon überzeugt bin. Ich versuche, ihnen gegenüber Verständnis aufzubringen, aber das bedeutet nicht Einverständnis. Es ist möglich, Unterschiede nicht zu überspielen und trotzdem eine positive Beziehung zum anderen aufzubauen, also gemeinschaftsstiftend zu wirken.

Die Toleranz ist die Bedingung für ein gutes Miteinander in einer pluralen Gesellschaft. Sie verbindet unterschiedliche Perspektiven zu einem größeren Ganzen. Das schließt auch Minderheiten nicht aus, die eine andere Kultur vertreten. Eine solche Haltung versucht vielmehr, gerade auch sie in die Gesellschaft zu integrieren. Herbert Marcuse spricht allerdings auch von einer repressiven Toleranz. Sie herrscht in einer Gesellschaft, die keine klaren Werte mehr hat und in der man daher auch keine berechtigte Kritik mehr äußern kann. Toleranz darf nicht zu einer ethischen Indifferenz führen.

Unterschiedliche Perspektiven werden zu einem größeren Ganzen

Insbesondere im Blick auf das Zusammenleben von Religionen, die ja mit ihrem Anspruch auf Wahrheit aufeinander zugehen, ist die Frage der Toleranz wichtig. Aber wer tolerant ist, heißt weder alles gut, noch ist Toleranz Gleichgültigkeit den anderen gegenüber oder bloße Duldung oder

Was heißt das für den Wahrheitsanspruch der Religionen? nur das Aushalten eines Irrtums. Sie ist vielmehr Respekt vor der Glaubensüberzeugung des anderen: Ich respektiere gerade als religiöser Mensch den Glauben der Menschen, die einer anderen Religion angehören, weil ich weiß, dass wir alle auf dem Weg sind hin zum unbegreiflichen Geheimnis Gottes. Und ich bin der Überzeugung, dass wir uns auf diesem Weg gegenseitig unterstützen sollten. Denn es gibt Grundüberzeugungen, die wir miteinander teilen: dass wir Menschen auf dem Weg zu Gott sind, dass Gott das Ziel unseres Lebens ist und dass Gott Liebe ist und uns dazu auffordert, einander zu lieben. Zudem wissen wir gemeinsam, wie brüchig und vorläufig unser menschliches Denken und Wissen ist, wie relativ dementsprechend all unsere Aussagen über Gott sind, der jenseits aller menschlichen Vorstellungen ist. Weil wir gemeinsam auf dem Weg sind zum absoluten Geheimnis Gottes, sollten wir uns in Anerkennung dieser Verbundenheit nicht gegenseitig bekämpfen oder belehren, sondern im gemeinsamen Gespräch aufeinander hörend offen sein für das unbegreifliche Geheimnis Gottes, der das Ziel von unser aller Leben ist. Auch für das Zusammenleben von Religionen gilt, dass die Praxis der Ort der Wahrheit ist. Die Begegnung mit dem anderen und der Wettstreit in der Praxis – im Dienst am Mitmenschen, in der Arbeit für den Frieden und im Engagement für die Bewahrung der gemeinsamen Welt – ist somit entscheidend.

Heute sprechen wir – wenn von interkultureller Kompetenz die Rede ist – zudem gerne von „Ambiguitätstoleranz". Da geht es nicht nur um die Fähigkeit, der Unsicherheit des Lebens und der Unberechenbarkeit der Zukunft mit innerer Gelassenheit zu begegnen. Es ist auch die Fähigkeit gemeint, verschiedene Meinungen und Kulturen anzunehmen und zu ertragen, ohne sich lähmen zu lassen oder innerlich erregt zu werden, wenn andere eine gegenteilige Meinung oder Lebensweise vertreten. Die Ambiguitätstoleranz ist eine wesentliche Voraussetzung dafür, dass die Verbundenheit zwischen den verschiedenen Gruppierungen in der Gesellschaft bestehen bleibt. Wer zur Ambiguitätstoleranz nicht fähig ist, der muss die Menschen und Gruppen um sich herum spalten. Dann gibt es nur weiß und schwarz, gut und böse, richtig und falsch. Auch die Ambiguitätstoleranz ist keine Indifferenz. Ich versuche, bei all den verschiedenen Meinungen und den religiösen und kulturellen Tendenzen meine eigene Meinung, meinen persönlichen Glauben zu finden und zu vertreten, ohne dass ich die Meinung und die Kultur anderer bekämpfen muss.

*Ambiguitäts-
toleranz: Es gibt
nicht nur weiß
und schwarz*

Kommunikation

Spaltungen in der Gesellschaft entstehen oft durch Kommunikationsabbruch. Man ist nicht mehr bereit, mit den Vertretern einer anderen Meinung zu kommunizieren. Denn auch wenn wir streiten – solange wir miteinander kommunizieren, sind wir miteinander verbunden. Aber oft gelingt die Kommunikation nicht. Da reden wir aneinander vorbei. Oder wir versuchen, die anderen zu überreden oder von unserer Meinung zu

*Was verbindet:
Zuhören und mit-
einander sprechen*

überzeugen. Oft vermischt sich unsere Kommunikation mit unbewussten Motiven, wie: Rechthaberei, Machtausübung, sich selber darstellen müssen, sich behaupten müssen.

Es gibt heute viele Modelle von Kommunikation, die ein gutes Miteinander ermöglichen können. Am bekanntesten ist das Modell der gewaltfreien Kommunikation, das von Marshall B. Rosenberg entwickelt worden ist. Das Ziel der gewaltfreien Kommunikation ist es, eine wertschätzende Beziehung aufzubauen. Sowohl im persönlichen Bereich als auch bei Konfliktlösungen in der Firma oder in der Gesellschaft schafft diese Form der Kommunikation Verbundenheit zwischen den verschiedenen Personen, Gruppen und Parteien. Die entscheidende Voraussetzung für die gelingende Kommunikation ist die Empathie, das Vermögen, sich in den anderen einzufühlen und ihm mit Wohlwollen zu begegnen. Wenn wir dem anderen mit Wertschätzung begegnen, anstatt sein Verhalten oder seine Worte zu bewerten, dann entsteht eine gute Verbindung zwischen den Kommunikationspartnern.

Heute wird die Kommunikation vor allem durch zwei Verhaltensweisen gestört: einmal durch die Unfähigkeit, wirklich zuzuhören, zum anderen durch das ständige Bewerten und Verurteilen. Gerade in den sozialen Medien gibt es die Tendenz, die Worte eines anderen gar nicht verstehen zu wollen, sondern sofort mit üblen Beschimpfungen zu kontern. So kann kein Gespräch entstehen und keine Verbundenheit. Friedrich Hölderlin zeigt uns in einer Fassung seines berühmten Gedichts *Friedensfeier* auf, wie ein gutes Gespräch entstehen kann, ja wie wir zu einem Gespräch *werden* können: „Viel hat erfahren der Mensch, / Der Himmlischen viele genannt, / Seit ein Gespräch wir sind / Und hören können voneinander."

Die erste Bedingung für ein gelingendes Gespräch ist, dass wir aus der Erfahrung heraus sprechen und nicht einfach irgendwelche Meinungen oder Schlagworte benutzen, die heute gerade „in" sind. Die zweite Bedingung ist die Offenheit für einen größeren Horizont; für Hölderlin ist es letztlich die Offenheit auf Gott hin, auf ein Geheimnis hin, das uns alle übersteigt. Dann verrennt man sich nicht in starren Meinungen, sondern spricht mit dem Bewusstsein, dass unsere Worte offen sind für die eigentliche Wahrheit, die jenseits unserer Worte liegt. Die dritte Bedingung ist das Hören. Hölderlin spricht nicht nur davon, dass wir aufeinander hören oder einander zuhören, sondern dass wir „voneinander" hören. Im Hören habe ich teil an der Herkunft des anderen, an seiner Lebensgeschichte, an dem, was ihn prägt und was ihn bewegt. Indem ich an seiner Geschichte teilhabe, entsteht ein Miteinander, werden wir zum Gespräch.

Was Kommunikation stört und was sie gelingen lässt

Zu einer guten Kommunikation gehört aber nicht nur das Hören, sondern auch das Fragen. Es gibt natürlich auch negative Formen des Fragens. Es gibt das Ausfragen, das alles vom anderen wissen will, das respektlos in ihn eindringt. Oder es gibt ein Befragen, das den anderen als Gegner sieht, den man durch das Befragen in die Enge treiben will. Das richtige Fragen zeigt dem anderen mein Interesse an ihm, an dem, was ihn bewegt. Das deutsche Wort „Frage" hat die gleiche Wurzel wie das Wort „Furche". Mit einer guten Frage grabe ich eine Furche in den Acker des anderen, damit die Frucht auf seinem Acker aufgeht. Und zum Gespräch gehört die Antwort. „Antwort" bedeutet, dass ich ein Wort „anti", ins Angesicht des anderen, spreche. Ich kann also keine vorgefertigte Antwort vom Blatt lesen. Eine Antwort verlangt,

Fragen und Antworten: Verantwortung und Zuwendung

dass ich ins Antlitz des anderen schaue und ihm Worte sage, die ich vor seinem Antlitz verantworten kann. Der jüdische Philosoph Emmanuel Lévinas hat in seiner Philosophie das „Antlitz des Anderen" in den Mittelpunkt gestellt. Das Antlitz des anderen zeigt mir seine radikale Andersheit, die für mich eine Herausforderung ist, mich auf diesen einmaligen Menschen einzulassen. Lévinas meint, dass im Antlitz des anderen die ganze Menschheit mich anblickt. Im Antlitz des anderen entdecke ich die „Spur des Unendlichen". Diese Spur macht das Antlitz des anderen unendlich kostbar. Das Antlitz des anderen fordert von mir Verantwortung für den anderen und Zuwendung.

In einer Welt, in der Kommunikation durch vorschnelle und vorgefertigte Reaktionen auf die Worte des anderen verhindert wird, weil man nicht bereit ist, in das Antlitz des anderen zu schauen und dem Anspruch des Antlitzes gerecht zu werden, sehnen wir uns nach einer gelingenden Kommunikation, die uns miteinander verbindet, anstatt uns zu spalten. Wenn ich nach jeder Äußerung mit üblen Beschimpfungen in den sozialen Medien rechnen muss, dann verstumme ich langsam und fühle mich einsam, isoliert von der Menge, unverstanden und abgelehnt. Ich habe das Gefühl: Ich darf nicht der sein, der ich bin. Das schneidet mich ab von echter Kommunikation, die jeder Mensch nötig hat. Denn wir sind als Menschen soziale Wesen, die auf eine gute Kommunikation angewiesen sind: also auf ein wirkliches Gespräch, das unser Zusammenleben bereichert, weil es unser Miteinander kooperativer und dialogischer macht.

Dankbarkeit

Wer bewusst lebt, kann nahezu jeden Augenblick erfahren, wie sehr wir auf andere angewiesen sind, um gut zu leben, ja um überhaupt zu leben. Wir brauchen die anderen Menschen, und die Gemeinschaft sorgt in vielfältiger Weise dafür, dass unsere Bedürfnisse erfüllt werden können. Jeder Beruf hilft uns zu leben – der Landwirt und der Bäcker, die Schneiderin und die Verkäuferin, die Ärztin, die Krankenschwester oder die Wissenschaftlerin und der Journalist. Schon der Kaffee, den wir am Morgen genießen dürfen, die Brötchen zum Frühstück oder die Zeitung am Morgen, die ein Austräger in den Briefkasten gesteckt hat, können uns daran erinnern, wie vielen Menschen wir unser alltägliches Wohlergehen verdanken. Die Zugschaffnerinnen, die uns vielleicht auf dem Weg zur Arbeit schon ein Lächeln schenken, oder die Polizisten, die den Verkehr regeln und unser Leben sicherer gestalten – für all das können wir dankbar sein. Aber auch die Luft, die wir atmen, das gesunde und klare Wasser, das aus der Leitung kommt, das verdanken wir nicht uns selber. Das alles ist ein Grund zur Dankbarkeit. Wir haben unsere Welt nicht selbst erschaffen und dürfen uns jeden Tag über Begegnungen freuen, die uns bereichern. Und wir dürfen auf zahllose Begegnungen zurückblicken, die uns geformt und geprägt haben: Eltern, Lehrer, Freunde, die unseren Weg begleitet haben. Dankbar für sie alle zu sein, stiftet Vertrauen ins Leben, zeigt uns den Reichtum des Miteinanders und macht unser aller Dasein erfreulicher. Dankbare Menschen sind angenehme Menschen, mit denen man gerne in Verbindung steht. Undankbare Menschen sind nie zufrieden. Man kann sie auch durch Geschenke oder durch Zuwendung nicht zufriedenstellen. Daher meidet

Vertrauen ins Leben: Wir haben unsere Welt nicht erschaffen

man undankbare Menschen auf die Dauer. Das macht dann allerdings sie noch unzufriedener, weil sich keiner für sie interessiert. Dankbarkeit verbindet uns miteinander. Wenn ich dem anderen für sein Lob, für seinen freundlichen Blick, für seine Aufmerksamkeit, für seine Hilfestellung danke, entsteht eine gute Verbindung. Die Dankbarkeit tut beiden gut: dem, der dankt, und dem, dem man dankt.

Albert Schweitzer meint einmal, wenn es einem nicht gut gehe, solle man etwas suchen, für das man dankbar sein könne. Die Dankbarkeit vertreibt die schlechte Laune. Sie bewirkt in uns Zufriedenheit und Freude. Br. David Steindl-Rast zitiert gerne den Spruch: „Ich bin nicht dankbar, weil ich glücklich bin, sondern ich bin glücklich, weil ich dankbar bin." Die Dankbarkeit verwandelt unsere Stimmung und unser Daseinsgefühl. Menschen mit einer positiven Grundstimmung sind immer auch offen für die Menschen. Sie nehmen Beziehung auf, ohne die anderen für sich zu benutzen. Sie sind dankbar für die Begegnung mit anderen Menschen und schaffen so eine gute Atmosphäre des Miteinanders.

Der römische Philosoph Cicero meint, Dankbarkeit gehöre zum Wesen des Menschen. Sie sei ein Zeichen von *humanitas*. Er bezeichnet die Undankbarkeit als Vergessen. Der undankbare Mensch vergisst, dass er Geschöpf ist. Viele Denker haben die Undankbarkeit als eine der elementarsten Sünden bezeichnet. Der Talmud sagt, Undank sei schlimmer als Diebstahl. Und Johann Wolfgang von Goethe meint: „Der Undank ist immer eine Art Schwäche. Ich habe nie gesehen, dass tüchtige Menschen wären undankbar gewesen." Dankbarkeit macht also den Menschen aus. Das entspricht dem, was die deutsche Sprache von der Dankbarkeit sagt. Denn „danken" kommt von „denken". Wer undankbar ist, denkt demnach nicht richtig über sich und das Leben nach.

Er rebelliert letztlich gegen seine Existenz als Mensch und gegen die Gemeinschaft, in die er hineingestellt ist. Er ist unzufrieden mit sich selbst, mit den anderen, mit allem. Diese Haltung kann anstecken und das Miteinander vergiften.

Für Cicero ist die Dankbarkeit auch eine Voraussetzung für die *concordia*, für die Gemeinschaft, für die Eintracht, für das Zusammenklingen der Herzen. Nur dankbare Menschen können Freundschaften eingehen und miteinander Gemeinschaft leben. Dankbarkeit schafft nicht nur eine Beziehung zwischen zwei Menschen, die einander für ein Gespräch, für einen Blick, für eine Hilfeleistung danken. Sie verbindet auch einzelne Menschen, die sich im Blick auf den anderen ihrer selbst gewahr werden. Und sie verbindet auch die Gesellschaft.

Das Wertvolle einer Gemeinschaft wahrnehmen und festigen

Bei Festen und gemeinsamen Feiern festigt sich die Verbundenheit untereinander. Es braucht die gemeinsame Danksagung in bestimmten Situationen. Nicht umsonst feiern die christlichen Kirchen ein Erntedankfest. Dabei geht es nicht nur um den Dank für die Ernte, sondern um das gemeinsame Danken für das, was Gott täglich an uns tut. Wenn Bundespräsidenten und Bundeskanzler ihre Ansprachen zu Weihnachten und Neujahr halten, danken sie oft den Menschen für ihren Einsatz in der Gesellschaft. Sie erzeugen durch ihr Danken Verbundenheit mit den Zuhörern. Und sie rufen oft genug auch die Menschen dazu auf, dankbar zu sein für die Freiheit, für die Demokratie, für den Wohlstand, den die Gesellschaft erreicht hat, für all das, was in unserer Gesellschaft gelingt. Cicero spricht vom dankbaren Gedenken, von der *grata memoria*, die für das gute Miteinander in einer Gesellschaft notwendig ist. Es ist nicht nur die dankbare Erinnerung an das, was war. Vielmehr ist es eine Gesinnung. Dankbarkeit hat einen Blick für das Wertvolle in einer Gesellschaft und in unserem persönlichen Leben. Und sie wacht darüber, dass nichts Wertvolles verloren geht.

Dankbarkeit bedeutet nicht, dass wir mit allem zufrieden sind. Im Gegenteil: Dankbarkeit inspiriert zum Handeln, lässt Beziehung wachsen und motiviert dazu, die Welt zum *Dankbarkeit ist* Besseren zu verändern. Es gibt in jeder Gesell- *auch ein Impuls* schaft immer Handlungsbedarf, um gerade auch *zum Handeln* den ärmeren und hilfsbedürftigen Menschen gerecht zu werden. Doch wenn wir nur aus einer Unzufriedenheit und Undankbarkeit heraus für gerechtere Verhältnisse in unserem Land arbeiten, wird unser Einsatz nie wirklich zum Frieden führen. Er wird eine aggressive Note bekommen. Erst wenn wir uns als Gesellschaft bewusst werden, wofür wir gemeinsam danken können, werden wir angemessen an einer Verbesserung der Verhältnisse arbeiten. Und je mehr sich Dankbarkeit ausbreitet, desto weniger werden Egoismus, Neid und Konkurrenzdenken in unseren Herzen Platz haben und desto stärker wird das Netz der Verbundenheit die Gemeinschaft stärken.

Achtsamkeit

Während Gleichgültigkeit die Verbundenheit mit anderen Menschen zerstört, fördert Achtsamkeit die Verbundenheit. *Ganz bei mir* Achtsamkeit bedeutet, dass ich in der Begeg- *und offen für* nung ganz bei mir bin, auf meine Gefühle achte, *den anderen* auf meine Sprache, auf mein Verhalten. Aber zugleich achte ich auf den anderen. Ich öffne mich ihm gegenüber. Ich achte auf seine Stimme, auf seine Gebärden, auf seine Bedürfnisse, auf das, was er mir gegenüber ausdrückt. Das Gespür für die Mimik und Gestik ist leider in der Pandemiezeit durch die rein digitale Kommunikation vielfach beschädigt oder gar verloren gegangen. Am Bildschirm kann ich das, was den anderen wirklich ausmacht, nicht erkennen. Ich nehme seine Körpersprache nicht wahr, ich spüre die Ausstrahlung nicht, die von ihm ausgeht.

Heute spricht man von Schulen der Achtsamkeit und meint damit: auf alle Gedanken und Gefühle zu achten, aber sie dann auch vorübergehen zu lassen, sodass sie mich nicht beherrschen. Diese Art der Achtsamkeit ermöglicht es uns, ganz im Augenblick zu sein und sich von den Gedanken nicht von diesem Augenblick wegziehen zu lassen. Mit Achtsamkeit verwandt sind Begriffe wie Aufmerksamkeit und Bewusstheit: Ich mache mir etwas bewusst, was vorher unbewusst war, was ich nicht wahrgenommen habe. Und ich bin mit vollem Bewusstsein bei der Sache. Ich lasse mich ganz bewusst auf etwas, auf jemanden ein. Aufmerksam bin ich, wenn ich mein Augenmerk gezielt auf etwas richte und ganz wach auf das schaue, was sich mir gerade darbietet. Die Achtsamkeit erstreckt sich nicht nur auf den Moment der Begegnung mit dem anderen. Ich achte auch darauf, wie es ihm oder ihr nachher geht. Wenn ich mich auch nach einer Begegnung nach seinem Befinden erkundige und damit zeige, dass ich mich um sein Wohlbefinden kümmere, fühlt sich mein Gegenüber ernst genommen.

Wenn ich in einer Freundschaft oder Partnerschaft lebe, dann bedeutet Achtsamkeit, dass ich auf die Bedürfnisse des anderen achte, auf seine Stimmungen. Ich nehme an seiner Stimme, an seiner Ausstrahlung wahr, ob es ihm gut geht oder nicht, ob er sich von mir gesehen oder übersehen fühlt. Achtsamkeit bedeutet auch, dass ich mir bewusst Zeit nehme, mich in den anderen hineinzumeditieren, mir zu überlegen, was eigentlich in ihm vorgeht, wie er sich fühlt, wonach er sich sehnt. Viele Freundschaften und Partnerschaften scheitern daran, dass man nur die Termine und die alltäglichen Dinge bespricht, aber kaum über das spricht, was einen im Inneren wirklich bewegt.

Der Unachtsame ist nur mit sich und seinen Emotionen beschäftigt. Er nimmt gar nicht wahr, dass die Frau an seiner Seite sich danach sehnt, von ihm ein Wort zu hören, dass er sie liebe. Er meint, das habe er doch schon oft genug gesagt. Er bemisst das Maß seiner Zuwendung nach seinen eigenen Vorstellungen. Er oder sie achtet nicht darauf, welche Bedürfnisse nach Nähe und Zuwendung die oder der andere hat. Er fragt auch nicht danach, wie es dem anderen wirklich geht und was er an Ansprache und Ermutigung braucht.

Die stoische Philosophie hat den sehr rationalen Grundsatz aufgestellt: „Nicht der andere verletzt dich, sondern die Vorstellungen, die du von ihm hast, verletzen dich, weil der andere deinen Vorstellungen nicht entspricht." Man darf diesen Grundsatz nicht verallgemeinern. Aber oft trifft er durchaus zu, vor allem in engen Beziehungen wie Freundschaft oder Partnerschaft. Da denken wir: Der andere müsste doch merken, dass es mir nicht gut geht, dass ich mich nach Zärtlichkeit sehne. Aber er gibt mir keine Zärtlichkeit, er geht nicht auf mich ein, er fragt nicht nach mir. Achtsamkeit besteht auch darin, dass ich auf meine eigenen Gefühle achte und sie dem anderen mitteile. Viele warten vergeblich auf ein Wort der Liebe vom Partner. Aber sie trauen sich auch nicht, ihren Wunsch zu äußern. Sie warten, dass der andere endlich merkt, was sie brauchen. Aber er merkt es eben nicht. Und dann fühlen sie sich tief verletzt. Achtsamkeit bedeutet also immer: auf mich selber achten und auf den anderen achten. Und es bedeutet, dass ich das, was ich wahrnehme bei mir und beim anderen, auch ausspreche.

Der hl. Benedikt verlangt vom Cellerar, dass er immer auf seine Seele achtet (RB 31,8). Er verwendet dabei das Wort „custodiat". Das meint: bewachen, in Acht neh-
men, beobachten. Der Cellerar soll bei seiner Arbeit immer auf die Gefühle und Gedanken achten, die in ihm auftauchen, auf seine Bedürfnisse und Sehnsüchte. Und er soll die guten Gefühle bewachen, be-hüten, sodass sie nicht von negativen Gefühlen verdrängt werden. Das gilt für jede Führungskraft, aber auch für alle Mitarbeiter und Mitarbeiterinnen in der Firma. Wir sind da-für verantwortlich, mit welchen Gefühlen wir morgens in die Arbeit gehen. Wir dürfen nicht einfach unsere schlechte Laune an den Kollegen und Kolleginnen auslassen. Es geht darum, seine Emotionen anzuschauen und zu verwandeln in Wohlwollen und Zustimmung zu den Menschen, denen ich heute begegne. Nur wer gut auf sich selbst achtet, wird auch achtsam mit den Menschen umgehen.

Was wichtig ist: Gut auf sich selber achten

Stille

Die Stille ist für mich ein wichtiger Weg zur Erfahrung der Verbundenheit mit allem. Stille ist nicht nur Abwesenheit von Lärm, Fehlen von Worten. Stille hat eine eigene Quali-tät. Es ist die Qualität des reinen Seins. Wenn etwas absichtslos ist, dann ist es still. Das Ego ist immer laut. Es stellt sich in den Mittelpunkt.
Es meldet sich zu Wort. Es muss sich ständig darstellen, produzieren. Stille ist reines Sein. Stille hängt mit Reinheit und Einfachheit zusammen. Wenn etwas rein und lauter ist, ohne Nebenabsichten, dann empfinden wir es als still. In der Stille begegnen wir dem Ursprung, dem Ursprünglichen, Unverfälschten, Klaren. In der Stille kommt das Wesen der

Ein Erfahrungs-weg zur Verbun-denheit

Dinge zum Vorschein. Diese Stille spricht auf ihre Weise, nicht laut, aber umso eindrucksvoller und mächtiger. Wenn das reine Sein spricht, dann können wir nur schweigen. Es betrifft uns im Inneren. In der Tiefe unserer Seele werden wir angesprochen. Wir können nicht mit Worten ausdrücken, was uns die Stille sagt. Aber wir spüren in der Tiefe eine mächtige Botschaft.

Was ich einleitend über Weihnachten und über die Sehnsucht nach Verbundenheit gesagt habe, gilt für alle Situationen, in denen wir uns allein fühlen. Peter Schellenbaums

Stille stärkt das Zusammenhörig- keitsgefühl | Aufforderung, das Alleinsein in ein All-Eins-Sein zu verwandeln, beschreibt keineswegs einen leichten oder auch nur angenehmen Weg. Aber wenn ich in den Grund meiner Seele gehe, dann fühle ich mich dort im Grund eins mit allen Menschen, gerade auch mit denen, die an ihrer Einsamkeit leiden. Dieser Weg ist ein Weg der Stille.

Für mich ist das Gebet in der Stille ein wichtiger Weg, mich verbunden zu fühlen mit den Menschen, die mir am Herzen liegen. Ich bete für sie, spüre mich in sie hinein, was sie gerade bewegt und wonach sie sich sehnen. Dann ist für mich auch ein allein verbrachtes Weihnachten kein einsames Fest, sondern ein Fest einer neuen und tieferen Verbundenheit. Und auch wenn ich mir in der Meditation Zeit für mich nehme, um in mein eigenes Inneres vorzudringen, um eins zu sein mit Gott, ist es für mich zugleich eine Zeit, in der ich mich eng verbunden fühle mit allen Menschen. Denn wenn mich das Jesusgebet in den Grund meiner Seele führt, fühle ich mich auf dem Grund meiner Seele verbunden mit vielen Menschen, vor allem mit den Verwandten, aber auch mit allen, die mir von ihren Problemen und Sorgen erzählt haben. Manchmal wandle ich dann das Jesusgebet auch um. Ich sage dann nicht nur: „Jesus Christus, Sohn Gottes, erbarme dich meiner!", sondern auch: „erbarme dich seiner, erbarme dich ihrer!" Dann fühle ich mich verbunden mit dem, für den ich bete.

C. G. Jung spricht vom „unus mundus", von der *einen Welt*, in der Geist und Materie, Außen und Innen in eins fallen und nicht geschieden sind. In der Tiefe unserer Seele sind wir verbunden mit allem, was ist, mit allen Menschen, mit dem Kosmos, mit Gott. Und in der Tiefe unserer Seele sind wir auch eins mit uns selbst. Für mich ist diese Erkenntnis gerade für unsere Zeit bedeutsam. Da gibt es ja immer mehr Polarisierung und Spaltung. Doch wenn wir in die Tiefe unseres Unbewussten eintauchen, entdecken wir, dass wir dort verbunden sind mit allem, was ist. Wenn wir dieses Zusammengehörigkeitsgefühl vor allem auf die Menschen beziehen, dann relativieren sich die Konflikte und Differenzen zwischen uns Menschen. Wir haben die Hoffnung, dass die Verbundenheit in der Tiefe unserer Seele langsam hochsteigt und uns auch in unserem Bewusstsein miteinander verbindet.

Am Anfang der Schöpfung war Stille. Und in diese Stille hinein hat Gott das Wort gesprochen: „Es werde Licht!" Das Wort gestaltet die Stille und formt sie. Es gibt Urworte, die die Stille nicht stören, sondern ihre Botschaft verstärken. Und es gibt Worte, die aus der Stille kommen und die Stille hörbar machen. Das Wort, das aus der Stille aufbricht, führt uns in die Stille. Es unterbricht die Stille nicht, sondern vertieft sie.

In der Stille reflektiere ich nicht über mich, über die Welt, über die Menschen. In der Stille bin ich einfach. Und in diesem reinen Sein erahne ich, was Thomas von Aquin meint, wenn er Gott das reine Sein nennt, das „esse" im Gegensatz zum „ens", zum Seienden. Martin Heidegger betont immer wieder diese Unterscheidung zwischen Sein und Seiendem. Im reinen Sein habe ich teil an Gottes Sein. Und ich bin eins mit allem Sein. Im Sein gibt es keine Differenz zu den einzelnen Seienden. Das Sein ist Verbundenheit, ist Liebe, ist Einssein. In der Stille fühle ich mich mit allen Menschen verbunden. Ich höre auf, sie zu bewerten. Ich komme in Berührung mit ihrem Sein.

18.

„Todsünden" für das Miteinander – und unsere Antwort

Neid, Völlerei, Habgier, Wollust, Hochmut, Trägheit, Zorn: In der christlichen Tradition sind es diese sieben Todsünden, die unser Verbundensein gefährden oder es gar unmöglich machen. Heute verstehen wir Todsünde nicht nur als schwerwiegende Fehlhaltung, in der der Mensch die Gemeinschaft mit Gott bewusst verlässt, sondern als Behinderungen und Gefährdungen authentischen Menschseins. Der Begriff der Todsünde meint, dass die damit angezeigten Haltungen Gefährdungen zum Tod sind, zur Erstarrung führen und den Menschen von eigentlichen Leben abhalten. Wenn wir sie im Folgendem als Gefährdungen betrachten, ist es aber hilfreich, auf jede Gefährdung eine Antwort zu geben, also die positive Haltung zu beschreiben, die es braucht, damit wir uns wieder verbunden fühlen. Was in den geistlichen Schriften normalerweise auf den Einzelnen bezogen wird, das möchte ich hier auf die soziale Relevanz hin betrachten. Ich werde also nicht nur die sieben Todsünden beschreiben, sondern auch die Haltungen, die ein gutes Miteinander ermöglichen und stärken.

Dankbarkeit statt Neid

Wir sind neidisch auf Menschen, die etwas haben, was wir selbst nicht haben. Das kann das teure Auto, die große Wohnung, die hohe Stellung im Beruf oder das Ansehen in der Gesellschaft sein. Es kann aber auch einfach die Tatsache sein, dass der andere in unserem Umkreis beliebter ist, dass er im Mittelpunkt steht, während wir kaum beachtet werden. Der

Eine Haltung der Bedürftigkeit, die vergiftet und spaltet

Neid deckt uns unsere eigene Bedürftigkeit auf. Wir sehnen uns auch danach, im Mittelpunkt zu stehen und genügend Geld zu besitzen. Der Neid kommt normalerweise aus dem Vergleich. Wir sind nicht bei uns, sondern vergleichen uns ständig mit anderen. Der Neid kann uns schaden. Wir sprechen davon, dass jemand gelb vor Neid wird oder gar grün. Der Neid führt also zu einer veränderten Hautfarbe und zu einem Zustand, der dem Kranksein nahekommt. Und der Neid führt oft zu Verhaltensweisen, die das Miteinander stören. Aus Neid verleumde ich den anderen, damit er nicht mehr so beliebt ist. Aus Neid lege ich dem Kollegen in der Firma Steine in den Weg, damit er keinen Erfolg hat. Aus Neid kämpfe ich gegen andere, will ihnen schaden. Der Neid führt in der Firma oft zu Rivalitätskämpfen, die der Firma großen finanziellen Schaden zufügen. In der Gesellschaft führt der Neid auf ganz bestimmte Berufsgruppen – z. B. auf Ärzte, Unternehmer, Juristen – zur ungerechten Behandlung der Menschen, die in diesen Berufen arbeiten. Der Neid äußert sich dann in Vorurteilen, die in der Öffentlichkeit gegenüber diesen Menschen verbreitet werden. Gerade die neuen Medien sind voll von solchen Neiddebatten und von verletzenden und entwürdigenden Worten. Neid kann die Atmosphäre in einer Gesellschaft und Gemeinschaft vergiften. Der Neid kann so mächtig werden, dass er sich in

Gewalt anderen gegenüber äußert. Der Neid zerstört daher das Gefühl der Verbundenheit. Er trennt und spaltet.

Die Antwort, die wir auf die Neidgefühle geben sollen, ist die Dankbarkeit. Jeder Mensch kennt Neid. Die spirituelle Tradition der Mönche sagt: Dafür sind wir nicht verantwortlich. Wir lernen im Neid unsere eigene Bedürftigkeit kennen. Aber wir sind verantwortlich dafür, wie wir mit dem Neid umgehen. Wenn wir Neid in uns spüren, sollen wir unseren Blick vom anderen auf uns selbst lenken. Und wir sollen uns bewusst mit der Brille der Dankbarkeit anschauen. Es gibt immer gute Gründe, dankbar zu sein. Ich bin dankbar für mein Leben, auch wenn ich manches Schwere durchgestanden habe. Ich bin dankbar für meine Familie, für meine Freunde, für meine Gesundheit, für meinen Beruf. Wenn ich bewusst mit der Brille der Dankbarkeit auf mein Leben schaue, dann tut es mir selber gut. Dankbarkeit schafft Zufriedenheit, sie macht glücklich. Und die Dankbarkeit ist die Bedingung für ein gutes Miteinander. Undankbare Menschen stören das gute Zusammenleben. Sie sind gleichsam eine ständige Anklage anderen gegenüber. Sie versuchen, den anderen Schuldgefühle einzuimpfen, weil es ihnen besser geht, weil sie gesünder sind, weil sie intelligente Kinder haben. Dankbare Menschen würdigen die anderen Menschen. Sie können sich mit ihnen freuen über ihr Leben, über ihre Erfolge. Das schafft Gemeinschaft.

Wer dankbar ist, stiftet Gemeinschaft

Statt neidisch auf die anderen zu schauen, soll ich nicht nur dankbar auf mein eigenes Leben schauen, sondern ich kann versuchen, auch für die Menschen zu danken, mit denen ich zusammenlebe. Das erscheint manchmal nicht so leicht. Wie soll ich dankbar sein für einen Nachbarn, der mir das Leben schwer macht? Oder wie soll ich dankbar sein für den erfolgreichen Geschäftsmann oder den Filmstar? Wenn ich dankbar auf erfolgreiche Menschen schaue, fühle ich mich mit ihnen verbunden und habe teil an ihrem Erfolg, an ihrem Ruhm. Und wenn ich dankbar auf einen eher unangenehmen Menschen schaue, so erkenne ich, dass ich in der Tiefe auch mit ihm verbunden bin. Und vielleicht erkenne ich, dass der andere eine Herausforderung für mich ist, die mir guttut.

Das rechte Maß statt Völlerei

Als Völlerei bezeichnet man ein maßloses Essen und Trinken. In der Kunst des Mittelalters wurde der Mensch, der sich der Völlerei hingibt, als Fresssack dargestellt. In Zeiten *Nicht vor der* der Hungersnot galten Menschen, die der Völ- *eigenen Wahrheit* lerei frönten, als Egoisten, die sich nicht um die *ausweichen* Nöte der anderen kümmern, sondern nur auf den eigenen Bauch bedacht sind. Psychologen sehen in der Völlerei eine Antwort auf das Gefühl, im Leben zu kurz gekommen zu sein. Der Hunger, den man mit Essen nicht stillen kann, verweist letztlich auf den Hunger nach Liebe. Essen kann zum Ersatz werden für den Mangel an Liebe. Die Völlerei kann aber auch ein Ausweichen der eigenen Wahrheit gegenüber sein. Weil ich mich meinen Gefühlen nicht stellen will, weil ich den Ärger oder die Trauer über den Verlust eines Menschen nicht spüren will, stopfe ich mich voll. Die Völlerei trennt mich auch von anderen Menschen. Mir erzählte eine Frau von ihrem Mann, den immer wieder die Esssucht packt, dass sie in solchen Augenblicken nicht an ihn herankommt. Er ist dann in sich verschlossen. Die Verbindung ist gestört.

Für den hl. Benedikt ist die weise Mäßigung, die er die Mutter aller Tugenden nennt, die Bedingung, dass eine Gemeinschaft in Frieden zusammenleben kann. Das rechte Maß bezieht sich nicht nur auf das Essen und Trinken, sondern auf das ganze Leben. Es meint einen maßvollen Lebensstil, ein einfaches Leben, das nicht unter dem Druck steht, immer mehr zu besitzen und immer höher hinauszuwollen. Und das rechte Maß bezieht sich auch auf das eigene Selbstbild. Daniel Hell, ein Schweizer Psychiater, meint, Depressionen seien oft ein Hilfeschrei der Seele gegen maßlose Selbstbilder, etwa gegen das Bild, immer perfekt sein zu müssen, immer erfolgreich, immer cool, immer positiv. Die Seele rebelliert gegen maßlose Selbstbilder. Die maßlosen Selbstbilder verhindern auch ein gutes Miteinander. Narzisstische Menschen haben oft übertriebene Selbstbilder. Sie schaden damit nicht nur sich selbst, sondern auch den Menschen, mit denen sie zusammenleben. Mit einem Narzissten als Ehepartner zu leben ist fast unmöglich. Das überfordert viele Partner und macht sie oft genug auch krank. Daher ist das rechte Maß die Bedingung für ein gutes Miteinander.

Die Seele rebelliert gegen maßlose Selbstbilder

Nicht-Anhaften statt Habgier

Der 1. Timotheusbrief nennt die Habsucht „die Wurzel aller Übel" (1 Tim 6,10). Die Habgier schadet nicht nur dem Einzelnen, der nie genug bekommen kann. Sie trennt uns auch von den anderen Menschen. Der Habgierige kümmert sich nicht um die anderen. Er ist blind für die Verbindung mit anderen Menschen. Er dreht sich nur um die eigene Gier. Auch wenn er schon genug Geld hat, ist er nicht zufrieden, sondern will immer

Gier geht immer auf Kosten der anderen

noch mehr. Seine Habgier geht auf Kosten der anderen. Er beutet nicht nur die Natur aus, sondern auch die Menschen um sich herum. Er versucht, seine Gier dadurch zu befriedigen, dass er anderen schadet, ihnen das Geld wegnimmt, oft genug durch Betrug.

Jesus preist die selig, die arm sind im Geist (Mt 5,3). Er meint damit nicht die Menschen, die nicht viel Geld haben, sondern die im Geist arm sind. Die Buddhisten nennen diese Freiheit von den Dingen das „Nicht-Anhaften". Ich habe vielleicht die Dinge, aber ich mache mich davon nicht abhängig. Ich beziehe mein Selbstwertgefühl nicht aus dem, was ich habe. Die Habgier ist oft auch Ausdruck eines psychischen Mangels. Die Menschen fühlen sich innerlich *Innere Leere – ein Fass ohne Boden* leer und versuchen diese Leere aufzufüllen mit Geld und Reichtum. Doch die innere Leere ist ein Fass ohne Boden. Sie bekommen nie genug, weil sie dieses Fass ohne Boden nie auffüllen können.

Im Lukasevangelium warnt Jesus seine Jünger vor der Habgier. Als Begründung gibt er an: „Denn der Sinn des Lebens besteht nicht darin, dass ein Mensch aufgrund seines großen Vermögens im Überfluss lebt" (Lk 12,15). Der Besitz isoliert. Für den Evangelisten ist die wesentliche Haltung dem Besitz gegenüber, ihn zu teilen mit anderen Menschen. Dann schafft er Beziehung und Gemeinschaft. Wer nur auf seinen Besitz pocht und voller Habgier immer noch mehr will, der kündigt letztlich die Gemeinschaft auf. Und der Besitz erfüllt nicht die Sehnsucht des Menschen. Denn er ist etwas Hartes. Da kann nichts fließen. Da fließt nichts zum anderen hin. Der Sinn des Lebens besteht aber darin, in Fluss zu kommen, zum anderen hin zu fließen.

Das Teilen bezieht sich nicht nur auf den Besitz. Für Lukas ist das Teilen die Voraussetzung für ein gutes Miteinander. Das beschreibt Lukas, wenn er das Miteinander der Urgemeinde in Jerusalem schildert. „Alle, die gläubig geworden waren, bildeten eine Gemeinschaft und hatten alles gemeinsam. Sie verkauften Hab und Gut und gaben davon allen, jedem so viel, wie er nötig hatte" (Apg 2,44f). Das Teilen und das Zuteilen, damit jeder das bekommt, was er nötig hat, ist die Voraussetzung eines guten Miteinanders. Der hl. Benedikt kommt auf diese Stelle der Apostelgeschichte zu sprechen, wenn er im Kapitel 34 seiner Regel den Umgang mit den Bedürfnissen behandelt. Wenn jedem zugeteilt wird, wie er es nötig hat, und wenn die, die weniger brauchen, Gott danken, anstatt traurig zu werden, dann „werden alle Glieder der Gemeinschaft im Frieden sein" (RB 34,5). Der angemessene Umgang mit den Bedürfnissen und das Teilen der Güter miteinander ist die Voraussetzung, dass das Miteinander gelingt.

Teilen: Voraussetzung, dass ein Miteinander gelingt

Die Lust auf Askese statt Wollust

Das Wort „Wollust" kommt ursprünglich von den beiden Wörtern „wohl" und „Lust". Man empfindet Wohlgefühle, wenn man die sexuelle Lust genießt. Doch als Todsünde meint die Wollust die maßlose sexuelle Lust, die ohne Rücksicht auf den anderen ausgelebt wird. Heute erleben wir, wie die Wollust als sexueller Missbrauch von Minderjährigen ausgelebt wird oder aber in sexuellen Übergriffen, wie sie häufig im Sport, beim Film, beim Theater und leider auch in der Kirche und vor allem im familiären Raum vorkommen. Und die Wollust führt oft dazu, dass intakte Ehen zerstört werden. Denn man ist nicht zufrieden mit der Erfahrung der in der Ehe gelebten Sexualität. Man möchte immer noch mehr. Und die Pornoindustrie befriedigt diese Wollust. Doch das tut weder dem Menschen gut, der dann von seiner Wollust beherrscht wird, noch tut es dem Miteinander gut. Denn dann fühlen sich Kinder nicht mehr sicher. Frauen fühlen sich in Firmen und in der Öffentlichkeit sexuell bedrängt. Das schafft ein ängstliches und feindseliges Klima. Eine Frau erzählte mir, dass sie eine tiefe Kluft zwischen sich und ihrem Mann gespürt habe, als sie erfahren hat, dass ihr Mann Pornofilme anschaut. Eine gesunde Sexualität verbindet Mann und Frau auf tiefe Weise. Pornographie dagegen isoliert und spaltet.

Das Gegenteil von Wollust ist Keuschheit. Doch Keuschheit ist ein Wort, mit dem viele heute nicht mehr viel anzufangen wissen. Keuschheit wird oft als Verzicht auf Sexualität verstanden. Doch Keuschheit kommt eigentlich von „conscius" – „bewusst". Es meint eher die klare und reine Haltung, die dem Wesen der Sexualität gerecht wird und die Sexualität als Ausdruck der Liebe versteht. Dann wird die Sexualität zu dem Ort, an dem auf intensivste Weise Verbundenheit und Einssein erfahren wird. Das Gegenteil der Wollust ist nicht der Verzicht auf Lust, sondern eine Kultivierung der Lust. Und es geht darum, eine andere Form von Lust zu leben: die Lust auf Askese. Wenn ich bewusst auf etwas verzichte, spüre ich auch eine innere Lust. Ich bin nicht beherrscht von meinen Bedürfnissen. Ich kann auch Nein sagen

Kultivierung der Lust – gegen ein Klima von Angst und Feindseligkeit

zu einem Bedürfnis. Das macht mich innerlich frei. Und diese innere Freiheit führt einmal zu einem einfachen Leben, das ich bewusst in Verantwortung für die Menschen auf der ganzen Welt praktiziere. Und sie führt zu guten Beziehungen zu den Menschen. Ich werde dann Menschen nicht dazu benutzen, meine Bedürfnisse zu erfüllen. Ich werde sie nicht missbrauchen, um meine Bedürfnisse zu stillen. Vielmehr achte ich sie in ihrer unantastbaren Würde.

Diese andere – „keusche" – Lust meint Benedikt, wenn er im Prolog seiner Regel an die Mönche die Frage stellt: „Wer ist der Mensch, der Lust hat am Leben und gute Tage zu sehen wünscht?" (RB, Prolog 15). Er antwortet auf diese Frage mit einem Psalmwort: „Willst du wahres und unvergängliches Leben, bewahre deine Zunge vor Bösem und deine Lippen vor falscher Rede! Meide das Böse und tu das Gute; suche den Frieden und jage ihm nach!" (RB, Prolog 17; vgl. Ps 34,14f). Das ist eine andere Form von Lust am Leben, als sie die Wollust sucht. Hier besteht die Lust am Leben darin, dass ich bewusst lebe, dass meine Worte verbinden, anstatt zu spalten, dass ich den Frieden suche. In Frieden zusammenzuleben, das erfüllt meine Sehnsucht nach einer Lust, die anhält und trägt.

Eine gute Askese leugnet nicht die Sexualität. Sie verwandelt Sexualität in Erotik. Die Erotik aber belebt unsere Beziehungen. Sie bringt in unsere Beziehungen Farbe und Lebendigkeit. Erotik zieht an. Das gilt für die Erotik zwischen Mann und Frau, aber auch zwischen Männern und Frauen untereinander. Die Erotik will den anderen nicht für sich besitzen. Sie freut sich an der erotischen Anziehung des anderen. So entsteht eine lebendige und lustvolle Verbundenheit, ohne dass ich den anderen für mich haben oder vereinnahmen möchte.

Lebendige Verbundenheit will den anderen nicht vereinnahmen

Demut statt Hochmut

Die frühen Mönche sehen im Hochmut die eigentliche Todsünde. Hochmut bedeutet Arroganz, Überheblichkeit und Hybris. Hochmut ist die Weigerung, seine eigene Menschlichkeit anzunehmen. Der Hochmütige hat oft Selbstbilder von sich, die der Wirklichkeit nicht entsprechen. Er fühlt sich als der größte und beste und begabteste Mensch. Doch alle anderen erleben ständig seine Fehler und Schwächen. Für die Mönche ist die Hybris vor allem die Weigerung, sich Gott zu unterstellen. Die Hybris trennt uns von Gott, weil wir uns gleichsam selbst für Götter halten. Der Hochmut, wie er oft bei narzisstischen Menschen vorkommt, behindert auch das Miteinander. Der Hochmütige ist unfähig, sich auf andere Menschen einzulassen. Er muss ständig die anderen entwerten, um sich aufzuwerten. Und mit den entwerteten Menschen will er nichts zu tun haben. Er braucht sie höchstens – wie der Psychoanalytiker Albert Görres einmal gesagt hat – als Bewunderungszwerge, die ihn ständig bewundern, damit er sich gut fühlt.

Evagrius Ponticus beschreibt in seinem Buch *Praktikos* die verschiedenen Todsünden in Bezug auf die Mönche in der Wüste. Den Hochmut charakterisiert er so: „Der Dämon des Stolzes ist Ursache für den schlimmsten Fall des Menschen. Er nämlich verführt den Mönch dazu, nicht in Gott die Ursache seiner tugendhaften Handlungen zu suchen, sondern bei sich selbst. Seine Mitbrüder hält der Stolze für dumm, nur weil sie nicht die gleiche Meinung haben wie er selbst. Zorn und Traurigkeit folgen diesem Dämon auf dem Fuß und zu guter Letzt befällt den Stolzen die schlimmstmögliche Krankheit, er wird geistesgestört, verfällt dem Wahnsinn und unterliegt

Die anderen sind nicht unsere Bewunderungszwerge

Halluzinationen, die ihm ganze Scharen von Dämonen am Himmel vorgaukeln" (Evagrius Ponticus, Kap 14). Aus dieser Beschreibung wird deutlich, dass der Hochmut für den Einzelnen zu der Gefahr wird, sich in eine Scheinwelt zurückzuziehen, die dann bis zum Wahnsinn führen kann. Und der Hochmut vergiftet die Beziehungen zu anderen Menschen. Mir erzählte eine Mitarbeiterin in einem spirituellen Zentrum, dass der Leiter, der meint, er praktiziere die einzig wahre Form von Spiritualität, arrogant zu den Mitarbeitern sei. Das stört das Miteinander. Die Mitarbeiter fühlen sich nicht geschätzt. Hochmut spaltet.

Das Heilmittel für den Hochmut ist die Demut. Im Lateinischen heißt Demut „humilitas". Das Wort kommt von „humus" – „Erde". Die Demut ist also der Mut, hinabzusteigen zur Erde, in die eigene Erdhaftigkeit, hinabzusteigen in das, was C. G. Jung den Schatten nennt. Der Schatten ist der Bereich in uns, in den wir all das verdrängt haben, was unserem idealen Selbstbild widerspricht. Aber was wir verdrängt haben, wirkt vom Schatten aus destruktiv in uns weiter. Demut besteht darin, alles, was in uns ist, anzunehmen, auch unsere Schattenseiten. Nur was wir annehmen, kann verwandelt werden. Die Demut führt uns zu Gelassenheit und Freiheit. Denn wir haben keine Angst mehr, dass die anderen Menschen hinter unsere Fassade schauen und all das Verdrängte in uns entdecken könnten. Wir dürfen so sein, wie wir sind. Und wir stehen mit beiden Füßen auf der Erde. Wir erheben uns nicht über die anderen. Wir begegnen ihnen auf Augenhöhe.

Daher ist die Demut auch die Bedingung für gute Beziehungen. In der Demut fühlen wir uns verbunden mit allen Menschen. Wir spüren, dass wir die gleichen Fehler und Schwächen haben wie die anderen. Für die Mönche führt die Demut dazu, dass wir aufhören, über andere zu richten und andere zu bewerten. Wenn wir einen anderen sündigen *Den anderen als* sehen, dann sollen wir sagen: Ich habe gesün- *Spiegel für uns* digt. Das erscheint uns allzu übertrieben. Aber *selber sehen* wenn wir den anderen als Spiegel für uns sehen, dann werden wir erkennen, dass wir zu den gleichen Fehlern fähig sind wie er. Wir urteilen dann nicht über ihn, sondern versuchen ihn zu verstehen. Wir stellen uns nicht über ihn, sondern stehen mit ihm auf der gleichen Stufe. Das ist aber die Bedingung für ein gutes Miteinander. Wir fühlen uns mit ihm verbunden, weil wir in uns die gleichen Eigenschaften entdecken, die auch der andere hat. Wir begegnen ihm auf Augenhöhe. Wir fühlen uns in ihn hinein, wir fühlen mit ihm. Wir können uns vorstellen, wie er selbst an seinen Fehlern leidet. Und wir vertrauen auf seine Sehnsucht, gut zu sein. In dieser Sehnsucht, gut zu sein, fühlen wir uns mit ihm eins.

Benedikt verlangt vom Cellerar vor allem die Demut: „Vor allem habe er Demut. Kann er einem Bruder nichts geben, dann schenke er ihm wenigstens ein gutes Wort. Es steht ja geschrieben: ‚Ein gutes Wort geht über die beste Gabe.‘" (RB 31,13f; vgl. Sir 18,16f). Gerade für Führungskräfte besteht die Gefahr, dass sie auf andere hinabschauen und dadurch eine Spaltung zwischen Führenden und Geführten verursachen. Die Demut verbindet die Menschen. Die Führungskraft steht auf dem gleichen Boden wie die Geführten und soll ihnen daher auf Augenhöhe begegnen.

Evagrius gibt als Heilmittel für den Hochmut an: „Denke an dein früheres Leben und an deine vergangenen Sünden und daran, wie du durch Christi Erbarmen Apatheia erlangt hast, obwohl du doch von deinen Leidenschaften beherrscht warst. Denke auch daran, wie du dich aus der Welt zurückgezogen hast, die dich so oft und in so vielen Dingen hat straucheln lassen. ‚Rechne das auch mir zugute,' sagt Christus, ‚dass du in der Wüste behütet bliebst und dass die Dämonen, die gegen dich wüteten, von dir abgelassen haben.' Solche Gedanken wecken ein Gefühl der Demut in uns und vermögen den Dämon des Stolzes fernzuhalten" (Evagrius Ponticus, Kap. 33). Die „Apatheia" war das Ziel des spirituellen Weges im Mönchtum. Cassian übersetzt sie mit „Reinheit des Herzens". Evagrius versteht sie als Liebe, als reine Liebe ohne Nebenabsichten. Die Demut ist für die Mönche die wichtigste Tugend, nicht nur im Blick auf die anderen Menschen, sondern vor allem auch im Blick auf Gott. Denn gerade wenn Gott einen beschenkt, besteht immer die Gefahr, dass man damit angibt und sich über andere stellt. Daher sind gerade fromme Menschen in Gefahr, sich über andere zu stellen. Doch dann bringt sie ihre Spiritualität nicht in die Verbundenheit mit anderen, sondern führt zur Grandiosität, in der sie vor der Auseinandersetzung mit anderen in fromme Gedanken, Gefühle und Vorstellungen fliehen.

Der demütige Mensch hat eine angenehme Ausstrahlung auf die Menschen seiner Umgebung. Mit ihm möchte man in Kontakt treten. Denn bei ihm fühlt man sich wohl. Man fühlt sich nicht bewertet. Der demütige Mensch bringt dem anderen Wertschätzung entgegen. Er versteht ihn, anstatt ihn zu bewerten. Er lässt ihn sein, wie er ist. Das ermöglicht es auch dem anderen, sich so anzunehmen, wie er ist, im Vertrauen, dass er immer mehr in seine eigentliche Gestalt hineinwächst. So entsteht eine tiefe Verbundenheit zwischen den Menschen. Einer nimmt den anderen an, wie er ist, ohne zu vergleichen, ohne zu bewerten, ohne zu verurteilen.

Demut: nicht vergleichen, nicht werten, nicht verurteilen

Gelassenheit statt Trägheit

Was im Deutschen mit Trägheit übersetzt wird, heißt im Griechischen akedia. Das Wort kann man nicht einfach übersetzen. Man kann seinen Sinn eher umschreiben. Evagrius beschreibt die Akedia in humorvoller Weise. Da ist ein Mönch in seiner Zelle. Er liest in der Bibel. Dann wird er schläfrig. Er nimmt die Bibel als Kopfkissen. Aber er kann nicht einschlafen. Das Kopfkissen ist zu hart. Dann steht er auf, schaut zum Fenster hinaus, ob nicht ein Mönch kommt, ihn zu besuchen. Dann schimpft er über die hartherzigen Mönche, die ihn links liegen lassen. Dann geht er zurück in seine Zelle und ärgert sich, dass sie feucht ist. Dann jucken seine Strümpfe. Er möchte am liebsten aus der Haut fahren. Die Akedia ist eigentlich die Unfähigkeit, im Augenblick zu bleiben. Die Arbeit ist mir zu anstrengend, das Gebet ist langweilig, ja nicht einmal das Nichtstun ist angenehm. Ich kann den Augenblick nicht aushalten. Für Evagrius ist der Dämon der Akedia der gefährlichste, weil er den Mönch dazu treiben möchte, alles aufzugeben. „Wird dieser Dämon aber besiegt, dann folgt so schnell kein anderer Dämon; ein Zustand tiefen Friedens und unaussprechbarer Freude ist die Frucht eines siegreichen Ringens mit ihm" (Evagrius Ponticus, Kap. 12). Das Heilmittel gegen die Akedia ist, einfach in seiner Zelle zu bleiben, sich selber auszuhalten und sich vorzustellen, dass Gott einen aushält mit dem inneren Chaos, das wir in uns wahrnehmen.

Die Antwort auf die Akedia, in der wir ständig woanders sein und ganz anders leben wollen, ist die Gelassenheit. Wir lassen uns so, wie wir sind. Und wir lassen uns an dem Ort, an dem wir sind. Wir stellen uns der inneren Unruhe, bis wir zur Gelassenheit finden. In der Gelassenheit lassen wir die ganze innere Unruhe zu. Aber wir lassen uns von ihr nicht durcheinanderbringen. Wir halten sie aus und erleben mitten in der Unruhe auf einmal eine innere Ruhe. Wir befreien uns von dem Druck, alles verändern zu müssen. Wir lassen uns und die anderen sein, wie wir und wie die anderen sind. Das ermöglicht uns, die Verbundenheit mit ihnen zu spüren. Wir lassen uns in aller Ruhe auf die anderen ein und erleben gerade dadurch eine innere Bereicherung. In der Akedia wollen wir ständig woanders sein, wir wollen lieber mit anderen Menschen zusammen sein als mit denen, mit denen wir gerade zusammenleben. In der Gelassenheit lassen wir uns nicht nur auf die Situation ein, sondern auch auf die Menschen, mit denen wir leben. Wir fühlen uns mit ihnen verbunden, anstatt ständig nach anderen Menschen Ausschau zu halten, von denen wir erwarten, dass sie unsere Bedürfnisse erfüllen. Wenn wir uns auf die Menschen in unserer Umgebung einlassen, dann erleben wir echte Lebendigkeit. Wir fühlen uns beschenkt und werden auch innerlich ruhig.

Innere Unruhe aushalten – uns und die anderen sein lassen

Sich-Abgrenzen statt Zorn

Aggression ist eine wichtige Lebensenergie. Wir brauchen sie, um uns von anderen abzugrenzen und um etwas anzupacken, unser Leben in die Hand zu nehmen und es zu gestalten. Der Zorn ist eine negative Form von Aggression. Der Zorn beherrscht uns. Evagrius Ponticus schildert das sehr treffend. „Der Zorn ist die heftigste der Leidenschaften. Er ist ein Aufwallen des erregbaren Teiles der Seele, das sich gegen jemanden richtet, der einen verletzt hat oder von dem man sich verletzt glaubt. Er reizt ohne aufzuhören die Seele dieses Menschen und drängt sich vor allem während der Gebetszeit ins Bewusstsein. Dabei lässt er das Bild der Person vor seinen Augen aufsteigen, die ihm Unrecht getan hat" (Evagrius Ponticus, Kap. 11). Die Aggression regelt in der Beziehung zu anderen das Verhältnis von Nähe und Distanz. Doch der Zorn stört die Verbundenheit. Wir sehen den anderen nur durch die Brille des Zornes. Wir kreisen ständig um den anderen und möchten ihn am liebsten umbringen.

Evagrius rät: „Lass die Sonne nicht über deinem Zorn untergehen, sonst kommen während deiner Nachtruhe die Dämonen und ängstigen dich und machen dich so noch feiger für den Kampf des folgenden Tages" (Evagrius Ponticus, Kap. 21). Evagrius argumentiert hier nicht moralisierend, sondern psychologisch. Es tut uns nicht gut, uns die ganze Nacht vom Zorn bestimmen zu lassen. Das schwächt uns für unsere Arbeit am nächsten Tag, und es macht uns ängstlich anderen Menschen gegenüber. Evagrius beruft sich in seinen Gedanken über den Zorn auf die Jakobsgeschichte. Jakob besänftige seinen Bruder Esau, der ihm voller Zorn entgegenzog, mit Geschenken. So sollen wir versuchen, dem Menschen, der unseren Zorn oder unseren Groll verursacht hat, wohlwollend zu begegnen und ihm nach Möglichkeit etwas zu schenken.

Wenn wir heftigen Zorn einem Menschen gegenüber spüren, so sollten wir uns zuerst fragen, was uns bei diesem Menschen so zornig macht. Vielleicht erinnert er uns an die eigenen Fehler und Bedürfnisse. Dann können wir uns selber besser verstehen und annehmen. Dann aber sollten wir den Zorn in eine gesunde Aggression verwandeln, durch die wir uns vom anderen abgrenzen. Wenn wir den Zorn in Abgrenzung verwandeln, dann beherrscht er uns nicht mehr. Dann haben wir die Aggression und setzen sie sinnvoll ein. Aber die Aggression hat

Zorn und Wut in gesunde Aggression verwandeln

uns nicht in der Hand. Sie bestimmt nicht unser Handeln. Sie regelt das Verhältnis von Nähe und Distanz. Und ein gesundes Verhältnis von Nähe und Distanz ist die Voraussetzung einer guten Beziehung. Dann fühlen wir uns verbunden, ohne miteinander zu verschmelzen.

Wie wir so mit dem Zorn umgehen können, dass er die Verbundenheit nicht zerstört, zeigt uns Markus in der Geschichte, in der Jesus den Mann mit der verdorrten Hand heilt (Mk 3,1–6). Die Pharisäer beobachten *Ein Beispiel,* Jesus genau, ob er am Sabbat heilt. Jesus stellt *das Jesus gibt* den Pharisäern eine Frage und zeigt, dass er durchaus mit ihnen eine Beziehung möchte: „Was ist am Sabbat erlaubt: Gutes zu tun oder Böses, ein Leben zu retten oder es zu vernichten?" (Mk 3,4). Doch die Pharisäer antworten nicht, sie verstecken sich hinter einer Mauer des Schweigens. Da schaut Jesus sie an „voll Zorn und Trauer". Zorn bedeutet nicht, dass er sie anschreit, sondern dass er sich von ihnen distanziert, dass er ihnen keine Macht gibt. Er sagt gleichsam zu den Pharisäern: „Da seid ihr mit eurem harten und verurteilenden Herzen. Und hier bin ich. Und ich erfülle nicht eure Erwartungen, sondern ich tue das, was ich für stimmig halte, was Gott mir aufträgt." Doch zugleich schaut Jesus sie auch voller Trauer an. Das griechische Wort „syllypoumenos" bedeutet: mitfühlend, mitleidend, schmerzlich mitempfindend. Jesus fühlt sich in die Pharisäer hinein, möchte in Beziehung zu ihnen bleiben. Er streckt gleichsam seine Hand aus, um Verbindung zu schaffen. Doch die Pharisäer nehmen die ausgestreckte Hand nicht an, sie gehen hinaus und beschließen, Jesus zu töten.

19.

Die biblischen Tugendkataloge als Wege zu einer guten Verbundenheit

In den Briefen des Apostels Paulus und seiner Schüler finden sich sog. Tugendkataloge, in denen zusammengefasst wird, wie die Christen sich verhalten sollen. Diese Tugendkataloge bei Paulus haben ein Vorbild in der stoischen Popularphilosophie. Dort geht es darum, wie ein gutes Miteinander in der Gesellschaft gelingen kann. Die Bibel hat diese Einsichten der griechischen Philosophie aufgegriffen und in einen christlichen Rahmen gestellt. Auch die Christen sollen das leben, was die stoische Philosophie den Menschen rät. Dann wird ihr Miteinander gelingen. Doch für die biblischen Autoren sind diese Tugenden Früchte des Heiligen Geistes. Die Tugenden fließen gleichsam aus ihnen heraus, weil sie vom Heiligen Geist erfüllt sind. Indem die Christen die Tugenden praktizieren, verbinden sie die Menschen miteinander. Aber unabhängig von der Ausübung der Tugenden sind die Christen schon eins geworden durch die Taufe: "Es gibt nicht mehr Juden und Griechen, nicht Sklaven und Freie, nicht

Mann und Frau; denn ihr alle seid einer in Christus Jesus" (Gal 3,28). Es besteht also durch die Taufe schon eine tiefe Verbundenheit, die alle Unterschiede aufgrund von Nation, Geschlecht oder Stand aufhebt. Doch diese Einheit braucht auch Haltungen und Tugenden, damit sie verwirklicht werden kann. Die Verbundenheit ist also in Christus schon vorhanden. Die Christen sind durch die Taufe in ihrem Sein miteinander verbunden. Aber diese Verbundenheit muss auch konkret im Alltag gelebt werden. Dazu dienen die Tugenden, wie sie die Tugendkataloge aufzählen.

Ich möchte mich auf den Tugendkatalog im Kolosserbrief beschränken: „Bekleidet euch mit aufrichtigem Erbarmen, mit Güte, Demut, Milde, Geduld! Ertragt euch gegenseitig, und vergebt einander, wenn einer dem anderen etwas vorzuwerfen hat. Wie der Herr euch vergeben hat, so vergebt auch ihr! Vor allem aber liebt einander, denn die Liebe ist das Band, das alles zusammenhält und vollkommen macht" (Kol 3,12–14). Es sind fünf Tugenden, mit denen sich der Christ bekleiden soll. Die Fünf steht in der Antike immer für die Liebe. Die Zahl Fünf wird der Liebesgöttin Aphrodite zugeschrieben. Nach den fünf Tugenden wird die Liebe als das Band bezeichnet, das alles vollkommen zusammenschließt, das alles vollendet.

Die *erste* Tugend ist „aufrichtiges Erbarmen" oder „herzliches Erbarmen" (Lohse) oder „inniges Erbarmen" (Schweizer). Den griechischen Ausdruck „splanchna oiktirmou" (lateinisch: viscera misericordiae) kann man kaum angemessen übersetzen. Er zielt auf das Innerste des Menschen, auf seine Eingeweide, den Ort, an dem die verwundbaren Gefühle des Menschen sind. Dieser innerste Ort des Menschen, gleichsam seine Herzmitte, soll voller Mitgefühl, voller Barmherzigkeit sein. Die Bedingung für

Mit der Not des anderen mitfühlen

die Verbundenheit ist also die Bereitschaft, mit dem anderen zu fühlen, den anderen in sein Inneres hineinzulassen und dort mit seiner Not mitzufühlen.

Güte – an das Gute im anderen glauben Die *zweite* Haltung ist „die Güte, in der man anderen Menschen begegnet" (Lohse 211). Güte (griech. *chrestotes*) bedeutet, dass ich das Gute im anderen sehe und ihn gut behandle. Wenn ich dem anderen gütig begegne, dann bewerte ich ihn nicht, sondern glaube an das Gute in ihm. Indem ich an das Gute in ihm glaube, wecke ich in ihm das Gute. Und so wird auch die Beziehung zu ihm gut.

Auf Augenhöhe mit dem anderen Die *dritte* Haltung ist die Demut. In ihr stelle ich mich nicht über den anderen, sondern begegne ihm auf Augenhöhe. Und in der Begegnung weiß ich um meine eigenen Fehler und Schwächen. Daher schaue ich nicht auf den anderen hinab, sondern schaue zu ihm auf, um ihn in seiner einmaligen Würde zu erkennen.

Sanftmütig und mild im Umgang Die *vierte* Haltung ist die „praytes", die Milde oder Sanftmut. Das deutsche Wort „Sanftmut" meint, dass ich den Mut habe, alles zu sammeln, was in mir ist. Wenn ich alles wahrnehme, was in mir ist, ohne mich deshalb zu verurteilen, werde ich auch sanftmütig mit dem anderen umgehen. Für Evagrius Ponticus ist die Sanftmut das Kriterium für eine gesunde Spiritualität. Er sieht sie verwirklicht bei Mose, von dem es heißt, dass er sanftmütiger war als alle anderen Menschen (Num 12,3), und bei Jesus, der von sich selbst sagt: „Ich bin sanftmütig und demütig von Herzen" (Mt 11,29). Wenn wir „praytes" mit „Milde" übersetzen, dann drücken wir damit etwas anderes aus. „Milde" kommt von „mahlen". Ich werde milde, wenn mich das Leben mit seinen Höhen und Tiefen, mit seinen schmerzlichen Erfahrungen gleichsam gemahlen hat. Dann werde ich mit einem milden Blick auf mich und auf die anderen schauen, mit einem Blick, der nicht bewertet, sondern aufgrund meiner eigenen Lebenserfahrung den anderen versteht und ihn so annimmt, wie er ist.

Die *fünfte* Haltung ist die Langmut (makrothymia). Man könnte das griechische Wort auch mit „weitem Herzen" übersetzen. Es ist auf jeden Fall ein Gemüt, das in sich Weite zulässt. Wenn ich ein enges Herz habe, werde ich mich über jede Kleinigkeit bei anderen aufregen. Das stört das Miteinander. Verbunden fühle ich mich mit dem anderen nur, wenn ich ihn eintreten lasse in mein weites Herz, wenn ich nicht bewerte oder beurteile, sondern den anderen einfach in meinem Herzen willkommen heiße. Für den hl. Benedikt ist das weite Herz das Kennzeichen einer gesunden Spiritualität. Am Ende des Prologs schreibt er: „Wer aber im klösterlichen Leben und im Glauben fortschreitet, dem wird das Herz weit, und er läuft in unsagbarem Glück der Liebe den Weg der Gebote Gottes" (RB, Prolog 49). Das weite Herz verbindet mich mit allen Menschen. Das enge Herz schließt sich ab und verweigert die Beziehung. Es urteilt über alle, die anders denken.

All diese Haltungen werden von Jesus selbst und auch von Gott verwirklicht. Doch Gott befähigt auch den Menschen zu dem, was Jesus uns vorgelebt hat. Wenn wir uns bemühen, diese Haltungen zu verwirklichen, dann wird das Miteinander gelingen, dann werden wir uns in der Tiefe verbunden fühlen.

Dann fordert der Kolosserbrief zwei Verhaltensweisen von den Christen im Umgang miteinander: „Ertragt euch gegen-

Habt ein weites Herz

seitig und vergebt einander, wenn einer dem anderen etwas vorzuwerfen hat" (Kol 3,13). Eine ähnliche Forderung hat Benedikt für seine Mönche aufgestellt. Eine Gemeinschaft braucht beides: die Bereitschaft, den anderen zu tragen, ihn auszuhalten, auch wenn er schwierig ist, auch wenn er sich selbst vielleicht nicht aushalten kann, und die Bereitschaft zur Vergebung. Ein Miteinander wird ohne Vergebung nie gelingen. Denn wenn wir nicht bereit sind, zu vergeben, werden wir einander ständig unsere Fehler vorrechnen und vorwerfen. Das wird Sand in das Getriebe des Miteinanders streuen. Die Vergebung befreit uns immer wieder von dem, was zwischen uns schiefläuft. Bei der Vergebung sollen wir unser Maß an Christus messen. Er hat uns vergeben. Er hat am Kreuz selbst den Mördern noch vergeben. Also dürfen wir vertrauen, dass es nichts in uns gibt, das er nicht vergibt. Aber gerade deshalb sollen wir bereit sein, auch dem anderen zu vergeben. Vergeben heißt: weggeben, die Verletzung beim anderen lassen, sich befreien von der Macht des anderen. Denn wenn ich nicht vergebe, bin ich noch gebunden an den, der mich verletzt hat.

Ertragt euch gegenseitig und vergebt einander

Liebt einander – das Ideal der Vollkommenheit und Ganzheit

Dann fasst der Kolosserbrief all diese Tugenden und Verhaltensweisen zusammen in der Liebe: „Vor allem aber liebt einander, denn die Liebe ist das Band, das alles zusammenhält und vollkommen macht" (Kol 3,14). Die Liebe ist nicht eine sechste Haltung, die zu den fünf anderen hinzutritt, sie ist vielmehr das Band, das alle Tugenden zusammenschließt und auch die Menschen miteinander in vollkommener Weise verbindet. Das griechische Wort „syndesmos" bedeutet die Verbindung von Getrenntem. In Verbindung mit „teleiotetos" kann man es übersetzen mit: „das vollkommen zusammenschließende

Band" oder: „das Band, das zur Vollkommenheit führt". Das griechische Wort „teleios" darf man nicht mit „vollkommen" im Sinne von „perfekt" übersetzen, sondern im Sinne von „ganz machen", „vollenden". Die Liebe hebt die Trennungen zwischen den Menschen auf und schafft eine Gemeinschaft, eine Ganzheit. Sie schafft eine Verbundenheit, die dem Ideal der Vollkommenheit und Ganzheit nahekommt. In diesem Sinn hat schon Platon das Wesen der Liebe verstanden: Sie ist die Kraft, die das Getrennte miteinander verbindet. Mitten in einer Welt, die zerrissen ist und sich immer mehr polarisiert, sehnen wir uns nach dieser Kraft der Liebe, die das Getrennte und Zerrissene miteinander verbindet und so trotz aller Gegensätze eine Verbundenheit schafft, die trägt, die heilsam ist für unsere Welt.

20

Über alles die Liebe:
Selbstliebe und Nächstenliebe,
Feindesliebe und Gottesliebe

Thomas Merton nennt sein Buch *Keiner ist eine Insel* im Untertitel *Betrachtungen über die Liebe.* Über die Einheit der Liebe, über die Verbundenheit ihrer Aspekte – Gottesliebe, Nächstenliebe, Selbstliebe und Feindesliebe – soll es in diesem Schlusskapitel gehen. Liebe ist mehr als ein Gefühl. Sie ist eine Kraft, die verwandelt und verbindet. Die Griechen kennen drei Wörter für Liebe: Der *eros* ist die Liebe, die Getrenntes miteinander verbindet. Die *philia* ist die Freundesliebe, die sich an der inneren Verbindung mit dem Freund freut und ihn bedingungslos annimmt. Die *agape* ist die reine Liebe, ohne Nebenabsichten. Das deutsche Wort Liebe hat die Wurzel „liob" – „gut". Liebe bedeutet dann, gut und wohlwollend mit den Menschen umzugehen.

Wie Gottesliebe, Nächstenliebe und Selbstliebe zusammenhängen, zeigt uns Lukas in seiner bekannten Erzählung vom barmherzigen Samariter: „Da stand ein Gesetzeslehrer auf, und um Jesus auf die Probe zu stellen, fragte er ihn: Meister, was muss ich tun, um das ewige Leben zu gewinnen? Jesus sagte zu ihm: Was steht im Gesetz? Was liest du dort? Er antwortete: Du sollst den Herrn, deinen Gott lieben mit ganzem Herzen und ganzer Seele, mit all deiner Kraft und all deinen Gedanken, und: Deinen Nächsten sollst du lieben von dich selbst. Jesus sagte zu ihm: Du hast richtig geantwortet" (Lk 10, 25–28).

Eine Kraft, die verwandelt und verbindet: Dimensionen und Einheit der Liebe

Jesus verbindet also die drei Formen von Liebe, die Verbundenheit schaffen – mit Gott, mit dem Nächsten und mit uns selbst. Wir können Gott nur lieben, weil er uns zuerst geliebt hat. Gott können wir nicht lieben wie einen Freund. Aber wenn wir in Berührung kommen mit der Liebe, die auf dem Grund unserer Seele ist, dann lieben wir Gott. Denn Gott ist Liebe. Wenn wir dieser Liebe Gottes in uns Raum geben, dann werden wir Liebe. Dann werden unsere ganze Seele, unsere Kraft und all unsere Gedanken von dieser Liebeskraft durchdrungen. Dann geht von uns auch Liebe aus in die Welt. Wir fühlen uns verbunden mit allem, was ist. Denn Gott ist der Grund von allem: des Kosmos, der Pflanzen und Tiere und des Menschen. Gott ist Liebe. Er ist die Quelle der Liebe. Wenn wir mit der inneren Quelle der göttlichen Liebe in

Liebe Gottes: Der Quelle aller Liebe in uns Raum geben

uns in Berührung kommen, dann werden wir auch fähig, den Nächsten zu lieben und uns selbst zu lieben.

Wie die Liebe zum Nächsten konkret ausschaut, das erzählt uns Jesus im Anschluss an die Frage, wie unser Leben gelingt,

Nächstenliebe ist konkret: der barmherzige Samariter | wie wir das ewige Leben gewinnen, am Beispiel des barmherzigen Samariters (Lk 10,25–37). Der Levit und der Priester sehen den Mann, der von Räubern halb tot geschlagen wurde, und ge-

hen vorüber. Sie nehmen keine Verbindung auf. Sie bleiben auf ihrem eigenen Weg, verfolgen ihre eigenen Ziele. Doch der Samariter sieht ihn, hat Mitleid mit ihm, geht zu ihm hin, gießt Öl und Wein auf seine Wunden und verbindet sie. Dann hebt er ihn auf sein Reittier, bringt ihn zu einer Herberge und zahlt dem Wirt zwei Denare, damit er sich um den Verwundeten kümmert. Er geht also eine Beziehung ein zu dem Verletzten, und er knüpft mit dem Wirt der Herberge eine weitere Verbindung. Der Alleingelassene fällt nicht aus dem Netz menschlicher Fürsorge. Den Nächsten lieben bedeutet daher: einen Blick für den anderen zu haben, für seine Not und seine Bedürfnisse, und sich auf ihn einzulassen. Und den Nächsten lieben heißt: ihn so in ein Beziehungsgeflecht einzubinden, dass er nicht alleingelassen wird, sondern sich mit den Menschen in der Gesellschaft verbunden fühlt. Man könnte also durchaus sagen: Den Nächsten lieben heißt, Verbundenheit mit ihm herzustellen. Der Samariter stellt sich nicht über den Verletzten. Es entsteht eine Beziehung auf Augenhöhe.

Jesus verbindet – ähnlich wie schon das jüdische Gesetz – die Nächstenliebe mit der Selbstliebe. Martin Buber übersetzt diese Stelle mit: „Liebe deinen Nächsten, denn das bist du selbst." Buber meint, dass wir im Nächsten zugleich uns selber lieben, weil wir im Tiefsten mit ihm verbunden sind. Die Aussage von Buber gilt auch für uns Christen. Doch in der christlichen Tradition gibt es eine andere Akzentuierung beim Verständnis von Selbstliebe: Sich selbst lieben bedeutet, mich liebevoll anzunehmen, wie ich bin. Das klingt einfach. Aber viele können sich nicht annehmen mit all den Verletzungen, die sie in der Kindheit erlebt haben. Oder sie tun sich schwer, sich mit ihren Begrenzungen, mit ihren Schwächen oder mit ihrem Leib anzunehmen. Viele können sich nicht annehmen, weil das Selbstbild, das sie von sich haben, nicht übereinstimmt mit ihrer Wirklichkeit. Sich selbst lieben verlangt daher, Abschied zu nehmen von den illusionären Bildern von mir und liebevoll umzugehen mit meiner immer begrenzten und oft genug beschädigten Menschlichkeit. Nur dann komme ich in Verbindung zu meinem wirklichen Selbst.

Die Selbstliebe ist die Bedingung dafür, dass ich den Nächsten lieben kann. Ohne Selbstliebe wird die Liebe zum Nächsten eine moralische Überforderung. Es braucht immer die gute Balance zwischen Selbstliebe und Nächstenliebe. Früher wurde der Akzent oft einseitig auf der Nächstenliebe gelegt. Manche sind dann vor lauter Nächstenliebe bitter geworden. Doch heute schlägt das Pendel in eine andere Richtung aus. Man kreist nur um die Selbstliebe, Selbstoptimierung, für sich selber gut sorgen. Doch die Psychologin Ursula Nuber hat gezeigt, dass die Fixierung auf die Selbstliebe die Menschen in die Egoismusfalle geraten lässt. Vor lauter Kreisen um mich selbst werde ich dann einsam und isoliert. Diese Erkenntnis zeigt, dass beide Pole zusammengehören, damit wir mit uns selbst und mit den anderen in einer guten Verbundenheit leben können. Die Selbstliebe ist nicht nur die Voraussetzung für die Nächstenliebe. Die Nächstenliebe be-

Nächstenliebe ist mit Selbstliebe verbunden

stärkt auch die Selbstliebe. Denn wenn die Liebe zwischen uns strömt, dann tut es mir selbst auch gut. Ich tue mir selbst etwas Gutes.

Liebe überwindet die Spaltung, die der Hass hervorruft. Feindschaft ist nach der christlichen Botschaft keine Lösung.

Liebe überwindet die Spaltung: Wie Feindesliebe möglich wird

So heißt es bei Matthäus: „Ihr habt gehört, dass gesagt worden ist: Du sollst deinen Nächsten lieben und deinen Feind hassen. Ich aber sage euch: Liebt eure Feinde und betet für die, die euch verfolgen, damit ihr Söhne eures Vaters im Himmel werdet; denn er lässt seine Sonne aufgehen über Bösen und Guten, und er lässt regnen über Gerechte und Ungerechte" (Mt 5,43–45).

Viele meinen, das Gebot der Feindesliebe würde uns überfordern. Doch die Frage ist, was anstrengender ist: den Feind zu lieben oder den Feind zu hassen. Wenn ich den Feind hasse, muss ich ständig gegen ihn kämpfen. Den Feind zu lieben bedeutet nicht, dass ich alles akzeptiere, was er mir antut. Zunächst heißt es, dass ich den Feind nicht als Feind sehe, sondern als einen, der in sich selbst gespalten ist. Das, was er bei sich nicht annehmen kann, das projiziert er auf mich. Feindesliebe bedeutet, diese Projektion zu durchschauen und im anderen einen verletzten und zerrissenen Menschen zu sehen. Ich kann ihn nur lieben, wenn ich daran glaube, dass hinter seiner Zerrissenheit die Sehnsucht steckt, gut zu sein, im Einklang mit sich selbst und mit den Menschen zu sein.

Jesus begründet bei Matthäus die Feindesliebe mit dem Tun Gottes. Gott lässt seine Sonne aufgehen über Bösen und Guten, und er lässt es regnen über Gerechte und Ungerechte. Gott schließt niemanden von seiner Zuwendung aus. C. G. Jung deutet dieses Wort Jesu so, dass wir zuerst die Sonne unseres Wohlwollens über das Gute und Böse in uns aufgehen lassen. Wir sollen uns selbst nicht aufspalten in gut und böse. Die Sonne unseres Wohlwollens verbindet in uns gut und böse und entmachtet dadurch das Böse. Dann sollen wir die Sonne unseres Wohlwollens auch aufgehen lassen über alle Menschen, auch über die, die uns feindlich gesinnt sind. Dann dürfen wir hoffen, dass die Sonne – die Sonne unseres Wohlwollens und des Wohlwollens Gottes – das Verhärtete und Verkrustete im anderen aufweicht und das Gute in ihm aufblühen lässt. Die Liebe verbindet uns mit allen Menschen, anstatt uns zu trennen. Aber damit wir diese Verbundenheit mit den Menschen spüren, braucht es zuerst die Verbundenheit mit uns selbst, mit dem Guten und Bösen, mit dem Gerechten und Ungerechten und mit dem Hellen und Dunklen in uns selbst.

Auch für Lukas ist die Überwindung der Feindschaft wichtig. Aber er interpretiert die Feindesliebe anders als Matthäus: „Euch, die ihr mir zuhört, sage ich: Liebt eure Feinde; tut denen Gutes, die euch hassen. Segnet die, die euch verfluchen, betet für die, die euch misshandeln" (Lk 6,27f).

Bei Matthäus geht es darum, in der Feindesliebe Gott nachzuahmen, der seine Sonne über Guten und Bösen scheinen lässt. Lukas nennt dagegen drei Tätigkeiten, durch die die Feindesliebe zum Ausdruck kommt. Alle drei Tätigkeiten sind Wege, seine eigene Haltung zum Feind zu verwandeln und den Feind selber von seiner Rolle zu befreien und ihm zu ermöglichen, seine Feindseligkeit abzulegen.

Der erste Weg der Verwandlung geht darüber, dem anderen etwas Gutes zu tun. Wenn wir dem Feind etwas Gutes tun, verunsichern wir ihn in seiner Feindseligkeit. Er spürt, dass wir ihm wohlwollen. Das eröffnet ihm einen Raum, in dem er sich uns gegenüber anders geben kann.

Der zweite Weg der Verwandlung geht über den Segen.

Wenn ich den Feind segne, dann werde ich selber ihm anders begegnen. Bei Kursen mache ich öfter folgende Übung: Ich erhebe die Hände zum Segen und stelle mir vor, dass durch meine Hände Gottes Segen zu dem Menschen strömt, der mich verletzt hat oder mit dem ich mich schwertue. Eine Frau sagte nach dieser Übung: Der Segen war wie ein Schutzschild, der mich vor der Verletzung des anderen geschützt hat. Und ich bin ausgestiegen aus meiner Opferrolle. Sie konnte sich vorstellen, dass sie diesem Mann, der sie so verletzt hatte, jetzt anders begegnet: aufrecht, nicht mehr in der Opferhaltung. Die Erfahrung zeigt, dass eine Begegnung unter diesem Vorzeichen wirklich anders wird. Wie wir dem Menschen begegnen, der uns verletzt hat, hängt ja immer auch von dem Bild ab, mit dem wir ihm entgegentreten. Wenn ich ihn gesegnet habe, begegne ich einem gesegneten Menschen, und ich begegne ihm aufrecht, nicht mehr als Opfer in gebeugter Haltung.

Der dritte Weg geht über das Beten. Ich bete für den, der mich misshandelt hat. Das Beten verwandelt meinen Blick auf den anderen. Wenn ich bete, wächst in mir auch die Hoffnung, dass der andere sich von seinem verletzenden Verhalten lösen kann, dass wieder eine neue Beziehung möglich wird. Das Beten verwandelt die Beziehung. Ich bete allerdings nicht *gegen* den anderen, dass der andere endlich seine Fehler einsieht. Ich bete *für* ihn, dass er in sein wahres Wesen hineinwächst. Dann hat er es nicht mehr nötig, Feindschaft zu leben. Die Spaltung ist aufgehoben. Verbindung wird möglich.

Alles ist mit allem verbunden

SCHLUSS

Wir erleben in unserer Gesellschaft tiefe Risse, extreme Polarisierungen und eine Instabilität des sozialen Klimas. Eine im Mai 2023 veröffentlichte Forsa-Umfrage ergab, dass 70 Prozent der Bevölkerung die Empfindung haben, dass sich – infolge der Pandemie und der Energiekrise – das Miteinander in den drei Jahren deutlich verschlechtert hat. Wir nehmen die Spaltungen wahr, die die Öffentlichkeit prägen und die durch die Gemeinschaften gehen, und spüren auch schmerzlich unsere eigene persönliche Zerrissenheit. Wir begegnen aber weiterhin auch der Sehnsucht nach einem gelingenden Miteinander, gerade weil wir die Folgen der Unfähigkeit spüren, eine solche Verbundenheit zu schaffen.

Doch dieses Thema ist nicht neu. Es geht durch die gesamte Menschheitsgeschichte. Jesus wollte uns in seiner Bergpredigt Wege zeigen, wie wir die Risse, die das Miteinander gefährden, heilen können. Das Anliegen Jesu, die Risse der Gesellschaft zu heilen, durchzieht die christliche Tradition. Die Kirchenväter haben die Bibel in dem Sinne ausgelegt, dass Jesus gekommen ist, um die Wunden der Menschheit zu heilen, die sich gerade in der Zerrissenheit der Gesellschaft zeigen. Auch die frühen Mönche haben uns mit ihren Erfahrungen und Einsichten Wege aufgezeigt, wie Verbundenheit möglich ist.

Ein Blick in die Geschichte zeigt freilich nicht nur die gute Verbundenheit. Es gibt genügend Beispiele für die Verbundenheit von Verbrecherbanden. Auch in unserer Zeit kennen wir beides. Da sind auf der einen Seite die Menschen, die danach streben, gut und wahrhaftig zu sein, und sich für Gerechtigkeit in der Welt einsetzen, die versuchen, ein gutes Miteinander in der Gesellschaft zu ermöglichen. Es gibt aber genauso die Verbundenheit von Gruppierungen, die bei der Durchsetzung der eigenen Ziele und Interessen über Leichen gehen. Und nicht nur in religiösen Zusammenhängen, etwa in Sekten, sondern auch in manchen politischen Gruppierungen zeigt sich eine Form von Verbundenheit, die einengt und dem Menschen die Freiheit nimmt. Auch bei der Globalisierung mit ihren vielfältigen Verflechtungen hat sich gezeigt, wie wichtig Kriterien für die Beurteilung sind. Immer ist zu fragen, ob in solchen Beziehungen eine wirklich gute Verbundenheit vorherrscht, die die Möglichkeitsräume aller erweitert, oder ob Abhängigkeiten, Zwänge und Unfreiheit die Folge sind.

Auch die digitale Welt verbindet uns mit allen Menschen auf der ganzen Erde. Doch diese Verbundenheit durch ein technisches Netz ist äußerlich, eine Verbundenheit des Wissens und der Neugier. Doch wir spüren: Um die vielfältigen Probleme unserer Welt – die Konflikte in der Welt, den drohenden Klimawandel, die Gefahr von Pandemien – bewältigen zu können, braucht es eine andere und tiefere Form von Verbundenheit: die Verbundenheit der Solidarität und des gemeinsamen Strebens nach einer menschlichen Zukunft auf dieser Erde. Es braucht die Verbundenheit durch die gemeinsamen Werte, die unser Leben auf dieser Erde wertvoll machen. Notwendig ist Verbundenheit nicht nur als Gefühl, sondern als aktive Bereitschaft, sich für diese Welt einzusetzen, mitzuarbeiten an einer Zukunft, die auch künftigen Generationen noch lebenswert erscheint.

Heute sprechen nicht nur Naturwissenschaftler davon, dass alles miteinander verbunden ist. Auch für das Wirtschaften hat der Gedanke der Verbundenheit aller mit allem Konsequenzen. Zeitgenössische Ökonomen verabschieden sich immer deutlicher vom Konzept eines Neoliberalismus, in dem der Egoismus der Einzelnen den größtmöglichen Profit für sich erreichen möchte. Immer öfter ist von einer Gemeinwohlwirtschaft die Rede. Und in der Politik spüren Verantwortliche, dass wir die grundlegenden und überlebenswichtigen Probleme dieser Welt nur gemeinsam lösen können: nicht nur auf internationaler Ebene. Auch in der eigenen Gesellschaft wird der Wert des Miteinanders gesehen. Betont wird, wie wichtig es ist, dass Einzelne eine Mitverantwortung für das Gesamte wahrnehmen, ja dass politische Tugenden für funktionierende Institutionen und den staatlichen Zusammenhalt notwendig sind. Eine Enquete-Kommission des Deutschen Bundestages hat schon 2002 einen Bericht veröffentlicht mit dem Titel *Zukunft des bürgerschaftlichen Engagements*. Auch dahinter steht die Einsicht, dass es eine neue Verbundenheit, neue Formen gemeinsamer Handlungsbereitschaft braucht, um – im Blick auf das Wohl des Ganzen – die sozialen Ungerechtigkeiten in unserer eigenen Gesellschaft anzugehen.

Die Wissenschaften entdecken heute von verschiedenen Ausgangspunkten her neu, was die spirituellen Traditionen in Ost und West schon immer wussten: Alles ist mit allem verbunden. Wir brauchen ein neues Weltbild und Selbstbild, um auf die Probleme unserer Welt von heute kreativ reagieren zu können: „Und dieses neue Bild von uns selbst und von unserer Welt kann nur eines zum Ausdruck bringen: unsere untrennbare Verbundenheit miteinander und unsere unübersehbare Eingebundenheit in die Welt, in der wir leben" (Hüther/Spannbauer 136).

Auch wenn heute viele durch die modernen Medien mit vielen anderen Menschen online verbunden sind, fehlt oft die emotionale Verbundenheit. Aber wir brauchen diese emotionale Qualität, die das Gefühl der Einsamkeit und Isolierung aufhebt. Dass Einsamkeit krank machen kann, davon schreiben zahlreiche Ärzte und Psychologen. Für sie ist klar: Eine gute Verbundenheit ist auch heilsam für die Gesundheit. Das Mitgefühl verbindet die Menschen miteinander und ermöglicht ihnen ein gesünderes Leben. Praktiziertes

Mitgefühl würde uns nicht nur immense medizinische Ausgaben ersparen. Mitgefühl schafft in der Gesellschaft auch eine positive und wohltuende Atmosphäre von Liebe und Geborgenheit, von Angenommensein und Wertschätzung.

Wo Menschen sich verbunden fühlen, hören sie auf, gegeneinander Krieg zu führen: Ist das ein naiver Gedanke? Auch wenn es für viele allzu optimistisch klingt: Wir sollten die Welt so sehen, wie sie ist. Aber wir sollten sie immer auch mit der Brille der Hoffnung anschauen. Es ist eine zeitlose Wahrheit, die der griechische Philosoph Heraklit 500 Jahre vor Christus so formuliert hat: „Wer nicht das Unverhoffte zu hoffen wagt, wird es nie erlangen." So hoffe auch ich darauf, dass die Sehnsucht nach Verbundenheit die Kraft besitzt, wirkliche Verbundenheit zu schaffen.

Es liegt auch an unserem Verhalten. Es liegt daran, dass wir untereinander, in unserer Gesellschaft und zwischen den Völkern Verbundenheit schaffen: durch eine versöhnende Sprache, durch gerechtes Handeln, durch das Teilen der Güter, nicht zuletzt auch durch das Teilen unserer Gedanken und Ideen. Aber vor allem konkreten und praktischen Bemühen um eine gute Verbundenheit sollten wir uns bewusst machen, dass wir im konkreten Leben faktisch in vielfältiger Weise auf andere angewiesen und mit ihnen verbunden sind – aber auch, dass wir im Grund unserer Seele schon miteinander verbunden sind, dass es in der Tiefe unseres Daseins ein Einssein gibt, bevor wir um die Einheit ringen. Das Bewusstsein dieser Einheit, die all unserem Tun und Denken vorausliegt, ermutigt uns, in unserem Bestreben nach Verbundenheit und Einssein nicht nachzulassen. Christliche Überzeugung ist: Gott selbst hat diese Einheit geschaffen und die Welt so geformt, dass alles miteinander verbunden ist. Unsere Aufgabe ist es, dass wir uns dieser Gemeinsamkeit bewusst werden und dieser Verbundenheit Geltung verschaffen.

Literatur

Joachim Bauer, Das empathische Gen. Humanität, das Gute und die Bestimmung des Menschen, Freiburg i. Br. 2021

Die Benediktusregel, herausgegeben im Auftrag der Salzburger Äbtekonferenz, Beuron 2005

Martin Buber, Ich und Du, Ditzingen 1995

Anton A. Bucher, Verbundenheit. Über eines der tiefsten menschlichen Bedürfnisse, Münster 2022

Katharina Ceming, Von Weltenbürgern, Gotteskindern und Buddhakeimlingen. Die Lehre von der universellen Verbundenheit in der westlichen und östlichen Geistestradition, in: Gerald Hüther / Christa Spannbauer (Hrsg.), Verbundenheit. Warum wir ein neues Weltbild brauchen, Berlin 2018, 33–46

Dalai Lama (mit Howard Cutler), Glücksregeln für eine verunsicherte Welt, Freiburg 2011

John O'Donohue, Echo der Seele. Von der Sehnsucht nach Geborgenheit, München 1999

Hans-Peter Dürr, Teilhaben an einer unteilbaren Welt. Das ganzheitliche Weltbild der Quantenphysik, in: Gerald Hüther / Christa Spannbauer (Hrsg.), Verbundenheit. Warum wir ein neues Weltbild brauchen, Berlin 2018, 19–32

Einfach leben. Thema: Heimatgefühle, hrsg. von Rudolf Walter, Freiburg i. Br. 2019

Einfach leben. Thema: Was uns verbindet, hrsg. von Rudolf Walter, Freiburg i. Br. 2023

Einfach leben. Thema: Helfen tut gut, hrsg. von Rudolf Walter, Freiburg i. Br. 2018

Evagrius Ponticus, Praktikos. Über das Gebet, eingel. von John Eudes Bamberger, übers. v. Guido Joos, Münsterschwarzach 1986

Papst Franziskus, Enzyklika Laudato si'. Über die Sorge für das gemeinsame Haus, Leipzig 2015

Papst Franziskus, Enzyklika Fratelli tutti. Über die Geschwisterlichkeit und die soziale Freundschaft, Freiburg i. Br. 2020

Anselm Grün, Die Schönheit unserer Welt entdecken. Lob der Schöpfung, Lied der Erde, Freiburg 2023

Anselm Grün, Zeit für Versöhnung. Spaltung überwinden, Begegnung wagen, Freiburg 2023

Anselm Grün / Leonardo Boff, Neu denken – eins werden. Gott erfahren im Menschen und in der Welt, Münsterschwarzach 2017

Anselm Grün / Milad Karimi, Frieden stiften, Frieden sein, Münsterschwarzach 2023

Manuel Herder (Hrsg.), Der Papst der Bücher. Schlüsseltexte zum Denken Benedikts XVI., Freiburg i. Br. 2023

Hermann Hesse, Wanderung, in: Sämtliche Werke, Bd. 11: Autobiographische Schriften I, Frankfurt a. M. 2003, 5–35

Lee Hoinacki, El camino – ein spirituelles Abenteuer. Allein auf dem Pilgerweg nach Santiago de Compostela, Herder spektrum, Freiburg 3. Auflage 2000.

Georg Holzherr, Die Benediktsregel. Eine Anleitung zu christlichem Leben, Freiburg (Schweiz) 72007

Gerald Hüther, Was wir sind und was wir sein könnten. Ein neurobiologischer Mutmacher, Frankfurt 2012

Gerald Hüther / Christa Spannbauer, Ein Plädoyer der Verbundenheit, in: Gerald Hüther / Christa Spannbauer, Verbundenheit. Warum wir ein neues Weltbild brauchen, Berlin 2018, 129–136

Hans Jonas, Das Prinzip Verantwortung, Frankfurt a. M. 1979

Verena Kast, Autonomie und Unsicherheit in der heutigen Zeit, Vortrag bei den Lindauer Psychotherapiewochen 2021, publiziert in: D. Huber/ M. Ermann (Hrsg), Autonomie und Bezogenheit. Neue Entwicklungen aus psychodynamischer Perspektive. Stuttgart 2022, S. 11-35

Navid Kermani, Wer ist Wir? Deutschland und seine Muslime, München 2009

Günter Kunert, Erinnerung an einen Planeten, München 1962

Eduard Lohse, Die Briefe an die Kolosser und an Philemon, Göttingen 1968

Johannes B. Lotz, Das Phänomen der Einsamkeit. Ein Tagungsbericht. Hrsg. von Wilhelm Bitter, Stuttgart 1967, 30- 48

Alexander Lowen, Narzissmus. Die Verleugnung des wahren Selbst, München 1992

Gabriel Marcel, Sein und haben, Paderborn 1954

Thomas Merton, Keiner ist eine Insel. Betrachtungen über die Liebe, Düsseldorf 2018

Sebastian Murken, Interview, in: Psychologie heute, 3/2023

Josef Pieper, Über die Hoffnung, München 1949

Josef Pieper, Das Viergespann: Klugheit, Gerechtigkeit, Tapferkeit, Maß, Freiburg 1970

Peter Prange, Werte. Von Plato bis Pop. Alles, was uns verbindet, München 2006

Andreas Reckwitz, Die Gesellschaft der Singularitäten. Zum Strukturwandel der Moderne, Frankfurt a. M. 2017

Horst Eberhard Richter, Lernziel Solidarität, Hamburg 1974

Horst-Eberhard Richter, Neue Formen der Solidarität (Interview mit Christel Burghoff und Edith Kresta), in: Johannes Fiebig (Hrsg.), Abschied vom Ego-Kult. Die neue soziale Offenheit, Kiel 2001

Richard Rohr, Alles trägt den einen Namen. Die Wiederentdeckung des universalen Christus, München 2019

Hartmut Rosa, Resonanz. Eine Soziologie der Weltbeziehung, Berlin 2018

Helga Schubert, Der heutige Tag. Ein Stundenbuch der Liebe, München 2023

Albert Schweitzer, Aus meiner Kindheit und Jugendzeit, München 2006

Eduard Schweizer, Der Brief an die Kolosser, Zürich 1976 (EKK)

Manfred Spitzer, Einsamkeit. Die unerkannte Krankheit, München 2018

David Steindl-Rast, Dankbar leben. Ein inspirierendes Praxisbuch, Münsterschwarzach 2018

Juliane Stückrad, Die Unmutigen, die Mutigen. Feldforschung in der Mitte Deutschlands, Köln 2022

Thich Nhat Hanh, Hoffnung für die Zukunft, in: Intersein. Verschiedenheit leben, November 2022, 4f

Harald Welzer, Die Revolution des „Wir". Über die Sozialität der menschlichen Lebens- und Überlebensform, in: Gerald Hüther / Christa Spannbauer, Verbundenheit. Warum wir ein neues Weltbild brauchen, Berlin 2018, 65–84

Carl Friedrich von Weizsäcker, Verantwortung für sozialen Fortschritt und Menschenrechte, München 1986

Klaus Wilhelm, Sehnsucht nach Zusammenhalt, in: Psychologie heute, 3/2023

Inspirierende Ratschläge für ein gutes Leben